96. 3. 11.
신림사거리 에덴에서

Sisun 96.

내면세계의 질서와 영적성장

한국기독학생회 (IVF : Inter Varsity Christian Fellowship)는
대학 캠퍼스 및 지성 사회 복음화를 목적으로
전도,제자도 그리고 선교를 주요 목표로 삼고 있는
초교파적,복음적인 신앙 운동체입니다.

IVF는 전국 각 대학에서 활동하고 있으며
이에 대한 자세한 사항은
100-619 서울중앙우체국사서함 1960호 IVF
(전화 558-1726~7)로 문의해 주시기 바랍니다.

IVP는 Inter Varsity Press의 약어로
한국기독학생회 (IVF)의 출판부를 뜻합니다.

Originally published by Inter Varsity Press
as *Ordering Your Private World* by Gordon MacDonald
© 1984, 1985 by Gordon MacDonald
Translated by permission of Oliver-Nelson
P.O.Box 141000 Nashiville IN 37214-9987, U.S.A.

Korean edition
© 1990 by Korea Inter Varsity Press
C.P.O. Box 1960, Seoul, Korea

Ordering
Your Private World
EXPANDED EDITION

by
Gordon MacDonald

머리말

고든 맥도날드는 간결하지만 문제의 핵심을 꿰뚫는 통찰력으로 '내면 세계'라고 하는 크나큰 갈등의 전쟁터로 파고들어 와서 '내면 세계의 질서'의 필요성이라는 획기적인 문제를 제기함으로써 우리 모두의 큰 관심을 불러일으켰다. 나는 저자가 심오한 인격, 해박한 성경 지식, 실제적인 통찰력이 풍부하게 조화된 보기 드문 사람이라고 여러 해 전부터 말해 왔었다. 이 책은 그 세 가지의 조화를 잘 보여 주고 있다. 저자는 목회자로서의 다년 간의 경험과, 여러 문화권의 사람들을 만나고 사역하기 위하여 수만 리를 여행한 경험으로 우리가 경청할 만한 것들을 잘 말할 수 있게 되었다. 그는 명료한 단순성과 예언자적인 이상을 가지고 사유하며, 사업가의 철저한 현실성을 가지고 글을 쓰지만, 마음 깊숙이 목자의 따스한 애정을 가지고 있다. 무엇보다도 중요한 것은 전하는 메시지에 부합된 삶을 그 자신이 살고 있다는 점이다. 나는 뜨거운 열정을 가지고, 나처럼 내면 세계에 질서가 필요한 모든 사람에게 이 책을 추천하고 싶다.

척 스윈돌(Chuck Swindoll)
목사, 라디오 프로(Insights for Living)의 성경 교사

차 례

서 문

"나는 아주 무질서해!"
"내 생활은 뒤죽박죽되어 있어!"
"나의 내면 생활은 엉망진창이야!"
"나의 사생활은 실패작이야!"

목회자인 나는 식사 시간의 대화에서, 사람들을 만나는 모임에서, 우리
집 응접실에서 위와 같은 말들을 수없이 들어 왔다.

삶이 만신창이가 되어 버렸거나 재난에 직면한 사람들만이 이러한
고백을 하는 것은 아니다. 대단히 생산적이고 성공적인 삶을 사는 것처럼
보이는 사람들도 이러한 탄식을 하고 있다. 나는 사람들이 솔직하게 털어
놓는 이러한 말들을 들었을 때 처음 몇 번은 충격을 받았다. 그러나 수년
이 지난 지금은 개인적인 삶에 질서를 잡는 일이 사람들의 보편적인 갈등
임을 알게 되었다.

서구 사회에서는 일, 연중 행사 계획, 생산 일정, 연구, 경력 등을
조직화하는 것을 돕는 수많은 책들이 발간되고 있다. 그러나 내면적이고
영적인 세계에 질서를 세우는 문제에 대하여 직접 언급하고 있는 책은
많이 보지 못했다. 우리의 내면 세계야말로 문제가 가장 심각한 곳인데도
말이다.

성공한 사람들의 대개의 고민은 그들 삶의 내면적 차원에 있어서의 무질서에 관한 것이었다. 그들은 대개, 외부와 접한 공적인 차원의 삶은 잘 조절하고 있었다. 이 내면 세계 속에서 우리는 스스로를 가장 잘 깨닫게 된다. 거기서 우리의 긍지가 형성될 뿐만 아니라 동기와 가치관 그리고 헌신에 대한 기본적인 결정이 이루어지며, 바로 거기에서 우리는 하나님과 교제하는 것이다. 나는 이것을 '내면 세계'(private world)라 부르는데 그 이상적인 상태인 '질서 있는 내면 세계'에 대해 말하고자 하는 것이다.

많은 사람들처럼 나도 평생을 이 문제로 갈등해 왔기 때문에 내면 세계의 무질서에 대해서 조금 알게 되었다. 내면 세계에 질서를 잡는 일이야말로 나에게는 가장 심각한 싸움이었다.

나는 일생 동안 기독교 복음의 분위기 속에서 살아왔기 때문에 예수 그리스도가 결코 낯선 분은 아니었다. 그러나 그것은 내가 그 분의 주되심(Lordship)을 항상 깨닫고 있었다는 것을 뜻하는 것은 아니다. 항상 그 분을 따르고는 있었을지라도 너무나 자주, 멀리서만 따랐다. "내 안에 거하고"라는 말씀의 의미와 내가 "그 안에 거한"다는 것이 무엇을 뜻하는지 이해하기가 매우 어려웠는데, 그것은 많은 사람들처럼 나도 쉽게 헌신의 결단을 하지 못하는 사람이었기 때문이다. 주님께서 나의 내면 세계 속에 어떻게 거하시고, 또 왜 거하시는지를 깨닫는 것은 간단한 일이 아니었다. 솔직히 말해서 이 '거함'(abide)이라는 것을 완벽하게 이해할 수 있는 것으로, 또 그렇게 사는 것처럼 말하는 사람들을 볼 때면 나는 더욱 좌절감을 느꼈다.

밋밋하게나마, 때로는 고통스럽게, 그리스도께서 거하시기로 선택하신 나의 내면 세계를 잘 정돈하는 일은 일생을 두고 이루어질 뿐만 아니라 매일매일의 문제라는 것을 발견하게 되었다. 내 안의 무엇인가—성경은 이것을 '죄'라고 부른다—그 분의 거하심과 그 결과로서 세워지는 모든 질서에 대항한다. 죄는 무질서를 좋아하는데, 그것은 그릇된 동기와 가치가 이 무질서 안에 은거해 있다가, 방심한 찰나 그 모습을 표면에 드러낼 수 있기 때문이다.

이러한 무질서는 매일 일어나는 것이다. 어릴 때 나는 카페트가 깔려 있지 않은 침실을 사용했는데, 침대 밑에 모여지는 먼지 뭉치를 보고 매혹되곤 했다. 도대체 이 먼지들이 어디에서 왔는지, 내게는 신비한 일이었다. 마치 어떤 신비스러운 힘이 내가 자는 동안에 이 먼지 뭉치를 마루에 흩어 놓는 것 같았다. 오늘날 나는 매일같이 내면 세계에서 이 먼지 뭉치를 발견한다. 어떻게 이것들이 생겼는지 확실히는 모르겠다. 그러나 나는 질서 있는 내면 세계를 이루기 위한 매일매일의 훈련을 통하여 이 먼지 뭉치를 계속해서 치워 내야만 한다.

나는, 그리스도께서 우리 안에 거하신다는 그 원칙 위에서만 내면 세계의 질서를 다룰 수 있다는 것을 여기서 명백히 하고자 한다. 그리스도께서는 우리의 개인적인 초청과 위탁에 의하여 우리 삶 속에 신비하게, 그러나 확실하게 들어오신다. 그 분을 따르겠다는 개인적인 선택을 떠나서는, 이 책 속에 쓰여진 대부분의 말들은 무의미한 말에 불과할 것이다. 각자의 개인적인 삶 속에 질서를 잡는다는 것은 삶의 모든 부분을 그 분께서 다스리시도록 요청하는 것이다.

내게는 내적 질서에 대한 추구가 외로운 투쟁이었는데, 솔직히 말해서, 이런 무질서들에 대해서 대부분의 사람들처럼 정직하게 인정하기를 싫어하는 마음이 내 속에도 있었기 때문이었다.

이 무질서에 대한 많은 설교들이 고상한 말들로만 행해져서 청중을 감정적으로는 움직였으나 구체적으로 행동으로 옮기게 할 수는 없었다. 영적 삶에 질서를 잡는 일에 관하여 책을 읽고 강의를 들은 적이 몇 번 있었는데, 그 모든 말에 동의를 하긴 했으나 그들이 제안한 일련의 과정은 모호하고 분명치 않다는 것을 곧바로 알게 되었다. 우리 안에 거하시겠다는 그리스도의 말씀에 응답하는 확실하고 올바른 방법을 알고 싶어 하는 나와 같은 사람들에게 영적 삶을 질서 있게 하는 일은 하나의 투쟁인 것이다.

이러한 투쟁은 대체로 외로운 것이었지만 나는 때맞춰 필요한 도움을 받았다. 성경으로부터 그 도움을 얻기도 하고 기독교 전통으로부터 가르침을 받았다. 내 아내 게일(그녀의 내적인 삶은 놀라울 정도로 질서가 잡혀 있다)과 내 어린 시절부터 주위에 있었던 많은 지도자들과, 지금은 돌아가셔서 만날 수 없는 많은 사람들로부터 격려를 받았었다. 그들의 전기를 통하여 그들과 만나면서, 그들 중 많은 사람들이 나처럼 내면 세계에 질서를 잡는 문제와 싸워 왔다는 사실을 알고 나는 기뻤다.

내면 세계의 질서에 대하여 공개적으로 말하기 시작했을 때 나는 많은 목사들과 여러 방면에서 지도자적인 위치에 있는 평신도들이 이 문제에 즉각적으로 반응하는 것을 보고 감명을 받았다. 그들은 이렇게 말하곤 했다. "당신의 고민은 바로 나의 고민입니다.", "어떤 비결을 갖고 계시면 알려 주세요."

내면 세계는 모두 다섯 부분으로 나눌 수 있다. 첫 번째는 무엇이 우리로 하여금 어떠한 행동을 하게 하는가 하는 동기 부여의 문제이다. 우리는 시대적인 풍조에 밀려 시류에 순응하거나 경쟁을 강요당한 채 무엇엔가 늘 쫓겨 다니는 사람(driven people)인가? 아니면 우리에게 어떤 일을 하도록 맡기시겠다고 주님이 약속하실 때, 그 분의 은혜로운 부르심을 받아들이는 부름받은 사람(called people)인가?

두 번째 부분은 인생의 한정된 시간을 가지고 무엇을 할 것인가 하는 문제이다. 개인적인 성장과 이웃에 대한 봉사에 각각 얼마 만큼의 시간을 할당하는가 하는 것은 건강한 사람인가의 여부에 대한 척도가 된다. 세 번째 부분은 지적인 면이다. 창조의 진리를 받아들이고 그 진리를 논리적으로 인식할 수 있는 놀랄 만한 능력을 우리의 마음이 소유하고 있는데, 그 마음을 가지고 무엇을 하느냐 하는 문제이다.

네 번째 부분은 영적인 부분이다. 나 외에 다른 이는 아무도 알아듣거나 이해할 수 없는 방법으로 아버지와 교통할 수 있는 특별하고도 은밀한 곳이 있다. 구태어 신학 용어를 빌릴 것 없이, 영의 이 곳을 일컬어 나는 '내면 세계의 정원'이라고 부른다.

마지막으로 우리 안에는 우리로 하여금 안식 혹은 안식일의 평화 (Sabbath peace)로 이끄는 부분이 있다. 이 평화는 우리 주위의 가시적 세계에서 흔히 볼 수 있는 기쁨과는 다른 것이다. 이것은 참으로 중요한 것인데 내면의 질서를 잡는 데 있어서 독특하고도 없어서는 안 될 원천으로서 인식되어져야만 한다.

내가 읽은 많은 전기 중에 일본과 한국에서 일했던 개척 선교사 찰스 카우만(Charles Cowman)의 전기가 있다. 그의 생애야말로 헌신의 본질과 그 헌신을 위한 개인적인 희생에 대한 주목할 만한 간증이다. 그는 사역 말기에 건강이 좋지 않아 일찍 은퇴할 수밖에 없었다. 그가 더 이상 설교할 수 없고 동료 선교사들의 일을 감독할 수 없다는 사실은 그에게는 큰 짐이 되었다. 그의 친구가 그에 대하여 이렇게 말했다.

카우만 형제의 고요한 영보다 더 나에게 감동을 주는 것은 없다. 나는 가끔 그가 상심하여 눈물을 흘리는 것을 본 적은 있지만 그가 동요하는 모습은 본 적이 없다. 그는 민감하고 부드러운 영의 소유자였다. 그러나 그의 은밀한 십자가(즉 건강의 악화로 더 이상 선교사로 일할 수 없는 것 : 역주)가 그의 왕관이 되었다.[1]

카우만은 질서 잡힌 내면 세계의 소유자였다. 그의 삶은 공적인 차원뿐만 아니라, 내면적인 차원에서도 질서가 잡혀 있었다.

이 책은 바로 그러한 것들에 대하여 말하려고 한다. 나는 내가 아는 만큼은 주저하지 않고 현실적으로 말하려고 한다. 나는 개인적인 경험에 대하여 많은 말을 하려고 하는데 그것은, 내 자신을 내면적 질서가 잘 잡힌 본보기라고 생각하기 때문이 아니라, 다른 사람들과 같이 내면적 질서의 문제로 갈등하는 사람 중의 한 사람이라고 보기 때문이다.

가능한 한, 예화나 뒷받침해 줄 통찰력은 성경에서 찾으려 애썼다. 그러나 신학적인 논쟁에 너무 빠지지 않으려고 노력했다는 것을 덧붙이고 싶다. 나는 내면 세계에 질서를 잡으려고 노력하는 사람은 이미 하나

---

1) Lettie B. Cowman, *Charles E. Cowman* (Los Angeles : Oriental Missionary Society, 1928), p. 175.

님께 순종하는 삶을 살기로 작정했다는 가정 하에서 이 책을 썼다. 또한 독자들이 그리스도인의 생활 방식에 대한 기본적인 이해와 그에 대한 동의가 있을 것으로 가정하고 썼다.

만약 독자 여러분이 이 주제에 대한 나의 견해에 동의하는 점이 있다면, 오늘날 우리가 서로에게 가르치고 설교하는 여러 방법들이 영적인 실제와는 심각하게 불일치할 수도 있다고 결론을 내려도 좋다. 왜냐하면 지금부터 다루려고 하는 문제들이야말로 복잡다단한 삶의 현장 속에서 일어나고 있기 때문이다.

솔직히 말해서 나는 이 점들에 대해서 우리들이 충분히 알고 있다고 생각하지는 않는다. 만일 내 마음속에서 나온 생각들과 다른 사색가들과 저자들로부터 빌어 온 이 생각이 몇몇의 호기심 있는 사람들 간에 대화가 시작되는 계기가 된다면 기쁘겠다.

혼자의 힘으로만 책을 쓰는 사람은 흔치 않다. 나도 내 힘으로만 책을 쓰지 않는다. 이 책을 저술함에 있어 나의 생각을 자극해 주었던 수많은 책들의 도움을 입었을 뿐만 아니라, 아내 게일의 세심하고 사려깊은 도움을 받았다. 게일은 하나님께서 내게 주신 특별한 선물이다. 그녀는 각 장에 나오는 모든 문장들을 빠짐없이 다 읽고 셀 수 없이 많은 비평을 해 주고, 나로 하여금 더 높은 차원의 실제성과 실용성을 구하도록 만들었다.

내면 세계에 좀더 질서를 세울 수 있다고 생각하는 독자들은 나와 함께 이 논의에 동참하자. 이 논의의 마지막 부분에 이르게 되면 하나님을 더 깊이 경험하게 되고, 그 분을 섬긴다는 것이 무엇인지 더 잘 이해하게 될 것이다.

연구 과제

내면 세계의 정돈에 관한 연구 지도를 해나가는 것은 내면 지향적 생활에의 부르심에 대한 특별히 능동적인 대응이다. 그러나 우리들 대다수는 신자로서 내면 세계를 정돈하기 위한 더욱 훈련된 접근을 할 수 있도록 도와줄 어떤 것을 필요로 한다. 저자는 다음과 같이 말한다.

"나의 내면 세계의 정원에 말씀하시는 하나님의 효과적인 방법 중의 하나는 일기 쓰기라는 것을 알게 되었다. 연필을 잡고 쓸 준비를 하고 있을 때, 하나님이 나의 독서와 사색을 통해 속삭이기를 원하시는 것을 들으려는 기대와 준비된 마음 가짐이 있음을 알게 되었다."라고.

이 연구 과제가 독자로 하여금 반성하는 글쓰기를 하나의 습관으로 확립하는 데 도움이 되기를 바란다. 어떤 질문들은 저자의 제안이 의미하는 바를 깊이 생각하고 그 대답을 글로 쓰도록 고안되었다. 다른 질문들은 삶의 반응을 촉발하기를 바라는 마음으로 만들어졌다. *가 있는 질문들은 그룹 토의에서 활용할 수 있도록 삽입된 것이다.

레슬리 스토브(Leslie H. Stobbe)

1. 어떤 경험이나 통찰력이 당신으로 하여금 이 책을 읽을 마음이 들도록 하였는가?

2. 당신의 내면 세계를 정돈하는 데 있어 어떤 적(혹은 적들)의 정체를 밝히기를 원하는가? 10면과 20면을 비교하라.

3. 당신의 내면 세계를 정돈하도록 가장 꾸준히 고취시키는 사람은 누구인가? 에베소서 1 : 13과 요한복음 14 : 26을 비교해 보라.

4. 정돈할 필요가 있는 당신의 내면 세계의 다섯 부분을 열거한 후, 10점을 만점으로 하여 부분에 1점부터 10점까지의 점수를 매겨 보라.
   1)
   2)
   3)
   4)
   5)

* 5. 어떤 사람들의 전기가 당신으로 하여금 더욱 정돈된 내면 생활을 지향하도록 당신을 움직였는가? 무엇이 이들을 그토록 영향력 있는 사람들로 만들었는가?

1. 함몰 웅덩이 증상
(The Sinkhole Syndrome)

내면 세계가 무질서한 사람들을 위한 조언 :
나의 내면 세계를 질서 정연한 상태라고 할 수 있다면
그것은, 영적 영역인 내면 세계가 행동 영역인 외면 세계를
다스려야 한다고 확신하고 있기 때문이다.

플로리다의 한 아파트 주민들이 어느 날 아침 눈을 떴을 때, 창 밖에서
벌어지는 무시무시한 광경을 목격하게 되었다. 그들이 살고 있는 아파트
바로 앞 도로의 지반이 내려앉아, 플로리다 사람들이 함몰 웅덩이(sink-
hole)라고 부르는 현상이 일어나고 있는 것이었다. 계속 꺼져 들어가는
웅덩이 속으로 자동차와 도로 그리고 잔디밭이 함몰되어 갔다. 그 다음은
아파트가 무너질 차례였다.

　이러한 함몰 웅덩이는 가뭄으로 지하수가 고갈되어 지표를 지탱할
힘을 잃을 때 생기는 현상이라고 과학자들은 말한다. 딛고 있는 땅조차
안전한지 의심스러울 만큼, 갑자기 모든 것이 땅 속으로 꺼져 들어간다.

　수많은 사람들이 플로리다의 함몰 웅덩이와 같은 삶을 살고 있다.
아마 우리들 중 많은 사람이 적어도 한 번 이상은 함몰 웅덩이와 같이
무너져 내리려는 자신을 발견했을 것이다. 피곤으로 무감각해진 느낌,
실패감, 지금까지 추구해 왔던 목표에 대한 쓰디쓴 환멸감 등을 느낄

때 내부에서 무엇인가가 무너져 내리는 것 같다고 생각했을 것이다. 이렇게 되면, 삶 전체가 온통 끝없는 심연으로 빠져 들어 갈 것 같은 붕괴 직전의 위기를 느끼게 된다. 어떤 때는 그러한 붕괴를 피할 수 있는 길이 전혀 없는 것처럼 보인다. 도대체 무엇이 잘못 되었을까?

이 문제에 대하여 숙고한다면 이전에 알아채지 못했던 내적 영역(inner space), 즉 내면 세계(private world)가 있다는 사실을 알게 될 것이다. 이러한 내면 세계를 무시해 버린다면 그것은 위에서 내리누르는 외부 압력을 오래 지탱하지 못할 것이 틀림없다.

어떤 사람들은 이렇게 위기에 직면한 내면 세계를 발견하게 되면 놀라고 혼란에 빠지게 된다. 그들은 지금까지 표면적이고 눈에 보이는 것들에 그들의 시간과 정력의 대부분을 써 버렸다는 것을 갑자기 깨닫게 된다. 그들은 학위나 경력, 대인 관계, 건강 혹은 미모 등과 같은 훌륭한 자산들을 많이 쌓아 왔다.

그러한 것이 모두 잘못되었다는 것은 아니다. 문제는 내면 세계가 극도로 혼란되거나 약해져 있다는 사실을 뒤늦게야 발견한다는 데에 있다. 이렇게 되면 이미 함몰 웅덩이 증상(sinkhole syndrome)이 일어날 수 있는 가능성이 우리 안에 있는 것이다.

우리는 두 개의 아주 다른 세계 속에서 살고 있다는 것을 깨달아야 한다. 외면 세계(outer world) 혹은 공적 세계(public world)는 다루기가 더 쉽다. 그 세계는 측정할 수 있고 눈에 보이며 계속 늘려 갈 수 있는 세계이다. 외면 세계는 일, 오락, 소유 그리고 대인 관계들로 이루어져 있다. 그것은 성공이라든가 인기, 재물, 미모 등으로 쉽게 평가할 수 있는 우리 삶의 한 부분이다. 그러나 우리의 내면 세계는 본질적으로 영적이다. 이 세계는 선택과 가치가 결정되는 중심부이며 고독과 성찰을 추구하는 곳이다. 이 곳이야말로 예배와 신앙 고백이 이루어지는 곳이며 세상의 도덕적, 영적 공해가 침투하지 않도록 해야 하는 곳이다.

대부분의 사람들은 자신의 공적(公的)인 영역을 잘 다스리는 법을 배워 왔다. 물론 우리 주위에 믿을 수 없는 일꾼, 가정 살림을 엉망으로 하는 주부, 사회적으로 미숙하여 주위 사람에게 폐를 끼치는 사람들이 있기는 하다. 그러나 우리들 대부분은 규칙을 준수하고 일정을 짜고, 지시하는 법을 배워 왔다. 우리는 일과 인간 관계를 위해서 적절한 방법을 취할 줄 안다. 적당한 여가 생활과 취미 생활을 누릴 줄도 안다. 또한 좋은 친구를 사귀고 그 친구 관계를 잘 유지할 줄 안다.

우리의 공적 세계는 우리에게서 끊임없이 많은 시간과 충성심, 물질과 정력을 요구한다. 이러한 우리 바깥의 공적 세계는 뚜렷이 눈에 들어오는 것이고, 또 아주 현실적이기 때문에 그 유혹과 요구를 거절하기가 쉽지 않다. 그것들은 우리의 관심을 끌고 행동하도록 하기 위하여 소리친다.

그러나, 우리의 내면 세계는 외적 세계만큼 큰 소리로 외치지 않기 때문에 도외시되고 무시된다. 이 내적 세계는 '함몰 웅덩이'처럼 무너져 내릴 때까지 쉽게 무시되는 것이다.

작가인 오스카 와일드(Oscar Wilde)는 내면 세계에 그다지 관심을 기울이지 않은 사람이었다. 윌리엄 바클레이(William Barclay)가 인용한 와일드의 고백을 보면 이와 같은 사실이 잘 나타나 있다.

신들은 내게 거의 모든 것을 선사하였다. 그러나 나는 내 자신을 오랫동안 무분별하고 육체적인 향락에 빠져 들도록 내버려 두었다.……향락의 극치에 달하면 곧 싫증을 느끼고 새로운 흥분거리를 찾아 삶의 밑바닥까지 일부러 내려가 보았다. 나의 사고는 모순으로 가득 차고 나의 정열은 도착(倒錯)되어 갔다. 나는 다른 사람들의 삶에 대해서는 개의치 않게 되었다. 나를 기쁘게 하는 곳이라면 어디서나 계속 쾌락을 추구했다. 나는 일상 생활의 모든 행위들이 우리의 성품을 세우기도 하고 또는 파괴하기도 한다는 사실과 우리가 밀실에서 행한 일들을 언젠가 지붕 위에서 외치게 되리라는 것을 까마득히 잊고 있었다. 나는 더 이상 내 자신의 주인이 아니었다. 나는 더 이상 내 영혼의 선장이 아니었는데 그 사실조차도 모르고 있었다. 쾌락이 나를 지배하도록 허용했다. 무서운 수치감 속에서 내 인생은 끝나 버렸다.[1]

"나는 더 이상 내 영혼의 선장이 아니었다."라는 와일드의 표현은 내면 세계가 흔들림으로써 삶이 무너져 버린 사람의 모습을 나타내는 말이다. 와일드의 말들은 인간사의 극적인 단면을 표현하고 있긴 하지만, 와일드처럼 "내면적인 존재"를 무시해 버린 많은 사람들이 그와 비슷한 고백을 할 수 있을 것이다.

나는 이 시대의 가장 격렬한 전쟁터 중의 하나는 각 사람의 내면 세계라고 믿는다. 특별히 자신을 실천적인 그리스도인이라 믿는 사람들은 이 싸움을 해야만 한다. 그들 중에는 가정과 직장 그리고 교회에서 무거운 책임들을 지고 수고하는 사람들도 많이 있다. 그들은 유능한 사람들이지만 대단히 지쳐 있다! 그래서 그들은 너무나도 자주 함몰 웅덩이같이 붕괴되려는 위험에 처해 살고 있다. 왜 그런가? 그들의 가치 있는 모든 행위들은 와일드의 행동과는 거리가 멀지만, 그들 역시 와일드처럼 내면 세계를 너무 늦게까지 무시한 채 공적 세계에만 치중하는 삶을 살기 때문이다.

서구 문화의 가치관이 우리로 하여금 눈먼 채 이러한 경향대로 살도록 했다. 우리는 공적으로 많은 활동을 하는 사람이 내면적으로도 아주 영적인 사람이라고 고지식하게 믿는 경향이 있다. 또한 교회가 크면 클수록 하늘로부터 오는 축복이 클 것이라고 생각한다. 성경에 대한 지식을 많이 가진 사람은 틀림없이 하나님과 더 가까울 것이라고 생각한다.

이렇게 생각하는 경향이 있기 때문에 내면 세계를 희생해서라도 불균형하게 외적 세계에 관심을 기울이도록 하는 유혹이 있는 것이다. 더 많은 프로그램, 더 많은 모임들, 더 좋은 학력, 더 많은 대인 관계, 더 많은 사업과 같은 모든 활동들이 과중해서 더 이상 우리 삶을 지탱할 수 없게 되면 모든 것이 붕괴되어 무너져 버린다. 피로, 환멸감, 실패감, 패배감 등이 무섭게 엄습해 온다. 지금까지 무시되어 온 내면 세계가

---

1) William Barclay, *The Letters to the Galatians and Ephesians* (Philadelphia ; Westminster, 1979), p. 100.

더 이상 과중한 무게를 지탱할 수 없게 된다.

최근에 나는 우리 아이들이 출전한 축구 경기를 관람하면서 학부형한 분과 대화를 나눈 적이 있었는데 그는 그리스도인이 된 지 10년이 넘는 남자였다. 중간 휴식 시간에 그와 산보하면서 대화를 나누다가 나는 그에게 좀 어색하긴 하지만 그리스도인으로서 꼭 해야 할 질문을 던졌다.

"요즈음 영적 생활이 어떠십니까?"하고 내가 물었다.

"그것 참 재미있는 질문이군요. 어떻게 대답해야 좋은 대답이 될까요? 뭐, 그런 대로……. 영적으로 성숙해지고 하나님과 가깝게 지내고 있는 것 같습니다. 하지만 사실은 다소 제자리 걸음을 하고 있지요."라고 그가 대답했다.

그가 이러한 대화에 진지한 관심을 보이는 것 같아서 계속 이 문제에 대해 이야기했다.

"당신은 내면 생활에 질서를 잡기 위해서 규칙적으로 시간을 갖고 계십니까?"

그는 호기심에 가득 차서 나를 쳐다보았다. 만약에 내가 "경건의 시간(quiet time)을 하고 계십니까?"라고 물었다면, 그는 어떻게 대답할지를 정확히 알았을 것이다. 그것은 눈에 보이는 일이니까 말이다. 그는 아마 하루에 몇 분씩 어떤 방법으로 어떤 교재를 가지고 경건의 시간을 하고 있는지 대답했을 것이다. 그렇지만, 내가 한 질문은 그의 내면 세계의 질서에 대한 것이었다. 이 질문에서 중요한 단어인 질서는 양을 말하는 것이아니라 질을 말하는 것이었기 때문에 그는 몹시 난처한 모습을 보였다.

그가 다시 이렇게 물었다. "질서 잡힌 내면 세계를 가진 사람이 과연 있을까요? 내게 쌓여 있는 일만 끝내려 해도 올해 말까지 걸릴 겁니다. 이번 주는 거의 매일 야근을 했습니다. 아내는 1주일만 휴가를 갖자고 성화를 부리죠. 집에 칠도 해야 돼죠. 당신이 말하는 '내면 세계를 정돈하는 것'에 대해 생각할 시간적 여유가 없어요."

그는 잠시 멈췄다가, 다시 물었다. "그런데 내면 세계라는 것이 도대체 뭡니까?"

예수님을 오래 믿고, 교회 일도 열심히 할 뿐만 아니라, 교인들 속에서 살아 온 사람이 그의 일상 생활을 뒷받침해 주는 견고하고 흔들리지 않는 무엇인가가 있어야만 한다는 사실조차 모르고 있다는 것을 나는 비로소 깨닫게 되었다. 또한, 내면 세계의 질서를 위해서는 쓸 시간이 없을 만큼 자신이 바쁘다고 생각하고 있을 뿐만 아니라, 내면 세계의 질서가 무엇인지도 모르는 것을 보았을 때, 나는 그의 삶의 가장 중요한 부분이 그가 하나님과의 깊은 교제에 상당한 거리감을 두었기 때문에 삶의 중심점을 상실한 채 살고 있을지도 모른다고 생각하게 되었다. 우리는 이 점에 대해 많은 말을 할 수 있다.

유명한 비행사 린드버그의 아내 앤만큼, 외면 세계로부터 받는 압력으로 인하여 갈등을 겪은 사람은 없을 것이다. 앤은 그의 내면 세계를 아주 아끼고 잘 지켰는데, 그녀가 쓴 *The Gift from the Sea*(바다로부터의 선물)란 책에서 예리한 통찰력으로 다음과 같이 지적했다.

나는 무엇보다도 먼저 나 자신과 평화롭게 지내고 싶다. 나의 책임과 활동을 가능한 한 잘 수행하기 위하여 한눈팔지 않고 순수한 의도와 삶의 중심핵을 지니고 살고 싶다. 또한 나는—성인(Saints)들의 말을 빌리자면—가능한 한 많은 시간을 "은혜 안에서" 살기를 원한다. 나는 여기에서 어떤 엄격한 신학적인 용어로서의 은혜를 말하려고 하는 것이 아니다. 여기에서 은혜라는 말은, 내적인 (본질적으로는 영적인) 조화를 의미하는 것으로 이 조화는 외적인 조화로 연결되어진다. 소크라테스가 태양의 여신에게 "나의 겉사람과 속사람이 하나가 되게 하소서."라고 구한 것처럼 내가 구하는 것도 같은 것이리라. 나는 영적인 은혜가 충만한 내면 상태에 도달하기를 원한다. 그러한 은혜로써, 하나님이 본래 의도하신 대로 내 삶의 기능을 발휘하고 헌신할 수 있게 되는 것이다.[2]

---

2) Anne Morrow Lindbergh, *The Gift from the Sea* (New York : Pantheon, 1955), pp. 23-24.

선교 지도자의 한 사람인 프레드 미첼(Fred Mitchell)은 그의 책상 앞에 이러한 표어를 늘 붙여 놓았었다. "너무 바빠서, 너의 삶이 황무지가 될까 주의하라." 그도 역시 내면 세계가 무시될 때 뒤따라오게 될 붕괴의 가능성을 너무 잘 깨닫고 있었던 것이다.

플로리다의 함몰 웅덩이야말로, 서구 그리스도인들이 관심을 가져야 할 영적인 문제를 잘 나타내 주는 좋은 비유이다. 80년대와 90년대가 되면서 생활의 압박감이 가중해짐에 따라, 서구 그리스도인들이 내면 세계를 직시하면서 다음과 같이 자문해 보지 않는다면, 함몰 웅덩이와 같은 삶을 살게 될 사람들이 점점 많아질 것이다. 표면적인 일상의 잡다한 일들과 활동 밑에 과연 내면 세계가 존재하고 있는가? 그 세계를 계속 탐험하고 계발해야 할 필요성을 느끼는가? 표면에서 내리 누르는 압력을 지탱할 만한 내적인 힘과 탄력성이 있는가?

존 퀸시 아담스(John Quincy Adams)는 워싱턴에서 외롭게 지낼 때, 매사추세츠에 있는 가족을 그리워하며 아들과 딸에게 격려의 편지를 띄웠다. 딸에게는 장래 결혼에 대하여 언급하면서, 남편감으로 어떤 사람을 고르는 것이 좋을지에 대하여 충고하는 편지를 썼다. 그의 충고는 그가 얼마나 질서 잡힌 내면 세계를 높이 평가했는지를 잘 보여 주고 있다.

내 딸아! 너의 남편감으로는 정직한 사람을 구하고, 그의 정직함이 계속 유지되도록 해주어라. 편히 살 수 있을 만큼 부유한가 하는 것이 중요한 것이 아니다. 어떠한 다른 여건보다도, 존경할 만한 도덕적인 성품을 높이 사길 바란다. 다른 어떤 위대함보다 영혼의 위대함을 생각하고, 다른 것의 부함보다 마음의 부함을 생각해라.(고딕은 저자)[3]

---

3) Dorothie Bobbe, *Abigail Adams* (New York : Putnam, 1966), p. 206.

연구 과제

1. 저자는 다음과 같은 말을 했는데, 당신은 지난 한 해 동안 어떤 측면에서 그와 같이 살았는가? "우리의 외면 세계는 다루기가 더 쉽다. 그 세계는 측정할 수 있는 눈에 보이며 계속 늘려 갈 수 있는 세계이다."

* 2. 당신의 삶 가운데 '함몰 웅덩이 경험'이라고 표현할 만한 것이 있었다면 무엇인가?

3. 저자는 내면 세계는 "선택과 가치가 결정되는 중심부이며 고독과 성찰을 추구하는 곳이다."라고 썼다. 그런데 저자가 말했듯이 그와 마찬가지로 또 어떤 것들이 그 안에서 일어날 수 있겠는가? 18면을 보라.

* 4. 외부 세계의 어떤 것이 당신의 주의를 끌고 있는가? 그 중에서 당신이 굴복했던 것 옆에 별표를 하라.

5. 잘 정돈된 내면 세계에 몰래 들어와서, 내적인 평화를 추구하려는 당신의 노력을 방해하는 불안거리로는 어떤 것이 있는가?

* 6. 더 나아가, 당신의 삶에 함몰 웅덩이를 만들 만큼 강력하게 작용할 수 있는 사건이나 압력들에는 어떤 것이 있는가?

* 7. 에베소서 3 : 14−21을 보라. 20절과 16절 사이에 어떤 연결이 있다고 생각하는가?

2. 조종실에서 보는 시각

내면 세계가 무질서한 사람들을 위한 조언 :
나의 내면 세계를 질서 정연한 상태라고 할 수 있다면
그것은, 내가 이러한 질서로운 상태를 지키기로 매일같이
선택하고 있기 때문이다.

나의 친한 친구가 미해군 핵 잠수함 장교로 근무하고 있었다. 그가 지중
해를 지나던 어느 날에 일어났던 경험을 말해 준 적이 있었다. 잠수함
위로 많은 배들이 지나가고 있었고, 잠수함은 충돌을 피하기 위하여 여러
차례 요동쳤다.

함장이 잠시 자리를 비운 동안에 당직 장교였던 내 친구가, 매순간
잠수함의 위치를 지시하는 책임을 맡고 있었다. 너무도 급작스럽고 비정
상적인 격동이 일어나고 있었기 때문에 자기 방에 있던 함장이 갑자기
다음과 같이 물으면서 '조종실'에 나타났다. "아무 이상 없나?"

"네! 아무 이상 없습니다." 내 친구가 대답했다.

함장은 잠깐 조종실 안을 둘러보더니, "내가 보기에도 괜찮아 보이는
군." 하면서 조종실을 떠나 승강구를 통해 나가 버렸다.

함장과 신임받는 한 해군 장교가 주고받은 사무적인 간단한 대화를
통해서, 내적 세계의 질서에 대하여 명확히 설명해 주는 한 모습을 그려

볼 수 있었다. 그 잠수함 주위에는 충돌의 위험이 도사리고 있었다. 함장이 나타나서 돌아보았다는 것은 그만큼 위험한 상황이었다는 것을 보여 주는 것이었다. 그러나 그 모든 위험은 잠수함 바깥에 있었다. 배의 운명을 결정짓는 곳은 잠수함 내부에 있는 조용한 장소였던 것이다. 그리고 함장이 본능적으로 들여다 본 곳도 바로 그 곳이었다.

명령을 수령하는 그 곳에서는 당황의 빛이 조금도 보이지 않았다. 오직 고도로 숙련된 탑승원들에 의해서, 차분한 가운데 재빠른 동작만이 진행되고 있었다. 함장이 아무 이상 없는지 확인하기 위하여 이처럼 조종실에 나타나서 던졌던 질문은 "아무 이상 없나?"라는 것이었다. 함장이 둘러보고 나서 "내가 보기에도 괜찮아 보이는군."이라고 말했다. 그는 적소에 가서 들어야 할 대답을 얻은 것이었다.

바로 이와 같은 방법으로 함장은 잠수함을 이끌어 간다. 아무런 위험이 없었을 때에도 이미 수천 번 이상, 이와 같은 과정을 거친 것이었다. 그렇기 때문에 위험한 상황에 대처해 나가야 할 경우에도, 함장은 겁낼 필요가 없었던 것이다. 그는 조종실에 있는 승무원들의 숙련된 동작을 예상할 수 있었다. 이 조종실에서 모든 것이 잘 진행되고 있으면, 아무리 바깥 상황이 위험해 보이더라도 잠수함의 안전은 보장되는 것이다. "내가 보기에도 괜찮아 보이는 데."라고 함장이 말했다.

그러한 과정이 제대로 점검되지 않은 채 간과되었었더라면 그 잠수함은 재난을 면치 못했을 것이다. 그러면 배는 부서져 가라앉아 큰 손실을 입게 된다. 내면 세계의 '조종실'에 이상이 생기면 사람에게도 그러한 사고가 일어난다. 내면 세계의 조종실에서 일어나는 사고는 신경 쇠약, 정신 파탄, 자아 붕괴 등으로 불린다.

사람이 실수를 하거나 실패할 수는 있는 것이다. 그리고 우리는 이러한 과정을 통해서 단련되고, 성숙한 성품을 갖게 되는 것도 사실이다. 그러나 외부 압력을 견뎌 내기 위한 힘의 원천이 내부에 없기 때문에 사람들이 산산조각 난다는 것은, 단순한 실수나 실패와는 차원이 다른 문제이다.

「월 스트리트 저널」(*Wall Street Journal*)에 "경영자의 위기"라는 연재 기사 중, 첨단 기업의 창업자이며 성공한 젊은 기업가인 제랄드 맥스웰 (Jerald H. Maxwell)에 대한 이야기가 실렸다. 한동안 사람들은 그를 경영과 재정의 천재라고 불렀다. 그러나 얼마 안 되어 그의 삶은 허물어 져 내리고 맥없이 쓰러졌다.

그 날은 제랄드 맥스웰의 기억 속에 선명히 새겨져 있다. 그의 가족도 결코 그 날을 잊을 수 없을 것이다. 그 날, 그는 자신의 방에서 오열 하기 시작했다. 그 날, 넘치던 자신감이 무너지고, 절망감이 엄습해 오기 시작했다. 그 날, 그와 가족의 세계가 전락하고 말았다.

맥스웰은 해고되었던 것이다! 모든 것이 산산조각 나 버렸다, 그 상황을 헤쳐 나갈 능력이 그에게는 없었다. 그 기사는 다음과 같이 계속되었다.

맥스웰은 그의 생애 처음으로 실패하였다. 그의 모든 희망이 꺾여 버렸다. 이러한 패배감 때문에 그의 정서는 파괴되었고, 그와 아내 그리고 네 아들들 사이의 가족이라는 유대 관계마저도 부서져 버린 채, 그 자신은 벼랑끝에 내던져졌다.…… "모든 것이 허물어졌을 때 나는 수치감에 떨었다."고 맥스웰은 회상한다. 그는 잠깐 멈추었다가 한숨을 쉬면서 말하기를, "성경은, '구하라 그리하면 얻으리라.'고 말하더군. 그래서 나는 여러 번 죽음을 구했네."[1]

우리들 대부분이 맥스웰처럼 아직 죽음까지는 구하지 않았을지 모른 다. 그러나 우리들 대부분이 엄습해 오는 외부의 압력을 견디지 못한 채, 어떤 종류의 죽음이 임박하지나 않았는지 불안해 한 적은 있을 것이 다. 이러한 순간에 우리는 더 버틸 여력이 있는지, 압박을 견디고 계속 버틸 만한 가치가 있는 것인지, 포기하고 도망갈 것인지를 자문하게 된 다. 간단히 말해서, 우리는 현재의 속도로 계속 전진해 나갈 만큼의 영

---

1) "Executive's Crisis," *Wall Street Journal*, 12 March 1982, p. 1.

적 · 정신적 · 육체적 에너지가 충분히 남아 있는지 자신할 수 없다.

이 모든 것의 열쇠는 바로, 잠수함의 함장이 했던 그대로 우리도 똑같이 하는 것이다. 격렬한 소동이 일고 있는 것을 느꼈을 때, 모든 것이 제대로 되어 있는지 알아보기 위하여 그는 곧바로 조종실로 갔다. 그는 조종실 말고는 어디에서도 그 원인을 찾지 못한다는 것을 알고 있었다. 그 곳에 아무 이상이 없으면 함장은 조용히 방에 들어가서 안도할 수 있게 되는 것이다. 조종실에 아무 이상이 없으면 배는 아무리 거친 환경이라도 이겨 낼 수 있다.

나는, 성경의 많은 이야기 중에서 갈릴리 바다에서 어느 날 오후 폭풍을 만났던 제자들에 대한 이야기를 아주 좋아한다. 제자들은 곧 공포에 질린 채, 마음의 평정을 잃었다. 그들은 수년 간 바다에서 지냈으며 바다 생활을 견뎌 내는 데 잘 숙련된 어부들이었다. 또한 그들은 이러한 폭풍을 한두 번 겪어 본 것이 아니었다. 그런데 어찌된 영문인지 이번에는 이러한 상황을 이겨 낼 수 없었다. 그들과는 반대로, 예수님은 배의 뒤쪽에서 주무시고 계셨다. 제자들이 공포에 질려 예수님께 달려 왔을 때, 예수님은 생명을 잃게 될 것 같은 위협에도 별로 개의치 않은 듯이 행동하셨다. 우리들은, 제자들이 그 위험한 상황에서 적어도 어디로 가야 하는지 정도는 알고 있었다는 점에서 그들을 인정해 주어야 한다.

그리스도께서는 폭풍에게 잠잠하라고 명하신 후에 제자들에게 영적인 지도자로서의 개인적인 성장과 성숙을 위한 핵심적인 질문을 던지셨다. "너희의 믿음이 어디에 있느냐?" 예수님은 어쩌면 내 방식대로 다음과 같이 물으셨을 수도 있다. "왜 너희 내면 세계의 조종실은 질서가 잡혀 있지 않느냐?"

긴장과 압력이 우리의 삶에 가중될 때 왜 우리들은 삶의 조종실로 가지 않고 그 대신 더 빨리 뛰려 하고, 더 박력 있게 우기고, 더 많이 쌓아 놓고, 더 많은 정보를 구하고, 더 나은 전문가가 되려 하는 것일까? 우리는, 내면 세계보다는 삶의 외적인 부분의 온갖 소소한 데에 더욱 많은 관심을 쏟는 시대에 살고 있다. 우리의 내면 세계는, 우리가 그 어떤 외부의 폭풍이라도 헤치고 파쇄해 버릴 수 있는 힘을 얻어낼 유일한 장소인데 말이다.

성경 기자들은 조종실로 가야 한다는 원칙을 믿고 있었다. 그들은 내면 세계를 발전시키고 유지하는 일이 최우선적인 것이라고 알고 또 그대로 가르쳤다. 그렇기 때문에 그들이 해 놓은 업적은 시대와 문화를 초월하여 전수되고 있는 것이다. 그들이 기록한 것은 창조주로부터 받은 것이었는데, 창조주는 우리가 내면 세계로부터 외면 세계를 지향할 때 가장 능률적으로 살 수 있도록 우리를 만드셨다.

잠언의 한 기자는 내면 세계의 원칙에 대하여 다음과 같이 썼다.

무릇 지킬 만한 것보다 더욱 네 마음을 지키라. 생명의 근원이 이에서 남이니라(잠 4 : 23).

간단한 한 문장으로 성경의 기자는 가장 놀라운 통찰력을 우리에게 전달해 주었던 것이다. 내가 '조종실'이라고 부르는 곳을 그는 '마음'이라 불렀다. 그는 마음을 근원으로 보았고, 그 곳으로부터 생명의 샘이 솟아나서 나와 다른 이들이 마실 수 있다고 말한다.

그러면 마음을 '지킨다'는 것은 무엇을 의미하는 것일까? 한 가지 분명한 것은, 이 잠언 기자는 마음의 순전함을 위태롭게 할지도 모르는 외부 영향력으로부터 마음을 보호해야 한다는 데 관심이 있었음이 분명하다. 잠언 기자는 또한, 삶에 질서를 가져오는 마음의 능력을 증대시키기 위하여 마음을 강하게 하고, 계발해야 하는 데에도 관심을 가지고 있었다.

그러나 잠언의 이러한 교훈 배후에도 다음과 같은 사실은 남아 있다. 즉, 인간 삶의 조종실인 마음을 지키기 위해서는 신중하고도 훈련된 선택이 요구되어진다는 사실이다. 우리는 마음을 지키기로 결정해야 한다. 마음의 건강과 풍요는 거저 얻어지지 않는다. 그것은 마음을 끊임없이 보호하고 지켜 갈 때만이 가능하다. 잠수함 함장이 무엇인가 심상치 않은 일이 일어나고 있다고 느꼈을 때, 어떻게 행동했는지 다시 한 번 생각해 볼 필요가 있다. 그는 곧바로 조종실로 향했다. 왜 그랬을까? 그것은 위험에 대처할 모든 능력이 그 곳에 있다는 것을 잘 알았기 때문이었다.

신약 성경에서 바울도 같은 관점에서 그리스도인들을 권면하면서, 다음과 같이 말했다. "여러분은 이 세대의 풍조(외면 세계)를 따르지 말고 오히려 마음을 새롭게 함으로 변화를 받아……."(롬 12 : 2)

필립스(J.B. Phillips)는 바울의 이 말을 다음과 같이 풀이했다. "세상이 너희를 그 틀 속으로 밀어 넣지 못하게 하라."

사도 바울은 시대를 초월한 진리를 말하였다. 그는 올바른 선택이 이루어져야 함을 지적했다. 우리는 우리의 내면 세계에 질서를 잡음으로써, 외면 세계를 변화시키려 하는가? 아니면 내면 세계를 소홀히 함으로써 외부 세계로 하여금 우리의 모습을 결정짓도록 하려는가? 매일같이 우리는 이 두 가지 중 하나를 선택해야만 한다.

외면 세계를 본받지 말고 오히려 마음을 새롭게 함으로써 변화 받으라는 이 바울의 사상은 얼마나 놀라운가! 「월 스트리트 저널」에 실렸던 그 실패한 기업가가 무시해 버렸던 것도 바로 이러한 종류의 통찰력이었던 것이다. 이렇게 말하는 근거는 무엇인가? 모든 것이 엄청난 압력으로 그에게 몰려 왔을 때 그는 붕괴되고 말았다. 그에겐 견디어 낼 만한 내적인 저력도, 내면 생활의 질서도 없었다.

메리 슬레서(Mary Slessor)라는 미혼의 젊은 여자는 19세기 말경 스코틀랜드를 떠나 질병과 형용하기 어려운 위험이 들끓던 아프리카의 어느 지역으로 갔다. 그러나 메리는 불굴의 정신을 지니고 있었기 때문에, 다른 사람들은 더 견딜 수 없도록 쇠약해지거나 그 곳을 떠나 다시는 돌아오지 않을 때에도 계속해서 전진할 수 있었다. 특별히 지치고 힘든 일과를 보냈던 어느 날 밤을 회상하며 그녀는 다음과 같은 글을 썼다.

요즈음 나는 내 잠자리가 어떻든 별로 신경쓰지 않는다. 만약 나뭇가지 몇 개를 얼기설기 엮어서 침대를 삼고 더러운 옥수수 껍질로 이불을 하고서 쥐들과 벌레들이 우굴거리는 방에 세 명의 여자와, 난 지 사흘된 아기가 같이 누웠고, 밖에서는 양과 염소, 그리고 소들이 떼지어 모여 있는 그러한 곳에서 잠을 잘 때, 그 날 밤 내가 잠을 설쳤다면 여러분들은 당연한 일이라고 할 것이다. 그러나 내 자신의 마음속에서 나는 아주 고요하고 편안한 밤을 지냈다.[2](고딕은 저자)

이러한 메리의 고백은 우리가 제기하고 있는 내면 세계의 질서라는 것을 보여 주는 한 단면이다. 우리가 그것을 해군 용어로 '조종실'이라 부르든지, 성경적인 용어로 '마음'이라 하든지 똑같은 것을 말하고 있는 것이다. 즉, 우리 안에 질서 정연하고 고요한 곳이 있어야 하는데, 그것은 그 곳으로부터 외부의 소란을 극복하고, 그 소란에 의해 위축되지 않는 힘이 우러나오기 때문이다.

강한 내면 세계의 계발과 유지가 우리 삶에 있어 가장 중요하고도 한결같은 과제가 될 때, 비로소 우리는 위에서 말한 심오한 원칙을 배우게 되었다고 할 수 있는 것이다. 그렇게 되면 외부 압력이 내리 누르고 긴장이 고조될 때에 우리는 다음과 같이 질문할 수 있다. "아무 이상 없나?" 그리고 아무 이상 없음을 확인한 후에는, "내가 보기에도 괜찮아 보이는군."이라고 마음으로 말할 수 있게 되는 것이다.

연구 과제

1. 25면과 26면의 잠수함 함장의 이야기를 읽어 보라. 이것과 사도행전 27 : 21-25에 묘사된 '조종실' 개념을 비교해 보라. 사도 바울의 확신에 찬 말에서 우리는 무엇을 배울 수 있을까?

2. 당신이 그리스도인 상담자이고 제랄드 맥스웰과 같은 사람이 당신에게 왔을 때 당신은 그에게 무엇이라고 말하겠는가? 갈릴리 바다에서 태풍을 만난 제자들에 대한 예수님의 대답에 기초하여 생각해 보라.

---

2) James Buchan, *The Indomitable Mary Slessor* (New York : Seabury, 1981), p. 86.

*3. 우리 주변 세계의 점증되는 압력을 견디 낼 수 있는 힘을 어디에 쌓아 두어야 할까? 로마서 12 : 2을 보라.

4. 무엇이 메리 슬레서로.하여금 그녀 세대의 다른 사람들과 다르게 살 수 있도록 만들었는가?

*5. 당신의 여러 친구들이나 책에서 만난 사람들 가운데서, 누가 내면의 질서에 관한 한 당신에게 가장 좋은 모델이 될 수 있는가?

*6. 당신이 내면의 '조종실'을 얻기 위하여 할 수 있는 가장 중요한 두 가지의 선택은 무엇인가? 29-30면을 보라.

1)

2)

제1부

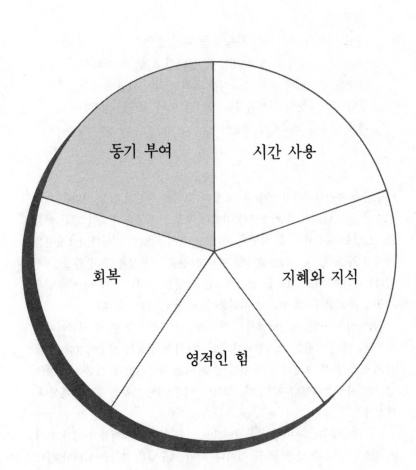

3. 황금 새장에 갇혀서

내면 세계가 무질서한 사람들을 위한 조언 :
나의 내면 세계를 질서 정연한 상태라고 할 수 있다면
그것은, 하나님에 의해 만들어진 계획 방식이 아닌 무질서
했던 과거로부터 형성되었던 방식을 따라 살려는 경향이
내게 있음을 인정하기 때문이다.

예수님을 따라다니다가 마침내 그 분의 교회를 세웠던 열두 사람은 묘한
집단이었다. 나라면, 그리스도의 사역의 새로운 운동을 주도할 만한 인물
로 그 열두 사람과 같은 사람은 한 명도 뽑지 않았을 것이다. (요한만은
예외일 수도 있다. 그는 좋아할 만하고 별로 거부감을 주지 않았던 것
같다) 나라면 결코 그들을 선택하지는 않았을 것이다. 그러나 예수님은
그들을 부르셨다. 그 결과는 여러분이 잘 알고 있는 것이다.

솔직히 말하면, 예수님께서 돌려보내셨던 자원자들 중 몇 사람이야말
로 내가 더 좋아하는 스타일이다. 그들은 가서 취하는 자들이었다. 그들
은 무엇을 보면 그것이 좋은 것인 줄을 아는 자들이었다. 그들은 정열에
넘치는 사람들이었던 것 같다. 그러나 예수님은 그들을 돌려보내셨다.
왜일까?

아마도 예수님은 비상한 통찰력으로 그들의 내면 세계를 들여다 보시
고 위험한 신호를 발견하셨을 것이다. 아마 예수님은 그들을 위대한 사람

이 되어 보려고 애쓰는, 쫓겨 다니는 사람(driven men)으로 보셨을 것이다. 그들에게 내가 좋아할 만한 점이 있다면 그것은 바로 그들의 문제 의식이리라. 그들은 언제 출발해야 할지 어디로 가야 할지를 물음으로써 그들이 처한 상황을 제어하길 원했다.

이것은 상상인데, 만약 그들이 제자로 발탁되었다면, 우리는 그들이 처음보다 훨씬 더 자기 나름대로의 계획을 갖고 있다는 사실을 발견하게 될 것이다. 우리들은 그들이야말로 그들 자신의 계획과 일정, 목표 그리고 목적을 가진 사람들임을 쉽게 알 수 있었을 것이다. 예수님은 이렇게 끌려다니는 사람들의 내면 세계에 위대한 일을 하지는 않으실 것이며, 그렇게 하신 적도 없었다. 예수님은 그 자신이 부르신 사람들과 일하기를 더 좋아하셨던 것 같다. 그렇기 때문에 성경은 자원자들이 아닌, 부름받은 사람들에 대해서만 말하고 있는 것이다.

사람의 내면 세계를 탐험하기 위해서는 어딘가에서부터 시작해야 하는데, 나는 예수님이 시작하셨을 것으로 보이는 곳에서부터 시작하기로 했다. 즉, 부름 받은 사람과 쫓겨 다니는 사람에 대한 구별로부터 말이다. 여하튼 그 분은 사람들을, 끌려다니는 경향이 있는지 아니면 기꺼이 부름받으려고 하는지에 따라 구분하셨다. 그 분은, 그들의 동기와 영적인 힘의 원천 그리고 어떤 종류의 만족에 관심을 갖고 있는지를 문제 삼으셨다. 그 분은 자기에게 이끌려온 사람을 부르셨으나, 그 무엇엔가 쫓기며 예수님을 이용하려 들었던 사람들은 피하셨다.

쫓겨 다니는 사람인가 하는 것을 어떻게 알아낼 수 있을까? 오늘날은 그것을 알아내기가 비교적 쉽다. 쫓겨 다니는 사람들은 스트레스를 받는 표시가 난다. 스트레스의 증세를 살펴보라. 여러분은 아마도, 늘 쫓겨 다니는 증상이 거기에 속해 있음을 발견하게 될 것이다.

이 시대는 스트레스라는 문제에 대해 지대한 관심을 갖고 있다. 스트레스야말로 많은 책들과 연구의 주제이며, 또한 가슴의 통증과 배가 거북함을 호소하는 환자들에 대해 거의 모든 경우에 의사들이 내리는 진단인 것이다. 많은 사람들이 평생을 스트레스에 관한 연구에 종사하고 있다.

과학자들은 압력, 온도, 진동의 다양한 변화에 따라 여러 가지 실험을 함으로써 스트레스를 측정한다. 기사들은 아주 어려운 조건 하에서 운전하거나 비행하면서, 제한된 공간에 앉아서 자동차나 비행기의 엔진을 작동한다. 비행기를 운행하거나 해저 고압실에 앉아 있을 때, 아니면 병원 실험실에서 의학 실험을 하고 있을 때에 사람들이 받는 스트레스는 잘 측정된다. 내가 아는 어떤 사람은 뇌파를 추적하여 스트레스를 잴 수 있는 고감도 측정 장치를 개발하였는데, 그 장치는, 검진 대상이 지나치게 스트레스 받을 때, 그 검사자에게 그것을 고지하게 되어 있다.

지난 20여 년 간 미국 사람들이 지속적이고 파괴적인 스트레스 하에 있다는 것이 명백해졌는데 그것은 스트레스를 풀 만한 휴식과, 일들을 잠깐 놓을 수 있는 시간적 여유가 없을 만큼 일상 생활이 바쁘게 되어버린 까닭이다. 「타임」지에 그것에 대한 다음과 같은 기사가 실린 적이 있다.

과거 30년 간 의사와 보건 관리들은, 국민 복지에 스트레스가 미치는 피해가 얼마나 큰지를 깨닫게 되었다. 미국 가정 의학회에 의하면 가족 전문의를 찾는 환자들의 2 / 3가 바로, 스트레스로 인한 증세 때문이었다고 한다. 동시에 산업계 지도자들은 결근, 직장 의료비의 지출, 그리고 생산성의 감소 등과 같이 스트레스로 야기된 엄청난 지출에 놀라게 되었다.[1]

그 기사는 계속해서, 스트레스가 매년 미국 산업계에 500억 내지 750억 달러 상당의 지출을 발생시키고 있는데 이는 근로자 1인당 750불 이상이라고 쓰고 있다. 그 기사는 또한 "스트레스야말로 심장병, 암, 폐결핵, 우발적 사고, 간경화, 자살 등의 직간접적인 주요한 원인이다."라고 밝혔다. 이것은 단지 시작에 불과하다.

무엇이 이 모든 것의 배후에 있는 것일까? 「타임」지는 루이스빌 대학

---

1) "Stress : Can We Cope ? " *Time*, 6 June 1983, pp. 48—54.

의 조엘 엘크스(Joel Elkes) 박사의 말을 다음과 같이 인용하고 있다.
"우리의 생활 방식 그 자체가 오늘날 질병의 주원인으로 부상하고 있다."

연기자, 운동 선수, 기업인들이 스트레스로 인하여 최선의 결과를 얻는 것처럼 유익한 종류의 스트레스도 있다는 것을 우리 모두가 알고 있다. 그러나 요즈음 우리들의 관심을 불러일으키는 스트레스는 인간의 능력을 감퇴시키는 것이다.

토마스 홈스(Thomas Holmes) 박사는 스트레스에 관한 대단히 흥미로운 연구를 하였다. 그는 홈스 스트레스표(Holmes's Stress Chart)로 알려진 사회 재적응 등급표의 계발로 유명하다. 홈스 스트레스표는, 특정인이 받는 스트레스가 어느 정도이며 육체적, 정신적 질병을 초래할 위험도가 어느 정도인지를 나타내 주는 간단한 측정 방법이다.

신중한 연구 끝에 우리 모두에게 공통되는 다양한 사건들이 홈스 연구팀에 의해서 하나하나 점수가 매겨졌다. 1점을 "삶의 변화 단위"(Life Change Unit)라고 부른다. 홈스는 1년 총점이 200점을 넘으면 심장병, 정서 장애 및 건강인으로서의 기능 상실을 초래할 수 있다고 경고한다. 예를 들어, 배우자의 사망은 가장 높은 점수인 100점, 해고 당했을 때는 47점, 새로운 가족 구성원을 맞게 될 경우는 39점이 주어진다. 스트레스를 일으키는 사건들이 모두 부정적인 사건들만은 아니다. 크리스마스(12점)나 휴가(13점) 같이 기쁘고 좋은 사건들도 스트레스를 유발한다.

내 경험으로는 200점이 훨씬 넘는 사람들을 만나는 것은 그리 어렵지 않다. 예를 들어, 어떤 목사가 내 사무실을 방문했는데 그의 총점은 324점이었다. 그의 혈압은 위험할 정도로 높았고, 지속적인 위통을 앓고 있었으며 위궤양을 염려하고, 밤에는 불면증으로 시달린다고 말했다. 또, 최근까지도 35세 이전에 백만 달러를 벌겠다는 야심을 가졌던 젊은 실업가와 아침 식사를 한 적이 있었다. 그는 자신이 현재 처한 여러 상황들을 홈스 스트레스표에 맞추어 보았을 때에 총점 412점을 넘는 것을 보고는 경악을 금치 못했다. 종교계와 사업계에 있는 이 두 사람의 공통점은 무엇일까?

그것은, 이들 둘 다 내가 쫓겨 다니는 사람이라고 부르는 사람들이라는 점이다. 그리고 의욕으로 인하여 그들이 지불하는 대가는 엄청난 것인데 총점은 그 사실을 그저 숫자로 나타낸 것에 불과하다. 내가 여기서 쫓겨 다니는 사람이란 단어를 쓴 이유는 이 단어가 그들이 삶을 추구하는 상태를 잘 묘사해 줄 뿐 아니라, 우리들이 쫓겨 다님으로써 입는 피해의 실상을 직시하지 못하고 있음을 나타내 주고 있기 때문이기도 하다. 어쩌면 우리는 늘 그 이유도 모르는 채 어떠한 목표와 목적을 향해 쫓기고 있는지도 모른다. 혹은, 이러한 삶이 우리의 생각과 몸, 그리고 물론 우리의 마음에 어떠한 폐해를 주고 있는지 모르고 있을 수 있다. 여기서 마음이란 잠언 4:23에서 말하는 생명의 근원을 의미하는 것이다.

굉장히 좋은 일을 하느라 쫓겨 다니는 사람들도 많다. 쫓겨 다니는 사람들의 강한 욕구에 의해서 불행한 결과가 초래되기도 하지만 쫓겨 다니는 사람들이 반드시 나쁜 사람들인 것은 아니다. 사실상 쫓겨 다니는 사람들이 가끔 지대한 공헌을 하기도 한다. 그들은 조직을 창설하고 일자리와 많은 기회를 제공한다. 그들은 아주 명석해서 수많은 사람들에게 유익을 가져오는 새로운 방법과 수단을 제공하기도 한다. 그럼에도 불구하고 그들은 끌려다닌다. 따라서 사람들은 그들이 스스로를 해하지 않고도 그러한 기세를 계속 유지할 수 있는 능력이 있는지 의심스러워한다.

쫓겨 다니는 사람들을 가려낼 수 있을까? 물론이다. 어떤 사람이 쫓겨 다니는 사람인지 알아낼 수 있는 많은 증상들이 있다. 그 중 자주 볼 수 있는 증상은 다음과 같다.

(1) 쫓겨 다니는 사람은 오직 성취함으로써만 만족을 얻는다. 성장 과정 어느쯤에선가 그는, 자신과 자신이 살고 있는 세계에 대해서 만족을 느낄 수 있는 길은 오직 업적을 쌓아 가는 것뿐임을 발견한다. 이러한 발견은 어린 시절에 형성된 어떤 영향력의 결과일 수 있다. 즉, 그는 어린 시절 부모나 영향력 있는 교사로부터 그들이 무엇인가를 완성했을 때에만 칭찬이나 인정을 받았을지도 모른다. 어떠한 일을 마쳤을 때가 아니고서는 칭찬을 받지 못한 것이다. 그래서 사랑과 인정을 받는 유일한 길은

성취를 통해서 뿐이었던 것이다.

성취의 심리는 때때로 이러한 상황에서 마음을 사로잡게 되는 것이다. 만약 한 번의 성취를 통해서 쾌감과 타인의 칭찬을 얻을 수 있다면, 더 많은 성취는 더 많은 쾌감과 인정을 가져올 수 있다고 추론하게 된다.

그리하여 쫓겨 다니는 사람은 점점 더 많은 성취를 이루기 위한 길을 모색하기 시작한다. 이렇게 함으로써 이상한 종류의 쾌락을 느끼게 되기 때문에 얼마 가지 않아 이 사람은 동시에 두세 가지 일을 하게 되는 것이다. 시간을 좀더 효과적으로 활용하기 위하여 항상 책을 읽거나 세미나에 참석하는 그런 종류의 사람이 되는 것이다. 왜 그럴까? 그렇게 함으로써 그는 보다 많은 업적을 이루고 그것은 또 그에게 보다 큰 만족감을 주기 때문이다.

이러한 종류의 사람은 삶을 오직 결과의 측면에서만 본다. 그렇기 때문에 결과에 이르게 하는 과정에 대해서는 관심을 기울이지 않는다. 이러한 부류의 사람은 뉴욕에서 로스앤젤레스까지 초고속으로 날아가기를 좋아한다. 왜냐하면 육로로 여행하면서 펜실바니아의 산과 아이오아와 네브라스카의 황금빛 밀밭을 구경하고 장중한 로키 산맥과 유타와 네바다의 사막을 구경하는 것이 그에겐 대단한 시간 낭비처럼 보이기 때문이다. 두 시간의 비행 끝에 로스앤젤레스 공항에 도착해서 출구까지 나오는데 4분 이상 걸리게 되면 이 쫓겨 다니는 사람은 몹시 기분이 나빠질 것이다. 이렇듯 성취 지향적인 사람에게 있어서는 도착만이 전부일 뿐 여행 자체는 무의미한 것이다.

(2) 쫓겨 다니는 사람은 성취의 표상들에 집착한다. 그는 권력이라는 개념을 늘 의식하고 그것을 휘두르기 위해서 소유하려고 애쓴다. 그 말은 곧 직함, 사무실의 크기나 위치, 직위 그리고 특권들과 같이 신분을 표상하는 것들에 민감하다는 것을 의미한다.

쫓겨 다니는 상태에 있을 때 우리는 자신의 평판에 비상한 관심을 갖게 된다. 쫓겨 다니는 사람은, 자신이 하고 있는 일을 누가 알아 줄지, 또 어떻게 하면 자기 분야의 높은 사람들과 연결될 수 있을까 하는

데 관심을 둔다. 이러한 질문들이 자주 쫓겨 다니는 사람의 마음을 온통 사로잡곤 한다.

(3) 쫓겨 다니는 사람은 보통 절제되지 않은 팽창욕에 사로잡혀 있다. 쫓겨 다니는 사람은 점점 커지고 점점 성공적인 일의 일부가 되기를 좋아한다. 그들은 가장 크고 가장 좋은 기회를 포착하기 위해 끊임없이 움직인다. 그들에겐, 지금까지 이루어 놓은 성취를 기뻐할 만큼의 시간적 여유조차 없다.

19세기 영국 설교자 찰스 스펄전(Charles Spurgeon)은 다음과 같이 말했다.

성공하게 되면 사람들은 대중의 압력에 노출되게 되고 그렇게 되면 수단 방법을 가리지 않고 이미 성취한 것을 움켜쥐려고 애쓰게 된다. 그리하여 마침내는 끊임없는 확장이라는 항거 불능의 요구에 자신을 완전히 내맡기게 된다. 일을 성취하시는 분은 하나님이시며, 그분은 내 도움 없이도 계속 일을 하실 수 있고, 그 분이 나를 제쳐 두시기를 원하신다면 언제라도 다른 방법을 써서 일을 이루신다는 사실을 내가 염두에 두지 않는 한, 성공으로 인해 나는 자만케 될 수 있으며 아마 그렇게 되고야 말 것이다.[2]

어떤 종류의 업적을 추구함에 있어 이런 불행한 원칙이 적용되는 경우를 볼 수 있다. 그러나 또한, 영적인 활동에 있어서도 이 원칙이 적용되는 것을 볼 수 있는데, 그것은 자신의 현상태나 종교적 활동에서 자신이 성취한 것에 결코 만족할 줄 모르는, 영적인 면에서 끌려다니는 사람이 있기 때문이다. 물론 주위 사람들에 대한 그의 태도 역시 다른 분야에 있는 사람들의 태도와 똑같다. 그는 그의 동료나 아랫사람이 하는 일에 만족하는 법이 없다. 그는 더 능률적인 방법, 더 좋은 결과, 더 깊은 영적 체험들을 추구하면서 끊임없이 긴장하고 조바심 가운데서 산다.

---

2) Cited in J. Oswald Sanders, *Spiritual Leadership* (Chicago : Moody, 1967), p. 23.

그가 자기 자신이나 그밖의 사람들에 대해 만족하는 순간이 있을 기미는 전혀 없다.

(4) 쫓겨 다니는 사람은 전인적(全人的)인 인격에는 별 관심이 없는 경향이 있다. 그들은 성공이나 성취에 너무 골몰해 있기 때문에 이를 잠깐 멈추고 내면의 인격이 외면의 활동과 보조를 맞추고 있는지 자문해 볼 시간조차 없다. 대개 그것은 전인성의 완전한 파괴는 아니고 내면의 인격과 외면의 활동 간에 점점 벌어지는 간격이 있다는 것이다. 이러한 사람들은 점점 거짓되게 되어서 남을 기만할 뿐 아니라 자신을 기만하게 된다. 전진하려는 집요한 욕구 때문에 그들은 동기에 대해서 스스로를 속인다. 즉, 그들의 가치와 도덕성이 현실과 적당히 타협하게 되는 것이다. 성공의 지름길이야말로 삶의 방식이 되는 것이다. 성공이라는 목표가 너무나 중요하기 때문에 윤리적 타락도 감수하게 된다. 쫓겨 다니는 사람은 무서울 정도의 현실주의자가 되어 버린다.

(5) 쫓겨 다니는 사람은 사람을 다루는 기술이 서툴고 미숙하다. 그들은, 다른 사람들과 잘 지내는 문제에 관한 한 별로 인정받지 못한다. 선천적으로 다른 이들과 원만하게 지내는 데 장애가 있어서가 아니라, 그들에겐 사람보다 일이 더욱 중요하기 때문이다. 그들의 시선은 목적과 목표에 맞추어져 있기 때문에, 목표 달성에 이용할 만한 사람이 아니라면 그들 주위의 사람들에 대해 거의 신경을 쓰지 않는다. 만약 다른 사람들이 별 쓸모없어 보이면 어떤 일을 하게 될 때 그들을 장애물이나 경쟁 상대로만 여겨 버린다.

쫓겨 다니는 사람이 지나간 자리에는 희생자의 행렬이 있기 마련이다. 한때 탁월한 지도력의 소유자라고 칭송되던 어떤 쫓겨 다니는 사람이 다른 이들의 건강과 성장에 대해서는 무관심한 것을 보자, 사람들은 점점 그에 대해 불만과 적개심을 쌓게 된다. 쫓겨 다니는 사람들에게 있어서 자기의 일정을 바꾼다는 것은 생각도 할 수 없는 일이며 그것은 다른 어떤 것보다도 중요한 것이다. 쫓겨 다니는 사람 주위에서 일하던 동료나 부하 직원들은 지치고 혹사당하여 환멸을 느낀 채 하나 둘 떠나버린다.

만약 우리가 떠나는 사람이라면 아마 이렇게 말할 것이다. "이 사람과 함께 일하기란 참으로 비참한 일이지만 이 사람은 틀림없이 그 일을 해내고야 말거야."라고.

바로 여기에 문제가 있다. 그는 어떤 일이든 해내고야 만다. 그러나 그 과정에서 사람을 파괴할 수도 있는 것이다. 그리 보기 좋은 것은 아니다. 그러나 여기에, 무시할 수 없는 모순이 있는데, 종교적이거나 세속적이거나를 막론하고 거의 모든 큰 조직에 있어서 이런 종류의 사람들이 가장 핵심적인 자리를 차지하고 있다는 점이다. 비록 이 사람들이 대인관계에 있어서는 불화를 초래할 여지가 있지만, 업무상 이 사람들은 없어서는 안 될 인물들인 것이다.

 · (6) 쫓겨 다니는 사람들은 아주 경쟁적인 경향이 있다. 그들은 모든 일을 승패를 가르는 게임으로 본다. 그리고 쫓겨 다니는 사람은 당연히 자신이 꼭 이겨야 하고 다른 사람들 앞에서 유능해 보여야 한다고 생각한다. 그가 노력하면 할수록 더 많은 점수차로 이겨야만 한다. 쫓겨 다니는 사람에게 있어서 승리는, 자신이 옳고 가치 있으며 중요하다는 증거를 제공해 주는 것이 된다. 그래서 그는 그 일의 과정에서 다른 이들을 타도하거나 창피를 주어야 할 경쟁 상대나 적으로 여기기 쉽다.

(7) 쫓겨 다니는 사람은, 반대나 불신에 부딪히게 되면 언제든지 폭발할 수 있는 격렬한 분노를 품고 있기도 하다. 사람들이 자기 의견에 대해서 동의하지 않거나 개선안을 내거나 아니면 비판의 빛이 조금이라도 보이면 그러한 분노는 언제라도 격발될 수 있다.

이러한 분노는 물리적인 폭력으로 나타나지 않을 수도 있다. 그러나 그것은, 인격을 모독하거나 수치스러운 모욕감을 주는 것과 같은 잔인한 언어적 폭력의 형태를 취할 수도 있다. 이러한 분노는 해고나, 동료들 앞에서 중상하기, 아니면 사람들이 자연스럽게 기대할 수 있는 호의나 돈 아니면 교우 관계까지라도 거절해 버리는 것과 같은 복수 행위의 형태로 나타날 수도 있다.

한 친한 친구가, 여러 직원들과 회사 사무실에 앉아 있을 때에 있었던 일을 들려 주었다. 즉 그 회사에서 15년 간 사무실 책임자로 일하던 한 여직원이 아기가 아파서 일 주일 간의 휴가를 사장에게 요청했다고 한다. 사장이 그 요청을 거절했을 때 눈물을 보인 것이 실수였다. 사장이 돌아서서 그녀의 눈물을 보더니 이렇게 고함쳤다. "책상을 정리하고 여기서 당장 나가시오. 더 이상 당신이 필요 없어요." 그 여직원이 나가 버리자 공포에 질려 쳐다보고 있는 직원들에게 얼굴을 돌리고는 말했다. "자 한 가지만 여기서 확실히 해 둡시다. 나한테 돈 벌어 주는 것, 그것이 당신들이 여기 있는 이유의 전부요. 그러니, 그것이 싫으면 지금 당장 나가시오."

불행하게도, 쫓겨 다니는 사람 주위에 있는 많은 선한 사람들은, 자신들에게 그렇듯 치명적인 상처를 입히는 그러한 망발로 인한 충격을 그대로 감수할 뿐이다. 왜냐하면 그들은, 사장이나 지도자가 일을 되게 하고 하나님의 복을 받고 있으며, 아니면 아무도 그들의 성공을 가지고 감히 겨룰 수 없다고 생각하기 때문이다. 때로는, 아무도 이 쫓겨 다니는 사람과 맞서서 대항할 용기나 능력을 갖고 있지 않기 때문에 격렬한 분노와 그로 인한 피해가 그대로 용납된다.

최근에, 주요 기독교 단체의 위원 한 사람이 그 단체의 이사가 지나칠 정도로 모독적이고 저속한 언사를 쓰면서 격렬하게 분노를 터뜨린 사건에 대해 말해 주었다. 그렇듯 변명하기도 곤란하고 또 변명할 수도 없는 그러한 언사를 왜 위원들이 그대로 용납했느냐고 내가 묻자, 그는 이렇게 대답했다. "우리 모두, 하나님께서 그를 공적 사역에 그렇게 크게 쓰시는 것을 보고 깊은 감명을 받았었기 때문에 그에게 대항하기를 주저했던 것 같습니다."

이렇듯 전혀 호감 가는 데가 없어 보이는 쫓겨 다니는 사람에 대해 더 길게 논할 가치가 뭐 있겠는가! 간단히 결론을 맺기로 하자.

(8) 쫓겨 다니는 사람은 대개 비정상적으로 바쁘다. 그들은 대개 너무 바빠서 부부 관계, 가족 관계, 친구 관계 같은 일상적인 관계, 그리고 하나님과의 관계는 말할 것도 없고 그들 자신과의 관계마저 돌볼 겨를이

없다. 왜냐하면 쫓겨 다니는 사람들은, 만족할 만큼 성취했다고는 거의 생각하지 않기 때문에 일 분이라도 놓치지 않고 더 많은 회의에 참석하고 더 많은 자료를 연구하고 더 많은 일들을 벌이는 것이다. 그들은 바쁘다는 평판이야말로 성공과 자신의 중요성을 나타내는 증표라는 선입견을 가지고 행동한다. 그래서 그들은 틈없이 꽉 짜여진 스케줄을 가지고 사람들에게 인상적으로 보이려 한다. 그들은 스스로, 너무 많은 책임에 매여 있다고 신음하면서 그 책임으로부터 조금이라도 풀려 나기를 원하노라고 심한 자기 연민을 보이기까지 한다. 그러나, 그들에게 조금이라도 책임량을 덜 수 있는 방안을 제시해 보라!

책임량을 덜 수 있는 방안을 제공하는 것이야말로 그들에겐 모든 일 중에 최악의 일이 될 것이다. 갑자기 할 일이 줄어 들면 그들은 어떻게 해야 할지 모르게 될 것이다. 쫓겨 다니는 사람에게는 바쁜 것이 습관이요, 삶과 사고를 지배하는 방식이 되어 버린 것이다. 그들은 바쁘다고 투정하고 동정을 받기를 즐기면서도 사실상의 변화는 아마도 원치 않을 것이다. 그러나 쫓겨 다니는 사람에게 그렇지 않냐고 물으면 그는 화를 낼 것이다.

이것이 바로 쫓겨 다니는 사람의 모습인데 그리 매력적인 모습이 아니다. 이러한 모습을 볼 때마다 나의 마음을 괴롭히는 것은, 우리가 살고 있는 세상은 바로 이렇게 쫓겨 다니는 사람들에 의해 움직여지고 있다는 사실이다. 우리는, 그들에게 결정권이 있는 그러한 체제를 만들어 왔다. 그러한 체제를 가진 사업계, 교회, 가정 안에서 사람들의 성숙은 성취와 축적을 위해서 희생되는 것이다.

쫓겨 다니는 사람인 목사들은 제일 크고, 제일 좋고, 가장 유명한 조직체의 장(長)이 되려는 그들의 욕구 때문에, 수많은 부목사들과 평신도 지도자들을 일에 지쳐 쓰러지도록 혹사시키고 있다는 것을 우리는 알고 있다. 기독교 신앙을 가졌노라고 자처하고 교회에서는 은혜스럽다는 평판을 받지만, 회사에서는 인정머리 없을 정도로 가혹한 사업가들도 있다. 그들은 성공함으로써 얻는 만족을 즐기기 위해 종업원들을 죄어치고, 마지막 남은 기력까지도 쥐어짜고야 마는 것이다.

최근에 한 사업가가, 나의 좋은 친구인 한 평신도의 전도를 통해서 그리스도인이 되었다. 예수 그리스도를 따르기로 작정한 얼마 후에 그는 그를 믿음으로 인도한 친구에게 긴 편지를 썼다. 그 편지 안에서 그는 쫓겨 다니는 상태의 결과로 빚어진 갈등을 말하였다. 나는 이 편지가 쫓겨 다니는 사람의 모습을 생생하게 보여 주기 때문에 그 편지의 일부를 공개할 수 있게 해달라고 청했다. 그는 이렇게 썼다.

수년 전에 나는 내 인생에 있어 심한 좌절을 맛보았다. 내게는 훌륭한 아내와 잘생긴 세 아들이 있었지만 내가 하는 일은 하향길을 가고 있었다. 친구들은 거의 없어지고 장남은 문제에 빠지기 시작했다. 그는 낙제하기 시작한 것이다. 나는 심한 우울증에 시달렸고 가정에는 크나큰 긴장과 불행이 있었다. 그 때쯤 내게 해외로 가서 외국 회사에 근무할 기회가 주어졌다. 이 새로운 기회는 경제적으로나 경력상 아주 좋은 기회였기 때문에 다른 모든 가치를 제쳐 두고 나는 이것을 내 인생에 최우선으로 여겼다. 나는 진급과 성공을 위해서 많은 잘못 즉, 죄를 지었다. 나는 우리 가족에게 좋은 것 즉, 많은 돈 등을 가져다 준다는 이유로 그러한 잘못을 정당화했다. 그런데 그것은 결과적으로 내 자신과 가족을 속이고 여러 가지 나쁜 일들을 저지르게 했던 것이다.

물론 아내는 이것을 용납할 수가 없었고 그래서 아이들을 데리고 미국으로 가 버렸다. 그러나 나는 여전히 내 안에 있는 문제들을 보지 못하고 있었다. 성공, 봉급, 경력 이 모든 것들은 상승 기류를 타고 있었다. 나는 황금 새장에 갇힌 것이다.(고딕은 저자)

외면적으로는 굉장한 것들을 얻고 있었지만 내면적으로는 모든 것을 잃고 있었다. 판단력과 결단력이 모두 약해졌다. 나는 항상 성공과 경력을 극대화시킬 대안을 찾고자 노력하면서 다양한 가능성들을 저울질하고 있었다. 마음속으로는 무엇인가 크게 잘못되어 가고 있음을 알고 있었다. 교회에도 나가 보았지만 어떠한 말도 내게 들어오지 않았다. 나는 너무나도 내 자신의 세계에 갇혀 있었던 것이다.

몇 주 전, 내 가족과 심각한 충돌이 있은 후에 호텔 방에 쳐 박혀서 9일 동안이나 있으면서 지금까지의 사고 방식을 완전히 포기한 채, 어떻게 할 것인가를 궁리해 보았다. 생각할수록 괴로워졌다. 내가 얼마나 죽은 거나 다름없는 삶을 살아왔으며 내 인생이 얼마나 암흑 속에 있었던가를 깨닫기 시작했다. 더욱 나쁜 것은 거기서 빠져나갈 길을 찾을 수 없었던 것이다. 유일한 해결책은 어디론가 도망 가서 지금까지의 모든 관계를 끊고 새 출발을 하는 것뿐이었다.

밑바닥까지 떨어졌던 사람에 대한 처참한 이야기는 다행히도 행복한 결론에 이른다. 호텔 방에서의 9일 간의 경험이 있은 지 얼마 안 되어, 그는 하나님의 사랑과 그의 삶을 극적으로 바꿀 수 있는 그 사랑의 능력을 발견하게 된 것이다. 그리고 이 쫓겨 다니는 사람은 우리가 다음 장에서 다루게 될 주제인, 부름받은 사람으로 바뀌게 된 것이다. 그는 드디어 황금 새장을 탈출한 것이다.

이스라엘의 첫 왕인 사울만큼 쫓겨 다니는 사람의 전형적인 예를 성경에서 달리 찾아보기란 어렵다. 앞의 이야기가 행복한 결론에 이른 것과는 달리 이 사울 왕의 이야기는 비극으로 끝나게 되는데, 이유는 사울이 황금 새장 밖으로 결코 빠져 나오지 못했기 때문이다. 그가 한 일이라고는 자신에게 계속 스트레스가 쌓이게 하는 것뿐이었다. 그 스트레스는 마침내 그를 파괴시켜 버렸다.

성경의 사울의 이야기는, 누구나 자신이 가지고 있는 몇 가지 성격적 결함을 내면에서 잘 다스리지 않으면 그것이 곧 자제력을 잃게 만들 수도 있음을 경각시키기에 충분하다.

베냐민 지파에 기스라 이름하는 유력한 사람이 있으니 그는 아비엘의 아들이요, 스롤의 손자요, 베고랏의 증손이요, 아비아의 현손이라, 베냐민 사람이더라. 기스가 아들이 있으니 그 이름은 사울이요, 준수한 소년이라, 이스라엘 자손 중에 그보다 더 준수한 자가 없고 키는 모든 백성보다 어깨 위는 더 하더라.(삼상 9 : 1, 2)

사울은 그의 공적 생애 초기에, 자산이 될 수도 있고 혹은 막중한 부채가 될 수도 있는 노력하지 않고 얻은 세 가지 특질을 가지고 있었다. 자산이 될지 부채가 될지는 그의 선택에 달려 있었다. 또 그러한 선택은 그날 그날의 그의 내면 세계의 질서에 달린 것이었다.

그 세 가지는 무엇인가? 첫째로 부(富), 둘째는 매력적인 외모, 셋째는 건장하고 잘 발달된 체격이었다. 이 세 가지야말로 한 인간의 공적(公的) 영역을 특징지을 표상들인 것이다. 달리 말하면, 사울은 첫인상에 있어서 주위의 어떤 사람보다 뛰어난 인물이었다. 이 세 가지의 외적 특징들은 사람들의 관심을 끌었고 그것이 그에게 유리하게 작용했다. (사울의 이 타고난 자질들을 생각할 때마다 나는 수년 전에 내게 이렇게 말했던 은행장을 회상하게 된다. "맥도날드 씨, 당신이 만약 6인치만 더 컸더라면 사업계에서 크게 성공했을 겁니다.") 그리고 특히 무엇보다도, 그러한 특성들은 그에게 일종의 카리스마를 부여하여 지혜로운 마음이나 영성을 계발할 필요도 없이 그로 하여금 일찍 성공을 거두게 만들었던 것이다. 간단히 말하면 그는 단지, 즉 빨리 출세한 것뿐이었다.

사울의 이야기가 실린 성경 본문 중에서 그에 관한 몇 가지 다른 점을 알게 되는데, 그러한 점들은 그의 성공에 공헌할 수도, 종국적인 파멸의 원인이 될 수도 있는 것이었다. 예를 들면, 그는 달변가였다고 하는데 그가 군중 앞에서 말했을 때 그의 말은 매우 유창했다. 먼저, 강력한 내면 세계를 계발할 필요를 느끼기도 전에 권력을 통합하고 지지를 획득할 수 있는 기회가 그에게 주어진 것이다. 바로 거기에 위험이 도사리고 있었던 것이다.

그가 이스라엘의 왕이 되었을 때에 그는 빠른 성공을 너무 많이 누렸다. 그것 때문에 그는 인생의 한계를 깨닫지 못했다. 그는, 그 자신에게 다른 사람이 필요하다는 사실을 숙고하거나 하나님과의 관계를 드높이고 자신이 다스려야 할 백성에 대한 책임을 생각하는 데조차도 거의 시간을 들이지 않았다. 쫓겨 다니는 사람들의 징조들이 나타나기 시작한 것이다. 사울은 바쁜 사람이 되었다. 그는 세상을 정복의 대상으로 보았다. 그리하여 사울은, 이스라엘의 큰 원수인 블레셋과의 임박한 전쟁에 직면 했을 때, 제사를 드리러 올 선지자 사무엘을 기다리다가 그가 제 시간에 오지 않자 안달이 나서 견딜 수가 없었다. 그는, 자신의 계획대로 일이 풀려 나가지 않는다고 느꼈다. 그는 일을 진척시켜야만 했었다. 그가 택한 대안은 희생 제사를 자신이 직접 드리는 것이었다. 그래서 그는 그렇게 했다.

결과는 무엇인가? 하나님과의 약속을 크게 파기한 것이다. 희생 제사를 드리는 것은 사무엘과 같은 선지자들의 직무로서 사울과 같은 왕이 할 일은 아니었다. 그러나 사울은 자신을 지극히 높은 존재로 여긴 나머지 그 사실을 잊어버린 것이다.

그 이후로 사울은 내리막길에 접어든 자신을 보게 되었다. "지금은 왕의 나라가 길지 못할 것이라. 여호와께서 왕에게 명하신 바를 왕이 지키지 아니하였으므로 여호와께서 그 마음에 맞는 사람을 구하여 그 백성의 지도자를 삼으셨느니라."(삼상 13 : 14) 이것이야말로 쫓겨 다니는 사람의 말로(末路)인 것이다.

그 시점까지 자신에게 내려졌던 하나님의 복과 도움을 잃어버린 채, 사울은 더욱더 쫓겨 다니는 사람의 모습을 드러내기 시작했다. 그는 이스라엘의 신망을 얻었던 젊은 다윗과 경쟁하면서, 곧 왕위에 집착하는 데 모든 정력을 소모했다.

성경에서 사울이 폭발하는 듯한 분노를 터뜨리는 장면이 몇 번 나오는데 그는 그 분노로 인하여 난폭한 행동을 하고 나서는 곧 비통한 자기 연민에 빠지곤 했다. 그는 말년에 이르러, 원수를 찾느라 온 숲속을 뒤지는, 자제력을 상실한 인간이 되었다. 왜 그렇게 되었을까? 그는 애초부터 쫓겨 다니는 사람이었고, 한 번도 내면 세계의 질서를 가꾸지 않았기 때문이다.

홈스 스트레스표에 맞춰 보면 사울의 총점은 과연 몇 점이나 되었을까 궁금하다. 틀림없이 심장병으로 쓰러질 만큼 높은 점수가 아니었을까 생각한다. 그러나 사울은, 자신의 그러한 쫓겨 다니는 근성을 해결코자 전혀 노력하지 않았다. 즉, 스트레스 검사표에 해당하는 그 무엇을 통해서나, 또 하나님께서 사울의 내면 세계 속에 들려 주셨을 영적인 경책에 귀기울이지도 않음으로써 자신의 그 근성과 조금도 씨름하지 않았다. 사울은 예수님이 선택하신 열두 명의 제자 안에 들지는 못했을 것이다. 그는 너무나 충동적인 사람이었다. 그리고 그 충동은 그로 하여금 권력을 움켜 쥐고 결코 이양하지 않도록 만들고 가장 가까운 부하들마저 내쫓게 했으며, 계속해서 어리석은 많은 결정들을 하게 만들었고, 결국엔 그를 수치스러운 죽음에까지 이르게 만들었다. 그는 쫓겨 다니는 인물의 전형이었다.

우리 자신 안에서 사울다운 면모를 발견하는 만큼 우리는 각자의 내면 세계에서 해야 할 일이 있는 것이다. 처리되지 않은 충동으로 가득 찬 내면 생활은 주님이 부르실 때 그 음성을 잘 듣지 못하게 하기 때문이다. 스트레스의 소음과 고통이 너무나 큰 것이다.

불행하게도 우리 사회는 수많은 사울들, 즉 축재하고 인정받고 성취하기 위해 쫓겨 다니다가 황금 새장에 갇힌 남녀들로 가득 차 있다. 불행하게도 교회마저도 이렇듯 쫓겨 다니는 사람들로 가득 차 있다. 많은 교회들이 메마른 샘으로 변했다. 사람들을 성장케 하고 하나님의 법도를 기뻐하게 하는 생명의 샘이 되기는커녕 스트레스의 원천이 되어 버린 것이다. 쫓겨 다니는 사람의 내면 세계는 무질서하다. 그가 갇혀 있는 새장은 번쩍거리는 황금으로 꾸며져 있을지는 모르지만 그것은 덫이다. 그 덫 안에서는 아무 것도 견뎌 내지 못한다.

연구 과제

1. 그리스도께서는 사람들을, "그가 쫓기는 경향이 있는지 아니면 기꺼이

부름받으려고 하는지에 따라 구분하셨다. 그 분은 동기와 영적인 힘의 원천, 그리고 어떤 종류의 만족에 관심을 갖고 있는가를 문제 삼으셨다. 그 분은 자기에게로 이끌려 온 사람들은 부르셨으나, 쫓겨 다니며 예수님을 이용하려 들었던 사람들은 피하셨다." 이것이 사실이라면 당신은 과연 예수님의 제자의 한 사람이 될 자격이 있는가? 없다면 그 이유는 무엇인가?

2. 당신을 활동적인 그리스도인으로 만드는 동기들을 분류하여 목록을 만들어 보라. 성령의 고요한 음성을 들을 시간을 내고 그것들을 쓰기 시작해 보라.

3. 현재 당신의 삶에서 스트레스의 부정적 요소에는 어떤 것들이 있는가?

＊4. 고린도후서 11 : 24-28의 본문을 볼 때, 사도 바울이 사역의 삶 가운데서 경험한 스트레스가 무엇인지 열거해 보라. 3번의 질문에서 나열한 스트레스의 부정적 요소와 비교하면서 바울의 스트레스를 숙고해 보라.

5. 바울은 어떻게, 그의 스트레스의 정도에 걸맞는 내적 회복력을 얻었는가? 성구 사전을 사용하여, 그의 세계의 내적 질서를 위한 바울 사도의 서신들에 나타난 '기도'라는 단어를 찾아보라.

＊6. 당신이 볼 때, 당신의 삶에 뚜렷이 나타나는 쫓겨 다니는 사람의 특성들을 열거해 보라.

7. 당신의 배우자나 가장 가까운 친구에게, 당신에게 있는 위의 특성들을 지적해 달라고 부탁해 보라.

*8. 사울이 왕이 되었을 당시, 하나님은 그에게 어떤 세 가지 자산(assets)
   으로서 복 주셨는가? 그것들이 그에게 어떤 유익을 가져다 주었는가?
   1)
   2)
   3)

9. 사울의 경험에 관한 성경 기사를 읽으면서 당신 자신의 삶 속에 있는
   -사울의 것과 같은-특성들을 기록하라.

10. 이제 그것들을 주님 앞에 내려 놓고 당신이 황금 새장으로부터 나올
    수 있는 지혜를 달라고 주님께 기도하라. 그리고 그 지혜에 따라 당신
    의 행동 지침들을 적어 보라.

*11. 황금 새장의 덫에 걸린 교회 지도자를 어떻게 도울 수 있을까?

4. 어느 성공한 못난이의 불행한 이야기

내면 세계가 무질서한 사람들을 위한 조언 :
나의 내면 세계를 질서 정연한 상태라고 할 수 있다면
그것은, 나를 재촉하여 몰아대는 것에 감연히 맞서서 주님
의 부르심에 조용히 귀기울이기 때문이다.

어떤 부부가 내 사무실을 처음 찾아왔을 때 그들은 가능한 한 서로 멀찍이 떨어져 앉았다. 적어도 그 순간에는 서로에 대한 애정이 전혀 없는 것이 분명했다. 그런데도 대화의 주제는, 그들의 결혼 생활을 파탄으로부터 건져내는 것이었다.

부인은 남편에게 집을 떠나 달라고 요구했다고 말했다. 그 이유를 묻자 부인은 남은 식구가 평화롭고 정상적인 생활을 하기 위해서는 다른 방도가 없기 때문이라고 했다. 부부 간에 부정한 일은 없었지만 간단한 문제가 아니었다. 여자 편에서는 그저, 남편의 기질과 가치관을 참으면서까지 남편과 함께 살 마음이 없었던 것이다.

그러나 남편은 헤어지고 싶지 않았다. 아내가 이러한 결론에 다다른 것에 충격을 받고 있었다. 그는 착실히 생활비를 벌어다 주었다. 집도 꽤 크고 부자 동네에 있었다. 아이들도 원하는 것은 무엇이든지 가질 수 있었다. 왜 아내가 이혼을 원하는지 자신은 이해할 수 없다고 말했

다. 게다가 그들은 그리스도인들이었다. 남편은 그리스도인에게는 이혼이나 별거 같은 것이 있을 수 없다고 줄곧 생각해 왔다. 나인들 어찌 그들의 문제를 해결하는 일이 즐거울 수 있었겠는가?

그들의 문제가 서서히 드러나기 시작했다. 내 편에서는 곧, 쫓겨 다니는 남자와 그의 아내를 상담하고 있음이 분명해졌다. 그의 과도한 성취욕 때문에 그의 건강과 결혼 생활과 가족이 희생되고 있었다. 그들의 결혼 생활이 사실상 죽은 상태라는 것을 그들의 몸짓 표현(body language)만으로도 알 수 있었다. 자녀들의 태도에 대한 이야기를 듣고는 그의 가족 관계도 엉망이 되어 있다는 결론을 내릴 수 있었다. 남편은 지속적인 위궤양, 심한 편두통, 간헐적인 가슴앓이 등으로 고통을 겪고 있을 정도로 건강이 위험한 상태임이 분명했다. 이야기는 계속 풀려 나갔다.

그는 개인 사업을 하고 있었기 때문에 자신이 원하는 만큼 원하는 시간에 일할 자유도 있었다. 그는 하루에 열아홉 시간에서 스무 시간 가량 일했다. 그렇듯 과중한 책임을 수행하느라 자녀들에게 아버지로서의 역할을 거의 하지 못했다. 식구가 모두 잠들어 있을 동안에 집을 나가서 막내 아이가 이미 자고 있는 늦은 밤이 되어서야 귀가했다. 어쩌다 가족과 함께 식사할 때도 그는 늘 침울해 있거나 다른 생각에 잠겨 있었다. 저녁 식사 도중에 전화를 받으면 어떤 문제를 해결하거나 판매를 마무리 짓느라 식사가 끝날 때까지 전화통에 매달려 있기 일쑤였다.

가족과의 충돌이 있을 때면 폭발적인 화를 내곤 했음을 그도 시인했다. 가족을 대하는 데에 괴팍하고 위압적이었다. 사람들과의 모임에서도 대화를 귀찮게 여기고 혼자 떨어져서 술이나 마시곤 하였다. 어떤 친구들이 있느냐고 묻자 사업상 거래하는 사람들 외에는 이름조차 대지 못했다. 사업 말고 또 중요하게 생각하는 것이 있느냐고 묻자 스포츠카니 보트니 하는, 사람이 아닌 물건들뿐이었다. 대개, 너무 바빠서 즐길 수도 없었던 것들이지만 말이다.

이 사람이야말로 내면 세계에 질서라곤 도무지 없는 사람이었다. 그의 모든 일은 외적인 것뿐이었다. 그도 인정한 바대로 여러 복잡한 사업

활동과 부(富)의 축적이 삶의 전부였다. 그는 어떤 일을 해도, 아무리 돈을 많이 벌어도 결코 만족할 수 없었다. 무엇을 하든지 더 크게 되어야 하고 더 좋아야 하고 더욱더 강렬한 것이어야만 했다. 무엇이 그에게 충돌질하고 있었을까? 과연 그의 내면 세계에 질서라는 것이 있을 수 있었을까?

수차례에 걸친 대화 후에야 나는, 그 사람을 쾌치고 있는 비상한 에너지의 근원을 간파하기 시작했다. 그 에너지의 근원은, 그를 둘러싼 모든 것을 파괴시키는 생활 방식 속으로 그를 몰아붙이고 있었다. 대화 도중 그의 아버지에 관해 물었다. 갑자기 태도가 극적으로 돌변하였다. 깊이 감추어져 있던 민감한 부분을 불시에 들추어냈다는 것을 누가 보든 느낄 수 있었을 것이다.

극도로 고통스러웠던 한 관계에 관한 이야기가 천천히 그 윤곽을 드러냈다. 그의 아버지는 지나치게 비꼬아 말하며 조소하는 그런 사람이었다는 것을 알게 되었다. 그는 아들에게 늘 이렇게 말했다. "너는 못난 놈이야, 앞으로도 그럴 거다. 나아지지 않을 거야!" 이렇게 빈정대는 말투를 수없이 듣게 되자 그 말들은 이 젊은이의 내면 세계의 중심에서, 마치 네온싸인과도 같이 번쩍거리게 되었다.

그는 무의식적으로 일생을 건 결단을 했었는데, 어언 40대 초반이 된 시점에 이른 것이다. 즉, 그는 아버지가 붙여 준 못난이라는 평판을 반증해 내는 데 자신을 온통 바쳐온 것이다. 그는 어떻게 해서든지 자신이 못난이가 아니라는 완벽한 증거를 보여 주려고 했던 것이다. 바로 그것이 자신도 모르는 사이에 가장 우선이 된 생의 관심사였다.

"못난이가 아니라는 것"을 말해 줄 경지란, 곧 열심히 일하고, 높은 수입을 벌어들이고 부자가 되는 것과 같다고 여겼기 때문에 이 쫓겨 다니는 남자에겐 그런 것들이 일군(一群)의 목적이 된 것이다. 그는 개인 사업을 잘 경영하여 그 사업을 가장 번창한 사업으로 만들어 가장 큰 광고란을 차지할 만큼 자신이 능력 있는 사람임을 보여 주고 싶었다. 비록 더러운 방법으로 돈을 버는 한이 있더라도 가능한 한 많은 돈을 손에 쥐고 싶었다. 큰 집, 멋있는 스포츠카. 이러한 것들은 아버지가 붙여 준 '못난이'라는 딱지를 떼어 줄 수 있는 증거가 되는 것이었다. 그는 아버지로부터 사랑과 인정을 받기 위해 이렇게 쫓겨 다녔던 것이다.

그의 목표는 모두 외형적인 것이었기 때문에 그의 내면 세계를 가꿔야 할 필요가 없었다. 관계는 중요하지 않았고 이기는 것만이 중요한 것이었다. 영적 건강은 중요치 않은 것이었으며 육체적 건강만이 중요했다. 휴식은 불필요했고 더 많은 일을 해낼 시간만이 필요한 것이었다. 지식이나 지혜를 쌓는 것이 가치 있는 것이 아니었고 판매 기법이나 생산 혁신만이 가치 있는 것이었다.

그는 가족을 물질적으로 잘 부양하는 것만이 그가 바라는 전부였다고 말했다. 그렇지만 이 사람이 참으로 갈망하고 있었던 것은 사실상 아버지의 칭찬과 인정이었다는 것을 우리는 차츰 깨닫기 시작했다. 그는 아버지가 마침내, "내 아들아, 너는 못난이가 아니다. 내가 전적으로 잘못했다."라고 말하는 것을 듣고 싶었던 것이다.

그런데 정말 이상한 것은 어떻게 해도 기뻐하지 않는 아버지는 이미 수년 전에 돌아가셨다는 점이다. 그러나 이제 중년이 된 이 아들은 아버지의 인정을 받기 위해 아직까지도 기를 쓰고 살고 있는 것이다. 처음엔 그저 하나의 목표 대상에 불과했던 것이 이제는 고칠 수 없는 생활 습관이 되어 버린 것이다.

사람들은 왜 쫓기는 삶을 사는가?

왜 수많은 사람들이 쫓겨 다니는 것처럼 보이는가? 내 친구는 그 이유를 잘 보여 주는 좋은 본보기이다. 그는 결코 '잘했다'는 말을 해주지 않는 환경에서 자라난 유형의 사람들을 대표하고 있다. 인정과 칭찬이 결핍되었을 때에, 존경받는 데 굶주린 사람들이 일을 더 많이 하고 성공한 인물임을 상징하는 것들을 더 많이 갖고 세상 사람들의 선망의 대상이 됨으로써, 자기를 인정하지 않던 중요한 사람으로부터 마침내 "내 아들

(딸)아, 너는 결코 못난 사람이 아니야. 네 아버지가 된 것이 정말 자랑스럽구나."라는 말을 듣고 싶어하는 것은 결코 이상한 일이 아니다.

지도적인 위치에 있는 많은 사람들이 이러한 성장 배경과 불안정감을 공통적으로 가지고 있다. 어떤 지도자들은 훌륭한 일들을 하기 때문에 대단히 자비심이 많은 사람으로 비치거나, 헌신적이고도 비이기적인 행동 때문에 칭송의 대상이 되기도 한다. 그러나 사실은, 그들의 과거에 있어 단 한 명의 중요한 사람으로부터 용납과 인정을 얻으려는 욕망에 끌려서 일 수도 있다. 만약 그들이 그것을 끝내 얻지 못한다면 그 결핍을 보상하려는 시도로써 다른 데서라도 사람들의 박수 갈채와 부와 권력을 얻으려는, 그칠 줄 모르는 탐욕을 키워 가게 된다. 그러나 만족을 얻게 되는 경우는 거의 없다. 그것은, 그들의 이러한 추구는 공적인 세계에 국한된 것으로 개인적인 내면의 세계는 텅비고 결핍된 채로 남아 있기 때문이다. 그리고 거기에 진정한 고통이 있는 것이다.

과도한 성취욕의 또 다른 원인은, 어린 시절 체험한 심각한 상실감이나 수치감에 있다. *Creative Suffering* (창조적인 고통, New York : Harper & Row, 1983)에서 폴 투르니에(Paul Tournier)는, 지난 수세기 동안의 수많은 세계적인 정치 지도자들이 고아였음을 지적했다. 친밀한 부모의 사랑과 정서적인 친근감의 결핍 상태에서 자랐기 때문에 그들은 많은 군중에 둘러쌓이는 보상적 경험을 추구했을 수도 있다. 그들의 권력을 향한 큰 욕망의 배후에는 사랑에 대한 단순한 요구가 있을 수도 있다. 그들은 내면 세계에 질서를 잡음으로써 사랑의 욕구를 충족시키려고 하지 않고, 외면적인 차원에서 그것을 추구하려고 선택했던 것이다.

쫓겨 다니는 사람은 또한 극도의 수치감과 안절부절함 속에서 보냈던 성장 배경을 갖고 있을 수도 있다. 찰스 블레어(Charles Blair) 목사는 *The Man Who Could Do No Wrong* (완벽한 사람, Lincoln, Va. : Chosen Books, 1981)이라는 그의 저서에서 오클라호마에 살던 우울한 어린 시절에 대하여 솔직하게 잘 묘사하였다. 그는 정부에서 무상으로 배급하는 우유를 지방 소방서에서 배급받아 집까지 날마다 운반해야 했던 일을 고통스럽게 회상한다. 우유통을 들고 큰 길을 걸어갈 때 그는 자기 또래의 아이들이 비웃는 것을 견뎌 내야만 했다. 그 때 당한 고통으로 인하여 그는, 하찮은 존재라는 느낌을 표상했던 우유통을 들고 다녀야 하는 따위의 인생을 결코 살지 않으리라고 결심했다. 블레어에게 결코 잊을 수 없는 한 사건이 있었다. 하루는 방과 후에 그가 마음 깊이 관심을 갖고 있던 한 소녀와 같이 집으로 걸어가고 있었다. 갑자기 한 녀석이 번쩍거리는 새 자전거를 타고 옆에 다가와서는 그 소녀에게 태워 주겠다고 말했다. 그 소녀는 망설임 없이 자전거 위에 사뿐히 올라 앉아서 블레어를 뒤에 남겨 두고 그 남자 아이와 함께 떠나가 버렸다. 그 순간의 모멸감 때문에 블레어는 언젠가는 번쩍거리는 자전거와 똑같은 것을 갖고야 말 것이고, 다른 사람들의 관심과 충성을 불러일으킬 만한 사람이 되고야 말겠다고 굳게 결심했다.

그리고 그러한 결심들은 그의 삶 속에서 계속 불타고 있었다. 그러한 결심들은 모든 의욕의 근원이 되었고 결과적으로는 그 자신의 표현대로 블레어를 배신한 셈이 되었다. 후에 그는 기필코, 가장 멋있는 자동차를 소유하고 가장 아름답고 큰 교회를 인도하며 최신 유행의 가장 멋있는 옷을 입으려 했다. 그리고 이러한 것들은 블레어가 오클라호마의 그 우울한 시절의 결심을 마침내 이루었다는 것을 증명하게 될 것이었다. 그는 보잘것없는 사람이 아니었으며 가난하지도 않았다. 그는 여봐란듯이 그것을 증명해 보일 수 있었다.

찰스 블레어는 그 무엇인가로부터 도망치고 있었으며 그것은 그가 다른 무엇인가를 향해 뛰어야만 한다는 것을 의미했다. 그의 욕구가 비록 온갖 종류의 감동적인 영적 동기라는 옷을 입고 있었으며 그의 사역 또한 놀랄 만큼 효과적이었다 하더라도 마음 중심부의 깊은 곳에는 치유되지 않은 과거의 상처가 도사리고 있었다. 이러한 상처들은 그의 내면 세계에 무질서의 응어리로 남아서 끊임없이 그를 따라다니며 괴롭혔다. 그리고 그 상처들은 그의 선택과 가치관에 영향을 미쳤고, 그의 인생의 결정적인 순간에 실제로 어떤 일이 벌어지고 있는가 하는 것을 깨닫지 못하도록 했다. 그 결과는 무엇이었는가? 크나큰 파멸이었다. 실패, 곤혹감, 사회적인 망신이었다.

그러나 그의 삶이 완전히 바뀌었다는 것을 덧붙여야만 하겠다. 그리고 이것만으로도 쫓겨 다니는 사람에게도 소망이 있음을 알 수 있다. 인생 초기에는 모멸감 때문에 도망쳤던, 쫓겨 다니는 사람 찰스 블레어가 이제는 소명받은 사람이 되어 친구들로부터 존경을 받을 만한 인물이 된 것이다. 나는 그의 책을, 내가 지금까지 읽은 책 중에서 가장 깊이 감명받은 책의 하나로 꼽고 있다. 그 책은 지도자의 위치에 있는 남녀 공히, 꼭 읽어야 할 책이다.

끝으로, 어떤 사람들은 그저, 쫓기는 것이 생활 방식이 된 그런 환경에서 자라는 경우도 있다. Wealth Addiction (재산 중독)이라는 책에서 필립 슬레터(Philip Slater)는 지금도 살아 있는 몇몇의 억만 장자들의 배경을 상술하고 있다. 거의 모든 경우에 이 억만 장자들은 어린 시절에 물건들을 모으고 사람들을 지배하는 것을 취미로 삼는 경향이 있었다. 단순한 재미나 운동을 목적으로 하는 경기 등은 거의 하지 않았다. 그들은 오직 이기고 모으는 것만 알고 있었다. 그들의 부모가 그러했고 그들 역시 그렇게 하는 것만이 유일한 삶의 방식이라고 생각했다. 이와 같이 더 부유하고 더 강해지려는 욕구가 아주 어린 시절부터 자라나기 시작했다.

그러한 사람들에게는 질서 잡힌 내면 세계 같은 것은 아무 의미도 없는 것이다. 오직 주의를 기울일 만한 것이 있다면 그것은 외적 세계뿐이었다. 그 영역에서는 어떤 것에 대한 비교 평가가 가능하고 공적이 치하되고 실용성이 증명되기 때문이다.

물론 쫓겨 다니는 사람은 다른 여러 가지 배경 등에서 비롯되므로 위에 열거한 것들은 단지 몇 개의 예에 불과하다. 그러나 모든 경우에 이것 한 가지는 분명하다. 즉, 쫓겨 다니는 사람들은 정돈된 내면 세계의 평온함을 결코 즐길 수 없다는 것이다. 그들의 주된 목표는 모두가 다 외형적이고 물질적이며 비교 평가가 가능한 것이다. 이외의 다른 모든 것들은 비현실적인 것으로 취급된다. 다른 것은 모두 의미 없는 것이다.

그리고 다윗과의 진실한 관계보다 권력을 더욱 중요시했던 사울이 그러했듯이, 그들은 자신이 추구하는 모든 것을 반드시 차지하여 손에 쥐어야 직성이 풀린다.

쫓겨 다니는 사람에 대하여 말할 때, 단지, 극도로 경쟁적인 사업가나 직업적인 운동 선수에 대하여만 말하는 것이 아님을 분명히 알아야 한다. 우리는 "일 중독"이라는 것보다 훨씬 깊이 침투해 있는 증상에 대하여 고찰하고 있는 것이다. 즉, 우리들 중의 누구라도 스스로의 내면을 들여다 본다면 이렇듯 쫓겨 다니는 것이 우리의 생활 방식임을 섬짓 발견케 될 것이다. 우리는 탁월한 그리스도인으로서의 명성을 얻기 위해, 아니면 어떤 극적인 영적 경험을 얻기 위해서, 또는 섬기는 사람이기보다는 사실상 사람 위에서 군림하는 그런 부류의 지도자가 되기 위해서 쫓겨 다니고 있을 수도 있다. 가정 주부도 쫓겨 다니는 사람일 수 있고 학생도 그럴 수 있다. 우리 중 누구라도 쫓겨 다니는 사람일 수 있다.

쫓겨 다니는 사람에게 남아 있는 희망

쫓겨 다니는 사람이 과연 변화될 수 있을까? 물론이다. 그러한 변화는 쫓겨 다니는 사람 자신이, 부르심에 의해서가 아니라 충동에 의해서 움직이고 있다는 사실을 직시하는 데서부터 시작된다. 그러한 발견은 눈먼 상태에서 그리스도와의 만남의 빛을 찾는 데서 비롯된다. 열두 명의 제자들이 발견했듯이 일생의 어떤 단계에서 일단 예수님의 말씀을 듣게 되면 과도한 성취욕의 뿌리와 제 양상들이 모두 폭로되고야 만다.

과도한 성취욕의 문제를 다루기 위해서 우리는 우리 자신의 동기와 가치관들을 가차없이 파헤치기 시작해야 한다. 마치 베드로가 예수님과의 몇 차례의 대면에서 그래야 했던 것처럼 말이다. 과도한 성취욕으로부터의 자유를 추구하는 사람은, 오늘날 우리에게 주님의 말씀을 선포하는 사람들의 충고와 비판에 귀를 기울이는 것이 현명할 것이다.

자유를 갈망하는 사람은 겸허하게 자기를 낮추고 지금까지 추구해 왔던 것들을 포기하는 자기 훈련의 자세를 가져야 할 것이다. 그것들이 꼭 나빠서가 아니라 잘못된 이유로 중요시되어 왔기 때문이다.

아마도 쫓겨 다니는 사람은, 과거에 자기에게 마땅한 애정을 주지 않거나 결코 자신을 인정해 주지 않았던 사람들을 용서해야만 할 것이다. 그리고 그러한 모든 것들은 정말 시작이 될 수도 있다.

그리스도인이 되기 전의 사도 바울은 쫓겨 다니는 사람으로서 공부했고, 조직에 참여하고, 획득하고, 방어하고 그리고 박수 갈채를 받았다. 개종 직전의 그의 모습은 거의 광적이었다. 바울은 어떤 환상적인 목표에 끌려 쫓겨 다녔다. 후에 그가 그 때의 모든 강박 충동에 끌려 다니던 생활 방식을 술회할 수 있었을 때 그는, "모든 것이 내게 무익했노라."고 말했다.

바울은 그리스도께서 그를 부르실 때까지 쫓겨 다니는 사람이었다. 우리는, 바울이 다메섹 도상에서 주님 앞에 무릎을 꿇을 때 그의 내면 세계 안에 극적인 해방감이 있었을 것이라고 생각하게 된다. 기독교를 박멸하러 다메섹으로 가게 한 그 충동으로부터, "주여, 제가 어찌 해야 합니까?"라고 예수 그리스도께 묻게 된 그 완전한 승복의 순간으로의 변화는 과연 어떠한 것이던가! 쫓겨 다니는 사람이 부름받은 사람으로 변화된 것이다.

나는, 아내로부터 이혼해 달라는 요구를 받고 나에게 상담을 요청한 그 사람에게도 이와 똑같은 일이 일어나기를 바랬다. 수차례 그와 나는 이기고, 돈 벌고, 유명해지려는 그의 그칠 줄 모르는 욕구에 대하여 얘기를 나누었다. 나는 몇 번이나 그가 내 말뜻을 이해하고 있으며 그래서 상당한 진전이 있다고 믿은 적이 있었다. 사실 나는 그가 삶의 중심을 외면 세계에서 내면 세계로 옮기려 한다고 믿었다.

나는, 그의 내면 세계 안에 "못난 놈이라는 느낌"을 주입한 아버지에 대한 오래되고 고통스러운 모든 기억을 씻고 자신의 과도한 성취욕을 내어 놓고 주님 앞에 무릎 꿇은 모습을 곧 보게 되리라고 생각했다. 나는 성공한 못난이인 이 사람이 무엇인가를 증명하기 위하여 성공하려고 쫓겨 다니는 사람이 아니라, 그리스도께 부름받은 제자가 되기를 얼마나 바랐던가!

그러나 그런 일은 일어나지 않았다. 그 후로는 그를 다시 만나지 못했다. 내가 결국 그에 대해 듣게 된 얘기는 그가 과도한 성취욕 때문에 모든 것을 잃었다는 것이었다. 아이들도, 아내도, 사업도 말이다. 왜냐하면 그의 과도한 성취욕은 그를 무덤까지 끌고 갔기 때문이다.

연구 과제

1. 이 장의 맨 처음에 나오는 쫓겨 다니는 남편의 이야기를 생각하면서, 당신의 현재의 태도를 결정한 과거의 경험들을 살펴보라. 각각의 경험들을, 경험의 주 요인을 지적한 문장들로 하나씩 요약해 보라. 그것들의 내용이 긍정적이면 그 각각에 대하여 하나님께 감사할 시간을 따로 가지라.

* 2. 아래 표에다가 왼쪽에는 쫓겨 다니는 사람의 외적 목표들을 적고, 오른쪽에는 당신의 삶 가운데서 그에 상응하는 목표들을 적어 보라.

쫓겨 다니는 사람의 목표	나의 목표
·	·
·	·
·	·
·	·
·	·
·	·

*3. 주위의 쫓겨 다니는 사람들의 동기의 기초가 되는 것들을 나열하고 55-56면에 나온 이유들과 관련지어 생각해 보라.

4. 이러한 동기의 기초가 되는 것들 중 어느 것이 당신의 내면 세계를 형성했는가? 그것들이 어떻게 당신의 행동을 결정했는지 글로 써 보라.

5. 저자는, 어떤 경험이 쫓겨 다니는 사람의 삶의 형태를 바꾸는 데 결정적인 것이라고 생각하는가?(본문 59-60면을 보라.)

*6. 삶에 변화를 가져 왔던 베드로와 예수님의 상호 작용 중 핵심적 요소를 생각해 보라. 마태복음 14 : 25-30 ; 16 : 13-17 ; 26 : 31-35과 요한복음 21 : 15-22, 그리고 다른 성경 구절들을 참조하라.

7. 당신의 삶 가운데서, 당신에게 과도한 성취욕을 갖게 한 이유로 용서해야 할 사람은 누구인가? 용서가 당신과 그 사람 둘 다에게 가져다 줄 수 있는 해방감을 얻기 위해서는 어떤 행동을 취해야 할까?

*8. 우리가 쫓겨 다니는 사람에서 부름받은 사람으로 변화되기 위해서는, 바울의 경우와 같은 그러한 전형적인 예수님과의 대면을 체험해야 하는가? 그렇다면 그 이유는 무엇이며, 그렇지 않다면 그 이유는 또 무엇인가?

5. 부름받은 사람으로서의 삶

내면 세계가 무질서한 사람들을 위한 조언 :
나의 내면 세계를 질서 정연한 상태라고 할 수 있다면
그것은, 나 자신을 나의 목적, 역할, 신분의 주인으로서가
아니라 그리스도의 청지기로서 여기고 있기 때문일 것이다.

A Casket of Cameos (작은 조가비 상자)라는 저서에서 보어햄(F.W.
Boreham)은, 스토우(Harriet Beecher Stowe) 부인의 책에 나온 톰 아저
씨의 믿음을 잘 반영하고 있다. 이 늙은 노예는 켄터키 옛집에서 붙잡혀
미지의 세계로 끌려가기 위해 기선에 태워졌다. 그것은 무서운 위기의
순간이었는데 보어햄은 이 때를 다음과 같이 묘사하였다. "톰 아저씨의
믿음은 흔들렸다. 클로아 아주머니와 아이들, 그리고 그의 오랜 친구들을
남겨 두고 떠난다는 것은 그에게는 실로 하나님을 떠나는 것과도 같
았다."

그는 잠이 들어 꿈을 꾸었다. "그는 그의 옛 집에 다시 돌아갔고 어린
에바는 옛 습관대로 그에게 성경을 읽어 주고 있는 꿈을 꾸었다. 그는
어린 에바의 성경 읽는 목소리를 들을 수 있었다. '네가 물 가운데로
지날지라도 내가 너와 함께 할 것임이니라. 나는 네 하나님이요 이스라엘
의 거룩한 자요 네 구원자니라." 보어햄은 계속 써 내려 간다.

조금 후에 불쌍한 톰은 새 주인의 잔인한 채찍 밑에서 몸부림쳤다. 스토우 부인은 이렇게 말한다. "그러나 전에도 그랬듯이, 채찍은 오직 겉사람만을 쓰러뜨릴 수 있었을 뿐 속사람은 쓰러뜨리지 못했다. 톰은 묵묵히 순종했지만 그 주인 리그리는 노예에 대한 자기의 힘이 사실상 아무 것도 아니라는 사실을 감출 수가 없었다. 톰이 오두막으로 사라지고 리그리가 그의 말 머리를 돌렸을 때 갑자기, 그의 어둡고 사악해진 영혼을 가로지르는 한 줄기 양심의 섬광이 이 압제자의 마음속을 뚫고 지나갔다. 리그리는 자신과 톰 사이에 있는 존재가 하나님인 줄 알고 있었다. 사실 그는 하나님을 모독한 것이었다!"[1] (고딕은 저자)

부름받은 사람

우리는 확신의 질(質)을 가지고 쫓겨 다니는 사람과 부름받은 사람을 구별하려 한다. 쫓겨 다니는 사람은 그들이 앞으로 나아갈 때에 확신을 가지고 있다고 자신한다. 그러나 가끔 가장 예기치 않은 순간에 앞길을 가로막는 사건이 일어나면 그들은 쉽게 무너지고 만다. 부름받은 사람들은 내부에서 용솟는 힘을 가지고 있는데, 그것은 외부로부터의 어떠한 타격에도 굴하지 않는 인내와 힘인 것이다.

부름받은 사람들은 기대치 않았던 지방 출신이지만 가장 독특한 자질을 발휘할 수도 있다. 그들은 눈에 띄지 않고 인정받지도 못하며 잘 배우지 못한 사람들일 수도 있다. 다시 한 번 그리스도께서 뽑으셨던 사람들을 살펴보자. 그들 중에 어떤 교회의 조직이나 대기업의 높은 위치에 뽑힐 만한 사람은 아무도 없다. 그것은, 그들이 유별나게 변변치 않은 사람들이었기 때문이 아니라 그들이 지극히 평범한 사람들이었기 때문이

1) Frank W. Boreham, *A Casket of Cameos* (1924 ; reprint, Valley Forge, Pa. : Judson, 1950), p. 266.

다. 그러나 그리스도께서는 그들을 부르셨고 그 부르심으로 인하여 모든 것이 달라졌다.

어떤 사람은 쫓겨 다니며 살기보다는 부르시는 아버지의 손짓에 이끌려 산다. 그러한 부르심은 대개 질서로운 내면 세계 안에서 들을 수 있는 것이다.

부름받은 사람의 전형인 세례 요한

세례 요한은 부름받은 사람의 전형적인 모델이다. 그는 동료인 유대인 들에게, 그들의 선민 의식에 따라 자신들을 정당화하기를 그치고 도덕적 영적으로 회개의 필요성을 직시해야 한다고 말한 대담한 사람이었다. 그는 세례가 회개의 진실성을 증거하는 것이라고 말했다. 누구도 세례 요한에 대하여 중립적일 수 없었다. 그는 결코 완곡하게 말하지 않았다. 세례 요한을 상대한 사람들의 태도는 두 극단이었다. 즉, 사랑하던가 아니면 증오하던가……. 그를 미워했던 사람들은 그가 사역을 끝마쳤을 때 마침내 그의 목을 잘랐다.

부름받은 사람인 요한은 쫓겨 다니는 사람이었던 사울과는 현저한 대조를 이룬다. 요한은 처음부터 자신의 궁극적인 목적에 대한 명확한 인식이 있었던 듯싶은데 그 궁극적인 목적이란 내면의 가장 깊은 곳에서 발견된 것으로 하나님이 주신 임무였다. 사울과 요한의 대조점을 가장 생생하게 볼 수 있는 것은 바로, 그들의 개인적인 신분과 직업적인 위치 의 안정성이 위협을 받고 있었을 때이다. 쫓겨 다니는 사람 사울은 여러 분이 기억하는 바대로 권력을 유지하고 왕위를 고수하는 것은 오로지 자기 자신에게 달려 있다고 확신하게 되었을 때 광포하게 대응했고 원수 라고 생각된 자들을 심하게 핍박했다.

그러나 요한의 경우는 달랐다. 자신의 인기가 바야흐로 급격한 하락세 에 접어들지도 모른다는 소식이 들려 왔을 때 그가 어떻게 했는지 잘 살펴보자. 좀더 극적으로 표현한다면 요한이 자기 직업을 잃을 지경에 놓였다고 가정해 보자. 요한이 예수를 군중에게 소개하자 군중이 이 "하나님의 어린 양"(요 1 : 36)에게 그들의 관심과 사랑을 돌린 후에 벌어질 광경을 나는 상상해 본다. 요한의 제자들까지 포함하여 많은 무리들이 예수님께 가서 그의 가르침에 귀를 기울이고, 예수님의 제자들이 베푸는 세례를 받는 것을 세례 요한이 듣게 된다. 요한에게 그의 인기가 떨어지고 있다는 소식을 전해 준 사람들은 그가 조금은 부정적으로 반응하는 것을 보고 싶어했다고 생각해 볼 수 있다. 그러나 그들의 기대는 어그러졌다. 요한은 오히려 그들을 부끄럽게 만들었다.

요한이 대답했습니다. "하나님이 주시지 않으면 사람이 아무 것도 받을 수 없다. '나는 그리스도가 아니고 그 분보다 앞서 보내심을 받은 사람이다'라고 내가 전에 한 말을 증거할 사람은 바로 너희이다. 신부를 차지하는 사람은 신랑이다. 신랑의 친구는 옆에 서서 신랑의 음성을 기다리다가 신랑의 목소리를 듣고 크게 기뻐한다. 나는 지금 그런 기쁨으로 가득 차 있다. 그는 흥하여야 하고 나는 쇠하여야 한다." (요 3 : 27-30)

부름받은 사람은 자신이 청지기임을 의식한다.

자신의 삶을 청지기로서의 삶으로 여겼던 요한의 생각을 주목하라. 그에게 질문했던 사람들은, 한때 그 군중은 이 요한에게 속해 있었고 요한은 군중의 마음을 그의 카리스마로 사로잡았었다는 전제 하에 의문을 제기하였다. 그리고 그러한 전제가 사실이라면 요한은 무엇인가를 잃고 있는 셈이었다. 그것은 바로 예언자로서의 인기였던 것이다.

그러나 요한의 관점은 전혀 달랐다. 요한은 아무 것도 소유하려 하지 않았고 대중의 인기 역시 마찬가지였다. 청지기의 일이란 그저, 주인이 와서 취할 때까지 주인을 위해서 무엇인가를 적절히 관리하는 것뿐이다. 자신을 떠나 그리스도께로 향하는 군중이 자신의 소유가 아님을 요한은 무엇보다도 잘 알았다. 하나님께서는 잠시 동안 그 무리들을 요한의 보호 아래 두셨다가 이제 그들을 다시 찾아가신 것뿐이었다. 요한에게는 그것이 아무런 문제가 되지 않았다.

이 사람 요한과 쫓겨 다니던 사람 사울은 얼마나 다른가! 사울은, 자신은 이스라엘의 왕권을 소유한 존재로서 자신이 원하는 것은 무엇이나 할 수 있다고 믿었다. 우리는 무엇인가를 일단 소유하면 그것을 꼭 쥐어야 하고 고수해야만 한다고 여긴다. 그러나 요한은 그런 식으로 생각하지 않았다. 그래서 그리스도께서 무리들을 인도하러 오셨을 때, 요한은 그 무리들을 그 분께 돌려드리는 것이 너무도 기쁠 뿐이었다.

청지기에 대한 요한의 시각은 오늘날에도 통용되는 중요한 원칙을 우리에게 보여 준다. 그에게 있었던 군중은 우리에게는 직업이나 재산, 타고난 재능, 영적 은사, 아니면 건강 등일 수도 있다. 우리는 이러한 것들의 주인이 될 것인가 아니면 그것들을 우리에게 주신 분의 이름으로 잘 관리하는 자가 될 것인가? 쫓겨 다니는 사람은 스스로를 그것들의 주인으로 간주하고 부름받은 사람은 그렇게 생각지 않는다. 쫓겨 다니던 사람이 그것들을 잃게 되면 그것은 곧 그들에게 심각한 위기가 된다. 그러나 부름받은 사람의 경우 그러한 것들을 잃게 되어도 달라지는 것은 없다. 그들의 내면 세계는 여전하거나 아니면 더욱 강해진다.

부름받은 사람은 자신이 누구인지를 정확히 알고 있다

부름받은 사람의 두 번째 특징은 요한의 자기 인식에서 잘 나타난다. 요한이, "나는 그리스도가 아니라고 너희에게 몇 번이나 말하지 않았더냐."라고 사람들에게 했던 것을 여러분은 잘 기억할 것이다. 자신이 어떤 존재가 아니라는 것을 안 것은 자신이 누구인가를 아는 출발점이 되었다. 요한은 자신의 정체성에 대하여 어떠한 환상에 빠져 있지 않았다. 그러한 자기 인식은 이미 그의 내면 세계 안에 구축되어 있었다.

그와는 대조적으로 내면 세계가 무질서한 사람들은 자기의 정체성에 대하여 혼동하는 경향이 있다. 그들은 점점 역할과 사람을 분리해서 생각하지 못하게 된다. 그들은, 자신이 무엇을 하고 있느냐 하는 것과 자신이 누구이냐 하는 것의 차이점을 구별하지 못한다. 바로 이러한 이유로 거대한 권력을 휘두르던 사람들이 그 권력을 놓기가 그토록 어려운 것이며, 그 권력을 고수하기 위해서 죽기까지 싸우는 것이다. 그것은 또한 많은 사람들이 은퇴하는 데 어려움을 겪는 이유이기도 하다. 그리고 그것은 막내 아이마저 가정을 떠나게 될 때에 왜 어머니가 심한 우울감에 빠지게 되는가 하는 것을 잘 설명해 준다.

이 자기 인식의 문제야말로 오늘날의 중요한 문제이기 때문에 숙고할 여지가 있다. 요한은 그의 사역 초기, 인기가 높았을 때에 순진한 군중을 이용할 수도 있었다. 아니면 군중의 박수 갈채에 유혹을 받을 수도 있었다. 군중이 이미 예루살렘의 제사장들을 따르지 않고 자기를 따른다는 사실로 해서 그는 교만과 야심으로 가득 찰 수도 있었다. 그가 메시아인지 아닌지 묻는 사람들의 질문에 그렇다고 고개를 끄덕거리는 것이 차라리 더 쉬웠을 것이다.

요한보다 조금 덜 정직한 사람이 요한의 자리에 있었다면, 그러한 유혹의 순간에 다음과 같이 대답하리라고 연상할 수 있을 것이다. "그 점에 대해 방금 당신이 말씀하신 바대로 생각해 본 적은 없습니다. 그렇지만 내게 메시아적인 그 무언가가 있다면 아마 당신 말이 옳겠지요. 그러면 어디, 나를 그리스도라고 한 번 가정만 해 놓고 과연 그런지 두고 보기로 할까요?"

요한이 이러한 사람이었다면 아마 잠시 동안은, 감쪽같이 속이는 데 성공할 수도 있었을 것이다. 그러나 요한은 순진했으므로 그렇게 해 보려는 생각조차 하지 않았다. 그의 내면 세계는 너무도 잘 정돈되어 있었기 때문에 그릇된 자기 인식이 초래할 무시무시한 결과를 꿰뚫어 볼 수 있었다.

만약 군중의 박수 갈채가 우뢰와도 같았을 순간이 있었다면 그 때, 요한의 내면을 울리는 하나님의 목소리는 보다 컸으리라. 요한은 광야 시절, 자신의 내면 세계를 우선적으로 잘 다스렸기 때문에 그러한 하나님의 음성은 훨씬 더 확실하게 들려 왔을 것이다.

이 원칙을 과소평가하지 말라. 오늘날, 보도 매체가 판치는 세상에서 우수하고 재능 있는 많은 지도자들은, 그들 자신에 대한 세평에 유착(癒着)하려는 끊임없는 유혹을 받고 있다. 그리고 그들이 일단 그 유혹을 받아들이게 되면 메시아적 환상이 서서히 그들의 인격과 지도 형태를 오염시키기 시작한다. 자신이 그런 존재가 아니라는 사실은 망각한 채, 왜곡된 자기 인식을 키워 나가기 시작한다. 어떻게 된 것인가? 그들은 너무 바빠서 내면 세계를 정돈하기 위하여 광야에서 보낼 시간이 없게 된 것이다. 조직체는 압도적으로 그들을 필요로 하게 되고 그들을 따르는 사람들의 찬사는 너무도 그들을 황홀케 한다. 이렇듯 대중적인 삶의 기세에 치인 채 살게 되면 하나님께서 부르시는 음성은 묻혀서 들리지 않게 된다.

부름받은 사람은 요동치 않는 목적 의식을 갖고 있다

질문자들에 대한 요한의 주목할 만한 반응 중 우리가 세 번째로 고찰할 것은 이 광야의 선지자가, 그리스도의 길을 예비하는 존재로서 자기 활동 목적을 잘 인식하고 있었다는 점이다. 그리고 이것은 소명(召命)의 또 다른 차원이기도 하다. 나사렛에서 온 사람의 인기가 날로 높아 가고 있는 데 대해 어떻게 생각하느냐고 묻는 사람들에게 세례 요한은, 자신의 활동 목적을 신랑의 들러리 서 주는 친구에 비유했다. "신부를 차지하는 사람은 신랑이다. 신랑의 친구(요한 자신을 가리킴)는 옆에 서서 신랑의 음성을 기다리다가 신랑의 목소리를 듣고 크게 기뻐한다." (요 3 : 29) 들러리의 존재 이유는 그저 신랑 옆에 서서 모든 관심이 신랑에게만 집중되도록 하는 데 있다. 만약 결혼식 진행 중에 들러리 선 친구가 갑자기 관객을 향해서 노래를 부르거나 재미있는 얘기거리로 관객을 웃기기 시작한다면 그는 아마도 바보 취급을 당할 것이다. 들러리는, 자신에게는 시선을 전혀 집중시키지 않는 대신, 모든 시선이 오직 신랑과 신부에게만 집중되도록 할 때 자신의 소임을 가장 훌륭하게 성취해 내는 것이다.

요한은 바로 그렇게 했다. 요한의 비유대로 만약 그리스도께서 신랑이라면 이 세례자는 그저 그 분의 들러리일 뿐이었다. 바로 그것이 요한이 부름받은 목적이었으며 그것을 뛰어 넘으려는 욕구가 요한에겐 전혀 없었다. 많은 무리들이 그리스도께로 향하는 것을 보는 것이야말로 요한이 받아야 할 보상의 전부였다. 그의 목적은 달성되었다. 그러나 이 사람 요한 같이, 오직 부름받은 사람이라야 그러한 상황 하에서도 평안할 수 있는 것이다.

부름받은 사람은 확고한 위탁을 이해한다

마지막으로 요한은 부름받은 사람으로서 위탁의 참된 의미를 이해하고 있었다. 세례 요한의 마음가짐에 대해 캐묻던 사람들에게 그는 다음과 같이 말했다. "그는 흥하여야 하고 나는 쇠하여야 한다."(요 3 : 30) 쫓겨 다니는 사람은 결코 요한이 말한 것처럼 대답할 수 없다. 왜냐하면 쫓겨 다니는 사람은 점점 더 많은 시선을 모아야 하고 점점 더 많은 권력, 더 많은 재산을 차지해야만 하기 때문이다. 공인으로서의 삶의 매력이 경쟁적인 자세를 갖도록 유도했을 수도 있다. 그러나 그가 맡은 역할에 대한 위탁이라는 본래의 부르심은 그의 내면에서 그 유혹의 소리보다 더욱 컸다. 그리스도를 하나님의 어린 양으로 소개하려는 요한의 목적은 달성되었다. 그리스도를 소개한 후에 요한은 만족하였고 기꺼이 퇴장하였다.

부름받은 사람을 특징 지워 주는 것은 바로 이러한 유의 속성들˙ ─요한의 청지기 의식, 정체성 인식, 자신의 역할에 대한 폭 넓은 이해, 그리고 그 역할에 대한 확고한 위탁─이다. 그리고 바로 이러한 것들이, 내면의 세계를 잘 세워서 그것으로부터 생명의 샘이 흘러나도록 하는 사람의 특징들인 것이다.

사울 왕의 생애와 세례 요한의 생애는 얼마나 다른가 ! 한 사람은 황금 새장을 지키려고 전력 투구했지만 실패했고, 다른 한 사람은 광야와

섬길 기회를 기뻐하였고 그리고 승리하였다.

평안과 기쁨

요한의 삶에서 우리는 감탄할 만한 많은 종류의 특징들을 찾아볼 수 있다. 그에게는, 직업상의 안정과는 무관한 평안함이 있었다. 나는 여러 가지 이유로 해서 일자리를 빼앗겨 버린 사람들과 시간을 보낸 적이 가끔 있었는데 그들은 모두 정신적 전신 불구가 되어 있었다. 이러한 현상은 그들이 하나님이 말씀하시는 견고하며 요동치 않는 내면 세계라는 기반 위에 그들의 삶을 쌓은 것이 아니라, 일이라는 기반 위에다 쌓아 왔음을 잘 드러내 준다.

우리는 또한 요한이 소유했던 기쁨의 특징을 발견한다. 이 기쁨은 소위 현대판 행복─ 만사가 잘 돌아갈 때 느끼는 기분 좋은 상태─과 혼동되어서는 안 된다. 다른 사람들은 요한이 실패자로 끝나 가고 있는 것에 대해 초조해 할 것이라고 생각했다. 그러나 그를 따르던 군중이 떠나고 있다는 사실에도 불구하고 요한이 실로 만족해 하는 것을 보게 되었다. 요한 시대의 다른 사람들은 그렇게 생각하지 않았겠지만 요한은 깊은 확신에 차 있었다. 왜냐하면 요한의 자기 평가는 일차적으로 자신의 내면 세계에 근거한 것으로 그 곳에서 비로소, 하나님과의 연합으로 말미암아 진정한 가치가 형성되기 때문이었다.

요한은 진정 부름받은 사람이었다. 시몬 리그리의 채찍이 톰의 겉사람을 내리칠 수는 있었어도 그의 속마음까지 칠 수는 없었다라고 말했을 때 스토우 부인이 의미했던 바를 요한의 삶은 잘 나타내 주고 있다. 요한이 실패자였을 수도 있다는 객관적 증거와 요한 사이에는 무엇인가가 있는 것이다. 즉, 거기에는 요한이 그의 내면 세계 안에서 들었던 하나님의 부르심이라는 의심할 수 없는 실체가 있었던 것이다. 그리고 그 목소리는 다른 어떤 소리보다 더욱 크게 들렸다. 그 목소리는 잘 정돈된, 한 조용한 곳으로부터 온 것이었다.

부름받은 사람이 되어

우리가 세례 요한을 보면서 감탄을 금치 못하며 갖게 되는 질문은, 어떻게 그럴 수 있었는가 하는 점이다. 이러한 결단력과 이러한 정열, 다른 사람과는 완전히 다른 원천은 무엇이었을까? 요한의 배경을 살펴보는 것은 그의 내면적인 삶의 구조와 내용을 연구하는 데 도움이 된다.

요한에 대하여 설명하기 시작하려면 첫 번째로, 어린 시절 그의 삶에 큰 영향을 끼쳤던 그의 부모가 어떤 사람들이었는가를 살펴보아야 한다. 성경을 보면 사가랴와 엘리사벳은, 요한이 받은 부르심에 대하여 비상하리만치 민감했던 경건한 사람들이었음이 분명하다. 요한의 소명에 대한 예언은 천사들에 의해 몇 차례에 걸쳐 고지되었다. 요한의 부모는 요한의 어린 시절부터 그의 영혼 속에 계속해서 그러한 하나님의 뜻을 주입시키기 시작했다. 요한이 태어난 후의 가정 생활에 대하여는 별로 알 수 있는 바가 없다. 그러나 우리는 그의 부모님이 고결함과 특별한 깊이를 가졌던 분들이었다는 것을 잘 안다.

요한의 부모님은 그가 아직 어렸을 때에 돌아가셨음이 분명하다. 요한이 그 상실감을 어떻게 처리했는지에 대해서 우리들은 알 수 없다. 그러나 성경에 다시 등장했을 때의 그는, 자신이 앞으로 예언자로서 외치게 될 사회로부터 격리된 채 광야에서 홀로 살고 있었다.

디베료 황제가 다스린 지 십오 년째 되던 해, 곧 본디오 빌라도가 유대 총독으로, 헤롯이 갈릴리의 분봉왕으로, 그의 동생 빌립이 이두래와 드라고닛 지방의 분봉왕으로, 루사니아가 아빌레네의 분봉왕으로, 안나스와 가야바가 대제사장으로 있었을 때에 하나님의 말씀이 빈들에 있는 사가랴의 아들 요한에게 내렸읍니다. 요한은 요단 골짜기 온 지방을 두루 다니며 회개하는 표로 세례를 받고 죄 사함을 받으라고 선포했읍니다.(눅 3 : 1-3)

이 진술은 도전적 통찰력을 제공해 주고 있다. 시저는 황제가 하는 중요한 일을 하면서 로마에 있었다. 안나스와 가야바는 예루살렘 성전에 머물면서 조직적인 종교 활동에 몸담고 있었다. 그리고 다른 여러 정치적 인물들은 소문이 날 만한 큰 사건들에 관여하면서 오가고 있었다. 그들이 몸담고 있던 세계는 권력과 평판, 그리고 연고 관계 등이 뒤얽힌 공적 세계였다.

그러나 가장 버림받은 곳, 광야에 있던 한 미미한 존재인 요한에게 하나님의 말씀이 임한 것이다. 왜 하필이면 요한에게? 그리고 왜 광야에서? 나에게 깊은 인상을 주었던 허버트 버터필드(Herbert Butterfield)의 말이 생각난다.

역사를 통해서나 우리의 주변에서 볼 때, 비교적 교육 정도가 낮은 사람들로서 심오한 영적 깊이를 지니고 있는 사람들을 만나게 되는 경우가 결코 드문 것만은 아니다. 반면에, 내면 세계의 텅빈 구멍을 감추기 위해서 영리한 머리를 짜내어 어릿광대 짓을 능란히 해치우는 고등 교육자들도 얼마든지 있다.[2]

하나님의 말씀이 왜 요한에게 임하였을까? 그것은, 근원적으로는 하나님께서 요한을 부르셨기 때문인데 요한은 그 부르심에 응답했다. 그 부르심은 성공에 대한 하나님의 판단 기준과, 하나님의 방법과, 하나님의 순리에 순복할 것을 요구한다. 그리고 요한은 고통이나 고독이나 여타의 어떠한 대가를 지불하더라도 하나님의 조건들을 기꺼이 따르려고 했다.

왜 또 광야에서였을까? 그것은 아마 너무 분주하고 소음에 둘러싸이고, 자기 중심주의에 사로잡혀 있는 도시 생활에서는 쉽게 듣거나 깊이 생각할 수 없는 것들을 광야에서는 들을 수 있고 생각할 수 있기 때문일

---

2) Herbert Butterfield, *Christianity and History* (New York : Charles Scribner's Sons, 1949), p. 115.

것이다. 그리고 도시 생활 속에서 때때로 사람들은, 하늘을 찌를 듯이 높이 그리고 견고히 솟은 빌딩들과 화려한 극장가, 거대한 규모의 종교 건물들 가운데 있으면서 하나님께 귀기울이지 않을 만큼 교만해져 있다.

하나님께서는 요한을 광야로 이끌어 내시어 그 곳에서 그에게 말씀하셨다. 그렇게 그를 광야로 데려오신 후 그 곳에서 그 시대의 사람들이 갖는 것과는 전혀 다른 각도의 생각을 요한의 내면 세계에 새겨 주셨기에 바로 그 곳 광야에서 요한은 종교와 선악과 역사의 목적에 대한 하나님의 새로운 관점을 갖게 되었다. 그리고 그는 그 곳 광야에서 그 시대의 사람들을 그리스도께 소개해 드린다는 대단히 특별한 과업에 필요한 특별한 민감성과 용기를 계발하게 되었다. 그의 내면 세계는 바로 광야에서 건축되어 갔다.

하나님의 말씀이 임한 것은 그 곳 광야에서였다. 하나님이 하필이면 그렇게 이상한 곳에서 말씀하시다니! 광야에서 도대체 무엇을 배울 수 있을 것인가? 내게는, 멀리 돌아서 가더라도 가능한 광야로 들어가지 않으려는 경향이 있다. 광야는 내게 고통과 고독, 고난을 의미한다. 그리고 누구라도 이러한 것들을 좋아하지는 않는다. 광야는 영적으로나 육체적으로나 살기 어려운 곳이다.

다음의 사실을 외면할 수는 없다. 즉, 갈등 가운데 처한 어떤 사람이 하나님의 소명을 듣고자 한다면 광야야말로 가장 심오한 교훈을 얻을 수 있는 장소라는 사실이다.

광야에서 우리들은 메마름이 무엇인지 배우게 되는데 광야는 메마른 곳이기 때문이다. 요한은 광야에서 메마름을 극복하고 사는 법을 배웠을 뿐만 아니라, 그가 요단 강에서 외칠 때 그의 말을 듣게 될 사람들의 영적 고갈을 이해할 수 있게 되었음이 틀림없다.

사람은 광야에서 하나님께 의지하는 법을 배우게 된다. 히브리인들이 수세기 전에 깨달았던 것처럼 광야에서는 긍휼하신 하나님의 은혜가 없이는 생명을 유지할 수 없다. 광야에서와 같은 고초를 겪어 본 사람만이 하나님께 전적으로 자신을 맡긴다는 것이 무엇인지 알게 되는데, 광야에는 달리 의지할 것이 남아 있지 않기 때문이다.

그러나 광야에는 보다 밝은 측면도 있다. 광야는 사람에게 자유롭게 생각하고 계획하고 준비할 그러한 장소를 제공한다. 때가 되면 요한처럼 그 메마른 땅으로부터 새롭게 충전되어, 사람들의 가식과 위선을 폭로할 수 있는 메시지로 인간 영혼의 깊은 밑바닥까지 뚫고 들어갈 수 있게 된다. 그리하여 한 시대의 사람들이 그리스도께 소개된다.

광야에서 사람들은 부름받을 수 있다. 요한은 자신을 비판하는 자들과, 수세에 몰려 광포해진 헤롯 왕 — 헤롯은 그의 부도덕한 생활 때문에 이 요한으로부터 책망을 받았다—앞에 섰을 때에 부름받은 사람의 특별한 자질들을 나타내기 시작했다. 예언자적인 사역을 수행하는 와중에서도 평온을 잃지 않는 그의 모습에서 그것을 볼 수 있다. 그의 내면에서, 특별한 무엇인가가 작용하고 있었다. 그리고 그것은 요한에게 판단력과 지혜의 독립적 기반을 제공해 주었다. 그의 메시지에 맞설 수 있는 사람은 거의 없었다.

광야에서 형성된 그의 내면 세계의 구조는 과연 어떤 것일까? 솔직히 말해서 성경 기자는 그것에 대하여 많은 대답을 주고 있지 않다. 우리는 단순히 정돈된 내면 세계의 나타난 증거를 통하여만 알 수 있다. 요한이야말로 우리가 지금 찾고 있는 부름받은 사람의 원형이다. 모든 것이 혼돈되고 무질서해 보이는 공적 세계에서 요한은 확신과 신뢰를 가지고 행동했다.

사울 왕과 요한 그리고 내 친구인 '성공한 못난이'가 우리에게 무엇인가를 가르쳐 주었는가? 나는 그들이 가르치고 있는 메시지는 명백한 것이라고 생각한다. 그들은 안을 들여다 보라고 말하고 있는 것이다. 무엇이 당신으로 하여금 쉬지 않고 움직이도록 하는가? 당신은 왜 그 모든 일들을 하고 있는가? 그 일을 통해서 무엇을 얻기를 원하는가? 그리고 그 모든 것들을 다 빼앗긴다면 당신은 어떻게 반응하겠는가?

나는 나의 내면 세계를 들여다 보면서, 사울이 될 것인가 아니면 요한이 될 것인가를 놓고 거의 매일 씨름해야만 한다는 것을 발견한다. 업적이 거의 모든 것을 의미하는 경쟁적인 세상에서 살다 보면, 움켜 쥐고 지배하기 위하여 쫓겨 다니는 사울이 되기가 훨씬 쉽다는 것을 깨닫는다. 그리고 하나님의 일을 하고 있노라고 스스로를 정당화하면서 사울과 같은 모습으로 지내고 있는 나 자신을 발견할 경우도 있다. 그러나 그렇게 지낼 때에 쌓이는 스트레스는 너무도 크다.

그러나 요한처럼 될 수도 있다. 하나님의 부르심에 귀를 기울임으로써 나는 할 일(mission)을 알 수 있게 된다. 물론 그 일에는 용기와 훈련이 필요하겠지만 그 일의 결과는 부르시는 분의 손에 달려 있다. 내가 흥하든 쇠하든 그 모든 것은 부르시는 하나님의 소관으로 내가 관여할 영역의 것은 아닌 것이다. 나 자신과 다른 사람들의 기대를 좇아 내 인생의 길을 가든가 다른 사람들의 견해에 따라서 내 자신의 가치를 결정한다면, 그것들은 나의 내면 세계를 엉망진창으로 만들 것이다. 그러나 하나님의 부르심이라는 축을 따라 살아 간다면 놀라운 내면의 질서를 누리게 될 것이다.

연구 과제

1. 저자는 쫓겨 다니는 사람과 부름받은 사람의 차이를 무엇이라고 말하는가? 64면을 보라. 당신은 어떤 부류에 속하는 사람인가?

*2. 예수님의 제자들은 어떤 면에서 바울이 고린도전서 1:26-31에서 묘사한 부름받은 사람의 모습과 부합하는가?

3. 세례 요한과 사울 왕의 차이를 언제 가장 생생하게 볼 수 있는가? 65면을 보라.

*4. 저자에 의하면 부름받은 사람의 특징은 무엇인가? 66-71면을 보라.

5. 위의 특징들에 비추어 당신 자신을 평가해 볼 때 무엇이 가장 큰 약점 인가? 주님께 나아가기 위해 별도로 시간을 떼어 놓고 성령께서 당신 에게 은혜를 베푸시도록 하라. 일기를 쓰든지 아니면 여기에 당신의 경험을 적어 보라.

6. 당신이 그리스도의 종 된 가장 주된 목적은 무엇이라고 생각하는가?

7. 당신의 '광야' 경험을 적어 보라. 그것을 찾아 내기 힘들다면 시간을 내어 혼자서 하나님과 함께 있으면서 당신의 목적과 우선 순위를 정하 라. 그리고 그것들을 적어 보라.

*8. 세례 요한이 광야에 있으면서 교훈을 배우게 된 삶의 환경적 요소 중 현재 당신에게 도움이 될 수 있는 환경적 요소 두 가지 이상을 적어 보라.

9. "무엇이 당신으로 하여금 쉬지 않고 움직이도록 하는가? 당신은 왜 그 모든 일을 하고 있는가? 그 일을 통해서 무엇을 얻기를 원하는가? 그리고 그 모든 것을 빼앗긴다면 당신은 어떻게 반응하겠는가?" (본문 75면)라고 저자는 묻고 있다. 시간을 내어 그 질문들을 숙고한 다음 당신의 대답을 적어 보라.

제 2 부

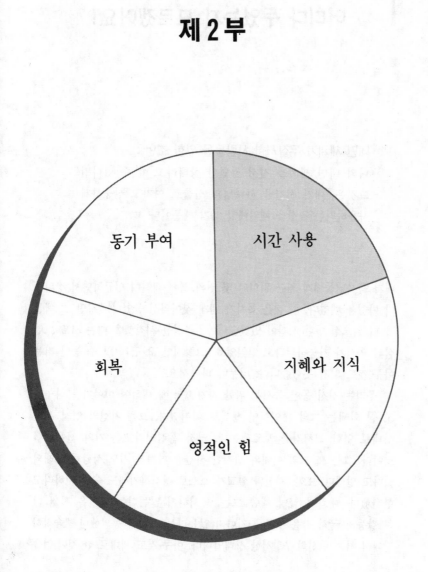

6. 누구 내 시간 본 사람 없어요?
어디다 두었는지 모르겠어요!

내면 세계가 무질서한 사람들을 위한 조언 :
나의 내면 세계를 질서 정연한 상태라고 할 수 있다면
그것은, 내가 시간을 하나님의 선물로 여기고 신중하게
사용하려는 결심을 매일매일 하기 때문이다.

내가 목사님들에게 최근 읽었던 몇 권의 책에 대하여 언급하면서 강의를
막 마쳤을 때였다. 한 젊은 목사가 내게 찾아와서 물었다. "정말 그 책들
을 다 읽으실 만한 시간이 있었습니까? 목회를 시작했을 때는 저도 그런
식의 독서가 가능하리라고 믿었었죠. 그렇지만 요 근래 몇 주 동안 저는
아무 것도 읽지 못했습니다. 너무나 바빠서요!"

우리는 잠시 동안 독서를 위한 자기 훈련에 대하여 이야기를 나누었
고 곧 화제는 그의 개인적인 생활로 이어졌다. 그는 자신의 영적 훈련
상태로 인한 죄책감을 토로했는데, 영적 훈련이라고는 거의 전무했던
것이다. 그는 또 그의 아내와 진지한 시간을 가져본 지도 상당히 오래되
었다고 말했다. 또한, 자신의 설교가 스스로 생각하기에도 수준 이하라고
한탄했다. 대화가 끝날 때쯤 그는, 독서하지 않는다는 사실은 훨씬 더
큰 갈등의 극히 작은 부분에 지나지 않는다는 사실에 동의했다. "솔직히
말해서 저는 완전히 무질서한 상태입니다. 아무 것도 제대로 한 것이 없습

니다."라고 그는 말했다.

나는 이 젊은 목사와 그가 고백한 그의 형편을 충분히 이해한다. 내 자신을 돌이켜 볼 때, 그와 똑같은 말을 하지 않을 수 없었던 시절이 있었다. 이 문제는 비단 그만의 것이 아니라 그 강의에 참석했던 모든 목사들의 문제였을 것이라고 생각한다. 이 세상은 시간에 대한 통제력을 잃어버린 사람들로 가득 차 있다.

윌리암 바클레이(William Barclay)는 사무엘 테일러 콜러리지(Samuel Taylor Coleridge)의 훈련되지 않은 삶에 대하여 언급하면서 다음과 같이 쓰고 있다.

콜러리지의 이야기는 훈련되지 않은 삶에 관한 비극적 이야기이다. 그토록 탁월한 지성의 소유자로서 그렇게 보잘 것 없는 일밖에는 해내지 못한 경우는 달리 찾아볼 수 없을 것이다. 그는 군에 입대하려고 캠브리지 대학을 그만두었다. 그리고 말을 털어 주는 일이 하기 싫어서 군대도 그만두었다. 옥스포드 대학에 다시 들어갔으나 학위도 받지 못한 채 그만두었다. *Watchman*(파수꾼)이라는 신문을 발간했지만 10호를 넘기지 못하고 폐간해 버렸다. 사람들은 그에 대해 이렇게 말한다. "그는 해야 할 일을 보면 처음에는 정신없이 덤비지만 나중에 보면 그 일은 여전히 미완성인 채로 남아 있다. 그는 꾸준히 노력하고 집중하는 능력이 결핍된 것 말고는 시인의 자질을 골고루 갖추고 있었다. 그 자신도 말했듯이 그의 머리 속에는 열여섯 권의 책을 써 낼 만큼의 원고가 저장되어 있었다." 그러나 그 책들은 콜러리지의 머리 안에 갇혀 있었을 뿐 실제로 만들어진 적은 없었다. 왜냐하면 그러한 것들을 책으로 써내기 위해 앉아 있는 훈련조차 하려 하지 않았기 때문이다. 자기 훈련 없이는 그 누구도 탁월한 인물이 될 수 없으며, 그러한 인물이 되었다 해도 자기 훈련 없이는 그 상태를 계속 유지할 수 없는 것이다.[1]

---

1) William Barclay, *The Gospel of Matthew* (Philadelphia : Westminster, 1975), p. 280.

콜러리지야말로 다양한 재능과 뛰어난 지력, 그리고 놀라울 정도로 설득력 있는 화술을 지니고 있었으면서도 시간을 관리할 능력이 없었기 때문에 그 모든 것을 탕진한 채 끝나 버린 남자나 여자의 산 본보기이다. 콜러리지가 자신의 천직인 문학계에서 결국 제 본분을 제대로 이행하지 못한 것처럼, 가정이나 교회, 회사에서 부름받은 사람의 경우에도 그런 결말을 맞이할 수 있다.

우리 중 그 누구도 콜러리지처럼, 인생의 마지막에 이르러 뒤를 돌아보며 이행할 수 있었음에도 불구하고 결국, 해내지 못한 일에 대한 회한을 씹고 싶은 사람은 결코 없을 것이다. 그렇게 되지 않으려면 하나님께서 우리에게 주신 시간을 다스리는 법을 배워야 한다.

무질서의 증후군

우리가 착수해야 할 첫 번째 단계는 시간 사용 습관에 대한 가차없는 자기 비판이다. 현재 우리의 상태는 무질서한가, 그렇지 않은가? 무질서한 생활의 특징들을 살펴보자. 그 중 몇 가지 증후는 대개, 보다 큰 그림의 일부일 뿐이다. 대표적인 몇 가지 증후를 찾아보면 이렇다.

나의 경우를 예로 들자면, 일단 무질서한 상태에 접어들게 되면 내 책상이 흐트러져 있는 것만 봐도 알 수 있다. 서랍장 위도 마찬가지다. 실로 매일같이 내가 지나치는 곳마다 처리하지 않은 서류, 메모지 그리고 하다 남은 일감들로 어지럽혀진다. 아내는 종종 내게 메모지를 건네 주면서 "이것 좀 보세요. 그 사람은 당신 사무실에서 늦게까지 기다리고 있었대요."라는 말을 전하곤 한다. 그러면 그 쪽지를 받아 들고는 부엌의 싱크대 위나 작업대나 지하 작업실에 놓아 두기가 일쑤이다.

무질서 상태를 보여 주는 증후는 내 차의 상태에서도 나타난다. 차의 안팎이 더러워진다. 또한 차 정비 스케줄을 잊어버리거나 스노우 타이어로 바꿔 끼우는 것, 차 검사증 스티커를 새로 받아야 하는 것 등을 마감일이 될 때까지 잊어버리는 일이 허다하다.

무질서 상태에 이르면, 자기 비하에 빠져 있는 스스로를 발견할 수 있게 된다. 사람들이, 내가 하는 일의 대가로 그들이 지불한 돈을 아깝게 여기거나, 실제의 나는 그들의 기대 수준에 반도 못 미치는 인물이라고 낙인 찍히게 되지나 않을까 하는 저급한 두려움 또는 과대 망상에 가까운 염려가 스며드는 것을 느끼게 되는 것이다.

약속을 잊어버리는 일이 빈번해지거나 응답하지 못한 전화 메모가 쌓이고 끝내야 할 일의 마감일을 놓치기 시작하는 등의 일이 발생하게 되면, 나는 내가 무질서한 상태에 있다는 것을 알게 된다. 그렇게 되면 그 날은 온통, 처리되지 못한 일들과 어설픈 변명으로 채워지고 만다. 여러 가지 일들이 겹쳐서 어쩔 수 없이 약속을 지키지 못할 경우를 포함해서 말하는 것은 아니다. 가장 질서 정연한 상태에서라도 그러한 경우에 처할 수 있기 때문이다.

또한, 무질서한 상태일 때면 쓸데없는 일에 정력을 허비하는 경향이 생긴다. 나는 실제로 일을 위한 일을 하는 사람처럼 자질구레하고 지겨운 일에 골몰해 있는 자신을 발견하곤 한다. 낮에도 멍청히 생각에 빠진 채, 꼭 해야 할 결정들을 피하고 뒤로 미루어 버리는 경향이 스며드는 것이다. 무질서는, 끈기 있게 최선의 것을 하고자 하는 의지의 모든 국면에 영향을 미치기 시작한다.

무질서한 상태에 있는 사람은 자신이 해놓은 일을 보잘 것 없다고 느낀다. 일을 끝내 놓긴 했어도 마음에 들지 않는다. 사람들의 칭찬을 그대로 믿기가 어렵다. 자신이 해놓은 일이 최선의 것이 아니라는 것을 마음 깊숙한 곳으로부터 감지하고 있기 때문이다.

나는, 주일 아침 설교 후에 이런 기분으로 자동차를 몰고 집으로 돌아간 적이 한두 번이 아니다. 그 주간에 효과적으로 시간을 잘 써서 연구하고 준비했더라면 훨씬 더 능력 있는 설교를 했을 것이라고 고민하면서 핸들을 잡고 있는 자신을 발견하곤 했다.

무질서한 상태의 그리스도인은 하나님과의 친밀한 교제로부터 얻는 기쁨을 거의 누리지 못한다. 친밀한 관계를 추구하는 마음은 분명히 있는

데 제대로 정착되어지지는 않는 것이다. 그 누군가 그들에게 성경 공부와 묵상, 중보 기도, 예배를 위해서 따로 시간을 정해야 한다고 일러 줄 필요는 이미 없다. 그들은 너무도 잘 알고 있기 때문이다. 단지 그렇게 하지 않고 있을 뿐이다. 그들은, 시간이 없어서라고 자기 변명을 하지만, 내면 세계 안에서는 그것이 무엇보다도 의지와 자기 관리의 문제라는 것을 잘 알고 있는 것이다.

내가 무질서한 상태에 있을 때면 사적인 인간 관계에서 그것이 드러나기 마련이다. 자녀들과 의미 있는 대화 없이 며칠이 지나가기도 한다. 아내와 같이 있긴 해도 깊은 대화는 나누지 못하고 속에 있는 이야기를 피하거나 그대로 드러내질 않는다. 내가 미처 처리하지 못한 일이나 나로 인해 마음 상한 것같이 보이는 사람들에게 신경쓰라고 아내 편에서 무슨 말이라도 있으면, 신경이 날카로워져서 그녀에게 벌컥 화를 내버리고 만다.

문제는, 우리의 시간 사용이 무질서해질 때 우리는 반드시 우리 자신을 비롯하여 우리의 일, 그 밖에 우리를 둘러 싼 그 모든 것들을 좋아하지 않게 된다는 데 있다. 고질화되어 버린 해로운 습관을 깨뜨리기가 쉬운 일은 아니다.

이 무질서한 나쁜 생활 습관을 깨뜨리지 않으면, 우리의 내면 세계는 철저히 무질서의 도가니가 되고 말 것이다. 우리는 시간을 다스리는 이 문제를 해결해야만 한다.

심리학자들은 사람이 무질서한 상태에 이르게 되는 많은 원인에 대해서 말하고 있는데, 그 중 몇 가지를 숙고해 보는 것이 도움이 된다. 시간 관리와 계획에 관한 많은 책자들이 쏟아져 나와 있다. 그러나 내면 세계의 질서를 원하는 사람은 누구나 할 것 없이 시간 관리를 위한 새로운 고안이나 요령을 쓰기에 앞서, 진지하게 고려해 봐야 할 근본적인 원칙들이 있다. 이러한 원칙들을 실제로 생활에 적용한다는 것이, 시간을 다스리는 것의 중요성을 무시해 왔던 사람들에게는 대단한 도전이 될 것이다.

시간의 예산 작성

개인적인 모든 시간 운영에 중심되는 원칙은 간단하다. 즉, 시간 사용을 위해서도 예산을 세워야 한다는 것이다.

우리는 이미, 돈에 대한 예산을 세우는 것에는 익숙해져 있다. 하고 싶은 것을 모두 할 만큼 충분한 돈이 없다는 것을 알게 되면 우리는 신중히 앉아서 어디에다 우선 순위를 두고 돈을 써야 하는지 숙고하지 않을 수 없을 것이다.

돈에 관한 한 우선 순위는 명백하다. 나와 아내는 하나님의 청지기로서 재정적인 우선 순위를 십일조와 헌금에 둔다. 그러고 나서는 경상비로 식비, 집세, 공공 요금, 책 값(우리 부부는 책 값을 경상비로 하고 있다.) 등등의 경상비를 예산하여 따로 떼어놓는다.

필수적인 지출을 위해서 예산을 세운 뒤에야, 필요하다기보다는 갖고 싶은 것을 위한 임시비 예산을 세울 수가 있는 것이다. 멋진 음식점에서 외식을 한다든가 더 편하게 살기 위해 전자 제품을 구입한다든가, 아니면 특별히 멋진 겨울 코트를 산다든가 하는 것은 이 단계에서야 의논된다.

재정 관리에 경상비와 임시비의 구분이 분명치 못할 때 결국 빚을 지게 되는 경우가 있는데, 그것은 재정적인 면에서의 무질서를 보여 주는 것이다.

한정되어 있는 돈의 액수에 맞춰 예산을 세우듯이, 한정되어 있는 시간에도 같은 원칙이 적용된다. 무질서한 사람은 예산에 대한 시각을 갖도록 해야 한다. 그 말은 곧 꼭 써야 할 비용인 경상비와 그저 하고 싶은 것에 들어가는 비용인 임시비를 철저히 분류해 놓아야 한다는 것을 의미한다.

바로 이러한 것들이, 젊은 친구 목사가 자신이 하는 일이 왜 그렇게 성과가 없는 것으로 여겨지는지 토로했을 때 내가 말했던 내용들이다. 그리고 이러한 것들이야말로 매일매일 당면하는 내 자신과의 싸움이라고 말했을 때, 그는 깜짝 놀랐다.

"고든 씨, 당신에게도 시간을 다스리는 것이 문제가 되나요?"라고 물었다.

이에 대해 "제가 과연 시간을 제대로 다스려 본 적이나 있었는지 의문스러울 때가 있습니다."라고 대답했다. 무질서한 생활로 인한 그 모든 증후들이 내게도 있었지만, 단 1분이라도 그렇게 무질서하게 살지는 않겠다고 결심한 것이 한두 번이 아니었다.

시간의 주인

그 젊은 목사는, 시간 사용 면에서 내면 세계에 질서를 잡도록 자극을 준 몇 가지 인식들을 몹시 알고 싶어했다. 내가 시간 사용의 문제를 쉽게 해줄 일련의 해답들을 갖고 있을 거라고 그가 생각했더라면 그는 크게 실망했을 것이다. 대화가 진전되어 감에 따라 나는 단 한 순간도 낭비한 것처럼 보이지 않았던 한 분을 세심히 관찰해 보라고 제안하였다.

예수님의 생애와 사역을 통해 시간 관리에 대해 우리가 얻을 수 있는 실제적인 교훈을 성경에서 발견하고 나는 깊은 감명을 받았다. 4 복음서 기자들은 모두 다 주님이 적들에 의해 둘러싸여 있으면서 계속적인 압박을 받고 있는 예수님의 모습을 잘 보여 주고 있다. 그 분의 모든 말은 주시의 대상이 되었고, 모든 행동은 분석되었으며 모든 몸짓은 사람들의 입에 오르내렸다. 사실상 예수님께는 얘기거리가 될 만한 사생활이 없었다.

나는 이 시대에 살고 계실 예수님을 상상해 보았다. 그 분이 장거리 전화를 받으실까? 걷는 대신 비행기를 타실까? 대량 우편물로 자신을 알리시는 데 관심을 두실까? 현대 기계 문명이 가능케 해준 수많은 관계들을 어떻게 처리하실까? 오늘 한 말이 불과 몇 초 사이에 전세계에 퍼져서 내일 아침 신문의 머리기사로 나오게 되는 이러한 시대에 어떻게 맞추어 가실까?

그가 살던 세계는 훨씬 좁은 범위였긴 하지만, 우리에게 익숙한 억압과 요구를 많이 받으시며 사셨던 것 같다. 그렇지만 그의 생애를 주의 깊게 살펴볼 때, 서두르시거나, 급히 뒤쫓아가셔야만 했다거나 불시에 기습을 당했다는 듯한 모습을 한군데서도 찾아볼 수 없다. 예수님은 개인 비서 없이도 공적인 시간 약속들을 잘 처리하셨을 뿐만 아니라, 기도와 묵상을 위한 자기만의 시간과 제자 훈련을 위해 모으신 소수의 사람들과 같이 보낼 시간을 위해서도 적당량의 시간을 할애하셨던 것이다. 다시 말하면 이 모든 것이 가능했던 것은 그 분이 시간을 잘 다스릴 수 있었기 때문이었다.

우리 주님께서 어떻게 시간을 관리하셨는가를 알아보기 위해 시간을 들이는 것은 가치 있는 일이다. 무엇이 주님으로 하여금 그렇듯 질서 있는 사람이 되게 하였을까?

나에게 가장 감명을 주는 첫째 요소는 그 분은 자신의 사역을 분명히 이해하고 계셨다는 점이다. 그 분께는 이루셔야 할 과업이 있었고, 그래서 하셔야 할 일에 맞추어 시간을 사용하셨다.

이것은 십자가에 달리시기 전에 예루살렘을 향하여 가시는 그 분의 마지막 여정에서(눅 18장) 분명히 나타난다. 예수님께서 여리고에 이르셨을 때, 한 소경이 외치는 소리를 듣고 가던 걸음을 멈추심으로써 그 분의 추종자들과 반대자들을 당황하게 했다고 누가는 쓰고 있다. 그들은, 아직도 예닐곱 시간을 더 가야만 예루살렘에 도착할 수 있다는 것과, 유월절 행사에 참여하려는 그들의 바람을 이루기 위해 그들이 그 곳에 이르고자 한다는 사실 등을 개의치 않으시는 예수님 때문에 안달이 났다.

실로 그들은, 예수님의 목적이 오로지 하나의 종교 행사에 참여코자 때맞춰 예루살렘에 도착하는 데 있다고 여기고 있었다. 그러나 그것은 예수님의 주된 목적이 아니었다. 그 장님처럼 상처 입은 사람들을 어루만 져 주는 것이, 예수님께는 시간을 투자할 만큼 중요하고 의미 있는 일이 었다.

이 일이 있은 지 얼마 안 되어, 예수님께서는 다시 한 번 나무 밑에 멈춰 서셨는데, 악명 높은 세리 삭개오를 내려오라고 부르시기 위해서였다. 삭개오의 집으로 함께 가서 같이 대화를 나누고자 한 것도 예수님의 생각이었다. 다시 한 번 예수님을 둘러싸고 있던 무리들은 몹시 화가 났다. 첫째로는 예루살렘으로의 여정이 또다시 방해를 받았기 때문이고, 둘째는 삭개오의 평판 때문이었다.

군중의 관점으로는 예수님께서 시간을 잘못 쓰고 있는 것으로 보였다. 그렇지만 예수님의 관점에서 보면 그 시간은 잘 사용된 것이었다. 왜냐하면 그러한 일은 그의 사역의 기준에 맞는 것이었기 때문이다.

누가는 바로 이 사실을 언급한 예수님의 말씀, 즉 "인자는 잃은 자를 찾아 구원하러 왔다."(눅 19 : 10)는 것을 기록하고 있다. 제자들로서는 이것을 이해하는 것이 쉽지 않았고, 예수님께서는 그 분의 사역의 그러한 특질들을 제자들에게 계속해서 주지시키셨다. 그들이 그 사역을 이해하기 전까지는 예수님께서 시간을 어떤 기준에서, 어떻게 쓰시는가 하는 것을 그들이 결코 이해할 수 없을 것이기 때문이었다.

예수님의 시간 경영에서 통찰할 수 있는 두 번째 사실은, 예수님께서는 시간 사용 면에서 자신의 한계를 잘 알고 계셨다는 점이다. 예수님께서 이 땅에 성육신하신 하나님의 아들로 오셨을 때, 그 분께서는 천국의 왕자라는 권리를 포기하시고 잠시 동안 완전히 우리와 같아지시기 위해서 인간적인 제약을 그대로 감수하셨다. 그 분도 우리가 겪은 것과 같은 한계 상황을 대면하셨지만, 그 분은 그것들을 효율적으로 극복하셨는데 우리도 반드시 그렇게 해야 한다.

예수님께서 자신의 공적 사역을 수행하시는 경우 모든 중요한 결정과 행동 전에는 반드시, 하늘에 계신 아버지와 함께 있기 위해 홀로인 시간을 찾으셨다는 사실을 과소평가해서는 안 된다.

예수님께서 자신의 사역을 공적으로 시행하시기까지는 30년이라는 사실상의 침묵의 기간이 있었다. 영원 안에 살면서 그리스도로부터 그것을 직접 들을 수 있을 때에야 비로소 저 30년의 중요성을 완전히 이해할 수 있을 것이다. 지금으로서는 기껏해야, 그 30년이 준비를 위한 중요한 기간이었다고 결론을 내릴 뿐이다. 3년의 중요한 활동을 위하여 30년 간의 무명의 개인적인 준비 기간이 있었다는 것을 생각하면 놀라울 뿐이다.

마찬가지로 모세도 바로 왕과 대면하기 전 40년 간 광야에서 보냈다는 것에 대해 우리는 놀랄 필요가 없다. 바울도 사도의 직분을 받기 전 하나님의 음성을 듣기 위해서 광야에서 짧은 시간을 보냈다. 이 사람들의 경험은 모두 예외적인 것이 아니었다.

예수님께서는 공적 사역을 시작하시기 바로 전에 아버지 하나님과 교통하기 위해서 광야에서 40일을 보내셨다. 열두 제자를 선택하시기 전에도 기도로 밤을 새우셨던 것을 잊지 말라. 가버나움에서 바쁘게 보내신 다음 날도 산에서 밤을 지새우셨다. 물론, 마지막 예루살렘행을 준비하기 위해서도 변화산에 오르셔서 조용한 시간을 가지셔야 했다. 마지막에는 겟세마네 동산에 가셨던 것이다.

예수님께서는 자신의 한계를 잘 알고 계셨다. 이상하게 들릴지 모르지만 예수님께서는 우리가 쉽게 잊고 있는 다음의 사실들을 잘 알고 계셨던 것이다. 즉, 영적 전쟁이 시작되기 전에, 우리의 연약함을 보강할 결심을 굳히고 내적인 힘을 모으기 위해 시간을 따로 떼어 두는 적절한 예산이 있어야 한다는 사실이다. 예수님께서는 자신의 한계를 잘 알고 계셨기 때문에 그렇듯 홀로 보내는 시간을 그 분의 시간 예산에 경상비 항목으로 정하셨던 것이다. 그리고 그 점은, 그 분과 가장 가까이 지내는 사람들조차도 충분히 이해하고 수용하기에 어려운 부분이었을 것이다.

예수님께서는 시간 계획을 위한 원칙 속에 세 번째로 중요한 요소를 도입하셨다고 생각되는데 그것은, 열두 명의 제자를 훈련하기 위한 시간을 따로 갖고 계셨다는 점이다. 세상에 복음을 전해야 할 수백만 명의 사람들이 있었지만, 예수님은 단지 소수의 대단치 않은 사람들과 함께 있기 위해 대부분의 시간을 할애하셨다.

가장 귀중한 시간은 성경을 풀어 가르치시고 그 분의 천상적인 예지를 함께 나누는 데에 쓰여졌다. 제자들 한 사람 한 사람과 함께 사역하시는 가운데, 당신의 모든 말씀과 행동을 그 제자들이 자세히 관찰할 수 있게끔 거기에 그 분의 소중한 순간들을 쏟으셨다. 군중에게 하셨던 말씀의 깊은 의미를 그들에게 설명하시기 위해서 며칠을 따로 떼놓기도 하셨다. 일을 마치고 돌아온 제자들의 보고를 듣기 위해, 또 잘못했을 때에 제자들을 꾸짖기 위해 그리고 일을 잘 해냈을 때에 칭찬하시기 위하여 귀한 시간들을 내셨다.

우리는 예수님께서 자신의 전문적인 신학 지식의 진가를 지적으로 파악할 만한 사람들을 가르치실 수도 있었을텐데, 왜 그토록 단순해 빠진 일단의 사람들과 그리도 귀중한 시간들을 보내셨는지 캐묻고 싶은 적이 한두 번이 아니었을 것이다. 그렇지만 그 분은 참으로 무엇이 중요하고 어디에다 우선권을 두어야 하는지 잘 알고 계셨다. 인간은 우선 순위가 있는 곳에 시간을 쓰기 마련이다.

이상에 열거한 이유들로 해서, 예수님께서는 결코 시간이 부족해서 쫓기는 법이 없으셨다. 자신의 사역의 목적을 숙지하고 아버지와 단 둘이 있는 순간들을 통해 영적으로 민감해져 있었으며, 또 하늘로 오르신 후에 자신의 사역을 영속시킬 만한 사람들이 누구인지 알고 계셨기에 우리가 보기에 그럴싸하고 수락할 법한 어떤 초청이나 요구조차도 단호하게 거절하시는 것에 어려움을 겪지 않으셨다.

나는 예수님에 대한 연구 끝에 이러한 능력을 갖게 되기를 깊이 갈망하게 되었다. 시간의 예산을 잘 세우겠다는 확고한 결심과 더불어 매일매일의 쫓기는 듯한, 정신 없이 분주한 생활 방식에서 벗어나겠다는 간절한 열망을 품게 되었던 것이다. 가능했을까? 아니다, 내가 살던 방식으로는! 강의 후에 나를 찾아왔던 젊은 목사는 아주 흥미 있어 했다. 나는 다음에 다시 한 번 만나자고 말했다. 그에게 제시할 몇 가지 실제적인 방법들이 있을 것이다. 그렇지만 잔인할 정도로 정직하게 그 사람을 대해야만 할 것이다. 그러한 깨달음은 그만큼 어렵게 얻어진 것이기 때문이다.

연구 과제

1. 다음 각 항들에 당신 자신의 상태에 비추어 대답해 보라.

1) 내 책상은 어지럽혀져 있다.

2) 자기 비하에 젖어 있는 자아를 발견한다.

3) 잊어버린 약속과 응답해 주지 못한 전화 메모, 마감일을 놓쳐 버린 일들이 수두룩하다.

4) 비생산적인 일에 정력을 소모한다.

5) 현재 하고 있는 일의 가치가 맘에 들지 않는다.

6) 하나님과의 긴밀한 교제가 규칙적으로 이뤄지지 못하고 있다.

7) 개인적인 인간 관계가 어렵다.

8) 나 자신과 나의 직업, 그 밖의 모든 것들이 정말로 싫다.

2. 어느 누구도 모든 면에서 당장 개선되기를 기대할 수는 없다. 하나의 습관을 없애는 데는 최소한 3주일이 걸리고 새로운 습관을 익히려면 다시 3주일이 걸린다. 당신의 내면 세계를 질서 있게 하기 위하여 지금 가장 먼저 고쳐야 할 습관을 아래의 1)난에 적고 그 다음으로 고쳐야 할 습관을 2)난에 적은 다음 달력에 표시하라. 이제 당신은 이 두 가지 의 습관을 고치기로 선택한 것이다.
   1) ⓐ cnamb.
   2)

* 3. 시간 예산을 효율적으로 세우려면 먼저, 부르심을 입은 실생활의 테두리 안에서 우선 순위를 정해야 한다. 예루살렘을 향해 떠나시던 예수님께서는 누가복음 18장에서, 어떻게 이에 대한 모범이 되시는가?

4. 당신의 삶 가운데 첫 번째의 사명은 무엇인가? 그것은 당신의 시간

사용에 어떤 영향을 미치고 있는가(미쳐야 하는가)?

5. 예수님은 자신의 한계를 인지하고 있었다고 저자는 말한다. 당신은 하나님께서 당신의 삶에 주신 자연적 한계들을 어떤 식으로 대면해 왔는가?

* 6. 모세는 광야에서 40년 간 있었고 다윗은 사울의 궁을 떠나 수년 간 망명 생활을 했으며 예수님께서는 사역을 시작하시기 전에 30년을 보내셨다. 당신의 삶 가운데서 이와 유사한 경험 즉, 납득할 수 없을 정도로 당신의 사역이 지연되었던 경험을 적어 보라.

7. 예수님께서는 자신의 삶을 열두 제자에게 투자하셨다. 당신은 부모로 서, 사업가로서, 교회 지도자로서, 혹은 전문 직업인으로서 누구에게 당신의 삶을 투자하고 있는가?

* 8. 예수님께서 하셨던 것과 같이, 당신의 사역을 더욱 늘리기 위하여 당신이 할 수 있는 일은 무엇인가?

7. 잃어버린 시간을 찾아서

내면 세계가 무질서한 사람들을 위한 조언 :
나의 내면 세계를 질서 정연한 상태라고 할 수 있다면
그것은, 시간이 새어 나가는 것을 막고 내 능력과 한계와
우선 순위에 준해 일할 수 있는 시간을 할당하기 때문이다.

그 젊은 목사와 나는 며칠 후에 대화를 계속하기로 약속했다. 그리고
그 사이에 나는, 현재 몸담고 있는 이 분야에 투신케 된 지난 몇 년 간
무엇을 배웠는지 생각해 보았다. 실패의 경험을 통해서는 무엇을 배웠으
며, 그 젊은 목사가 나를 찾아와서 얘기하게 되었던 식대로, 또 다른
이들과 대화하는 가운데 배운 것은 무엇인가?

깨닫게 된 교훈들을 생각해 볼수록, 가능한 한 인생 초기에 시간을
관리하는 것이 얼마나 중요한 것인가를 실감하게 되었다. 그 교훈들을
종이에 적어 보고 나서 나는 거기에 몇 가지의 기본 원칙들이 있음을
발견했다. 그러나 그 원칙들을 완전히 이해하게 될 때까지는 시간 사용의
문제는 늘 크고도 실패하기 쉬운 문제였다. 그 젊은 목사와의 약속된
만남을 준비하면서 종이에 적다가 발견한 것을 이처럼 "맥도날드의 계획
되지 않은 시간의 법칙"이라고 부르게 되었다.

맥도날드의 계획되지 않은 시간의 법칙

제 1법칙 : 계획되지 않은 시간은 나의 약점이 있는 곳으로 흐른다

나는 사역 초기에 사명에 대한 인식이 제대로 정립되어 있지 않은 상태였고 내 약점에 대해서도 충분히 무정(ruthless)하지 못했기 때문에, 내가 효율적으로 탁월하게 해낼 수 있는 일은 다른 사람들에게 맡겨 두고, 내가 잘 하지 못하는 일을 하는 데 많은 시간을 무절제하게 사용했었다.

아마도, 자신의 시간 가운데 거의 80%에 상당하는 부분을 부차적인 일들에 소모해 버린다고 시인할 기독교 지도자들이 상당수 있을 것이다. 예를 들면, 나의 가장 큰 은사는 설교와 가르침의 분야이다. 비록 내가 꽤 유능한 행정가라고 해도 행정가로서의 수완이 목회 사역에 있어서 핵심은 아닌 것이다.

그런데 왜 내가 젊었을 때, 행정에 총 시간의 75% 가량이나 써 버리고 공부와 설교 준비에 상대적으로 적은 시간만을 사용했을까? 그것은, 계획되지 않은 시간은 우리의 상대적인 약점의 방향으로 흐르기 때문일 것이다. 최소한의 준비만으로도 설교를 꽤 잘 할 수 있다는 것을 스스로 알고 있었기 때문에 사실상 나는 설교에 최선을 다하지 않았던 것이다. 이것은, 우리가 이러한 문제의 중요성을 제대로 인식치 않고 철저하게 다루지 않았을 때 일어나게 되는 현상이다.

그런데 마침내 나는 철저한 조치를 취하게 되었다. 나는 현재 일이 어떻게 되어 가고 있으며 내가 얼마나 잠재된 가능성을 소모해 버리고 있는가를 나 스스로 직시할 수 있도록 나를 염려해 준 몇 명의 분별력 있는 평신도들의 도움을 받게 되었다. 그들의 도움으로 나는, 우리 교회의 행정을 유능한 행정 목사에게 위임하기로 결정했다. 처음에는 그 일이 쉽지 않았는데 그 이유는 내가 아직도 모든 결정에 대해 참견하고 싶고 모든 일에 대해 의견을 표명하고 싶었기 때문이었다. 나는 뒤로 물러서고 그에게 맡겨야만 했다. 그런데 그렇게 해 보니 일이 잘 되기 시작했다!

내가 행정 목사를 완전히 신뢰할 수 있게 되자(신뢰하는 일은 알고 보니 쉬운 일이었다), 나의 온 정력을 내가 가장 잘 할 수 있는 일, 곧 하나님께서 작정하신 그 일에 쏟아 부을 수 있게 되었다.

나는 어떤 이가 "나의 약점을 보완해 줄 수 있는 사람을 고용할 만한 돈만 있으면 문제 없다."고 말하는 것을 들을 수 있다. 어떤 경우에는 이러한 불평이 단지, 시간이 우리를 비껴 달아나는 것처럼 여겨질 때 우리가 왜 낙망케 되는가를 보여 주는 것에 그칠 수도 있다. 그러나 이러한 불평 가운데서 한 가지 더 포착해야만 하는 사실은, 해야 할 일들을 다른 사람들에게 분담시킬 수 있는 창조적인 방법들을 찾는 것이 우리가 염려하는 것보다는 훨씬 수월하게 실현 가능하다는 점이다. 제일 먼저 우리는 우리 자신을 앉혀 놓고, 누가 어떤 일에 최적임자인가를 깊이 생각해 보아야만 한다. 이것은 가정과 직장, 교회에 모두 적용되는 것이다.

제 2법칙 : 계획되지 않은 시간은, 내가 속한 영역에서 지배적인 위치에 있는 사람의 영향력에 의해 좌우된다

"하나님은 당신을 사랑하시고 당신을 위한 계획을 갖고 계십니다." 라고 선포하는 저 유명한 "4 영리"가 있다. 자신의 시간을 철저히 관리하지 않는 사람들은 이와 같은 법칙이, 자신과 자신보다 우세한 사람 사이에도 그대로 적용됨을 발견케 된다.

그러한 사람들은 자신의 시간 예산을 세우지 않았기 때문에 자신의 세계에 진입해 온 다른 이들이 대신 시간 일정과 우선 순위를 설정해 놓는 것을 발견케 된다. 나의 경우, 젊은 목사 시절, 시간 계획을 제대로 짜지 않았던 까닭에, 그저 방문코자 하는 사람, 또는 커피 한 잔 하자거나 위원회 참석을 요구하는 사람들에 의해 끌려 다니고 있는 나 자신을 발견한 적이 있었다. 나 스스로 세워 둔 시간 예산이 없는 상태에서 다른 이들의 부탁을 거절할 이유가 뭐 있었겠는가? 더욱이 모든 사람을 기쁘게 해주고 싶은 젊은 사람으로서 말이다.

그렇듯 무질서한 시간 사용 탓에 나의 귀중한 시간을 빼앗겨 버렸을 뿐만 아니라 나의 가족도 나와 가져야 할 중요한 시간을 이럭저럭 잃게 되었다. 다른 사람들이 내 시간을 지배하기 전에 내가 독자적으로 내 시간을 통제하지 않았기에 이런 식으로 나 자신보다도 내 주위의 강한 사람들이 내 시간을 주도하게 되었다.

제 3법칙 : 계획되지 않은 시간은 긴급한 일들에 소모된다

찰스 험멜(Charles Hummel)은 그의 유명한 소책자(「늘 급한 일로 쫓기는 삶」 IVP 역간)에서 이 법칙에 대하여 잘 설명하고 있다. 우리는 급한 일이라는 독재자의 지배를 받고 있다. 직장이나 가정 또는 교계에서 어떤 종류이든 책임을 맡고 있는 사람들은, 즉각적인 관심을 끌려고 아우성을 치는 사건들에 늘 둘러싸여 있다.

지난 여름에 부목사와 나는 여름 휴가차 출타 중이었는데, 교회에 남아 있던 교육 담당 목사 한 분이 한 교인으로부터 전화를 받게 되었다. 내용인즉, 먼 친척의 장례식 예배 주도를 나한테 청하고 싶다는 것이었다. 내가 현재 한 달 동안 휴가로 딴 곳에 가 있다는 말을 듣자 그는 부목사에게 부탁하고 싶어했는데, 부목사도 출타 중이라고 하자 실망하더라는 것이었다. 다른 목사님은 안 되겠느냐고 묻자, 그는 다음과 같이 말하면서 거절하였다고 한다. "아닙니다! 그 두 분 목사님이 아니면 안 되겠습니다."

이 사람의 이러한 사고 방식이 바로 지도자들에게 급한 일감을 만들어 내는 것이다. 누구나 제일인자의 관심을 사고 싶어한다. 모든 위원회나 이사회도 비록 그들의 의견을 듣고 싶지는 않다 하더라도 제일인자의 참석을 원한다. 곤궁에 처한 대부분의 사람들도 최고 지도자가 즉각적인 관심을 쏟아 주길 기대한다.

토요일 오후, 전화벨이 울렸다. 내가 전화를 받자, 어떤 여자의 힘 없는 목소리가 들려 왔다. "지금 당장 만나뵙고 싶은데요." 이름을 묻고 나서, 그녀는 한 번도 만난 적이 없고, 우리 교회에도 어쩌다가 가끔 나왔던 사람이라는 것을 알게 되었다.

"어떤 일로 지금 당장 이야기하고 싶으신가요?"라고 내가 물었다. 이것은 경험을 통하여 배운 꼭 해야 할 중요한 질문 중의 하나였다. 몇 년 전, 내가 젊었을 때에 이런 요청을 받았다면, 이 여자의 위급한 상황을 참작해서 10분 안으로 내 사무실에서 만나자고 약속했을 것이다. 비록 그 시간이 가족 모임이나 연구에 열중할 시간이었다고 할지라도 말이다.

"결혼 생활이 파탄 지경에 놓였습니다."라고 그 여자는 대답했다.

"그렇게 느끼신 지는 얼마나 되었습니까?"라고 나는 물었다.

"지난 화요일이죠."

나는 또 다른 질문을 던졌다. "언제부터 그런 상태가 시작됐다고 생각하십니까?" 그런데 그녀는 내가 결코 잊어버릴 수 없는 대답을 했다.

"한 5년쯤 됩니다."

나는 내 감정을 겨우 억누르고 다음과 같이 대답했다. "그런 상태가 지속된 지 거의 5년이나 되었고 파경의 위기를 느낀 것이 지난 화요일이라면 지금 꼭 저를 만나야 할 중요한 이유가 특별히 있는지요? 그것을 알고 싶습니다."

"아, 그건 오늘 오후에 한가한 시간이 나서, 목사님과 상담하는 것이 좋을 것이라고 생각했기 때문이에요."라고 대답하는 것이었다.

제 3의 법칙대로 내가 만약 시간 관리가 무질서한 상태였다면 나를 즉각 만나고 싶어하는 그 여자의 바람에 따라 내 시간을 썼을 것이다. 그러나, 인생의 그 시점에 이르러, 시간을 어떻게 쓰느냐에 대해서 책임을 져야 함을 알게 되었기 때문에 나는 다음과 같이 말했다. "얼마나 어려운 처지에 계신지 잘 알겠습니다. 그렇지만 솔직히 말씀드려서, 저는 내일 아침에 세 번 설교해야 되기 때문에 제 머리 속은 그 생각으로 꽉 차 있습니다. 당신이 그런 상태에서 벌써 수년째 살아 오셨고, 그 상황에 대해 벌써 수일째 생각해 보신 줄 압니다. 월요일에 다시 한 번 전화해 주셔서 내 마음에 여유가 생길 때 만나기로 약속하면 어떻겠습니까?

제 생각이 잘 집중되어서 당신을 최대한으로 도와드릴 수 있게 될 때 말입니다. 아무래도 오늘 오후는 불가능할 것 같습니다. 어떠십니까?"

그 여자는 그것이 참 좋은 생각이라고 여겼고, 내가 왜 그런 계획을 제안하는지 이해했다. 우리 둘 다 만족한 마음으로 전화를 끊었다. 그녀는 나를 만나게 될 것이고, 나는 나대로 토요일 오후에 할 가장 중요한 일에 시간을 쓸 수 있게 되었다. 급해 보이는 일이라고 해서 정해진 시간 예산을 묵살할 수는 없었다. 가장 크게 소리를 지르는 일이라고 해서 반드시 가장 급한 일은 아닌 것이다.

엘튼 트루블러드(Elton Trueblood)는 그의 자서전 *While It Is Yet Day* (아직 낮일 때)에서 다음과 같이 말했다.

공인(公人)은 꼭 있어 주어야만 할 때가 여러 번 있다 할지라도, 때론 자신을 숨겨야 할 필요가 반드시 있다. 그가 언제나 모든 필요에 응해 준다면, 그가 나타날 때에도 충분히 가치 있는 결과를 내지 못한다. 나는 한 때 신시내티 유니온 기차역에서 책 한 장(章)을 썼는데, 그것은 나를 숨기는 한 방편이었다. 왜냐하면 아무도 글을 쓰고 있는 사람이 누구인지 몰라보았기 때문에 리치몬드로 갈 다음 기차를 기다리는 다섯 시간 동안 한 사람도 내게 말을 걸지 않았다. "우리에게 주어진 시간을 잘 사용해야만 한다. 왜냐하면 최선을 다해서 쓴다 하더라도 결코 충분치 않기 때문이다."[1](고딕은 저자)

제 4법칙 : 계획되지 않은 시간은 대중의 갈채를 받는 일들에 바쳐지게 된다

다른 말로 바꾸면, 우리는 때로 예산되지 않은 시간을 가장 즉각적으로, 대단한 찬사를 받을 수 있는 사건들에 쓰게 되는 경향이 있다는 것이다.

결혼 초기에, 나와 아내는 솔로나 듀엣을 할 마음만 있으면, 큰 파티나 다양한 모임 등에 많은 초대를 받을 수 있었다. 사람들로부터 찬사를

---

1) Elton Trueblood, *While It Is Yet Day* (New York : Harper & Row, 1974), p. 67.

받고 인기를 끄는 것은 기분 좋은 일이다. 그렇지만 노래를 하는 것이 우리의 소명이나 우선적인 일이 아니고, 설교하고 목회를 하는 것이 소명이었던 것이다. 불행하게도 젊은 목사에게는 설교 부탁이 별로 없었기 때문에 사람들이 원하는 것을 하고 싶은 유혹을 받게 되었다.

그래서, 우리는 중대한 결정을 내려야만 했다. 사람들이 좋아하는 것을 따라 우리의 시간을 쓸 것인가, 아니면 단단히 마음을 먹고 가장 중요한 일, 즉 '설교와 상담에 대한 연구'에 관심을 집중할 것인가에 대해서 말이다. 다행스럽게도 우리는 전자에 대한 유혹을 물리치고 후자를 선택했다. 그 성과가 있었다.

우리는 결혼 생활을 통해서, 계속 이러한 선택을 해야만 했고, 잘못된 선택을 했던 경우도 한두 번이 아니었다. 연회에서 말씀을 전하기 위해, 다른 나라까지 비행기로 날아갈 때도 있었지만 그것은 시간을 잘못 쓴 것이었다. "설교를 하기 위해서 다른 나라까지 건너 가겠지만, 설교를 듣기 위해서는 길도 건너지 않는다."는 옛말은 너무 진실에 가깝기 때문에 듣기에 편치 않다. 한때는 어떤 유명한 정치가를 위한 조찬 기도회의 상석에 앉거나 또는 기독교 라디오 프로그램에서 대담하는 것이 화려해 보인 적도 있었다. 그러나 그것은 분명, 시간 사용에 있어 우선 순위를 차지할 만한 일은 아니었던 것이다

이처럼 계획되지 않은 시간에 대한 법칙은, 다른 사람이나 다른 사건들이 시간 사용을 명하기 전에 스스로가 계획된 시간 사용을 하기로 결정하기까지는, 무질서한 사람에게 계속해서 붙어다니게 된다.

어떻게 시간을 회복할 것인가 ?

그 젊은 목사와의 만남을 위해 자료를 준비하면서, 나의 내면 세계에 어느 정도의 질서를 가져다 주었던 몇 가지 실제적인 원칙들을 세워 보려고 내 자신의 경험을 회고해 보았다. 내 경험을 통틀어서 골똘히 생각한 끝에, 시간을 성공적으로 포획할 수 있는 세 가지 방법을 알아내게 되었다.

첫째, 최대의 효과를 낼 수 있는 생활의 리듬을 알아야 한다

나의 일하는 습관을 자세히 살펴보고, 대단히 중요한 사실을 발견하게 되었다. 그것은 여러 다양한 일들이 특정한 시간에, 특정한 조건 하에서 가장 잘 성취된다는 것이다.

예를 들어, 주초에는 주일 예배 설교 준비를 효과적으로 할 수 없다. 월요일에 두 시간 준비하는 것은 거의 무익한 반면에, 목요일이나 금요일에 한 시간 준비하는 것은 대단히 좋은 효과를 낸다. 그 때에 나는 더 잘 집중할 수 있는 것이다. 반면에 사람들을 만나는 일에는 주일 설교에 대한 긴장이 아직 나를 사로잡기 전인 주초가 효과적이다. 주일 아침 설교 단상에 대한 생각으로 꽉 차기 쉬운 주말에 사람을 만날 때는 효과가 떨어지는 경향이 있다.

그러한 관찰을 확대해서 좀더 자세히 보기로 하겠다. 연구 시간으로는, 방해받지 않는 적당한 양의 조용한 시간을 가질 수 있는 이른 아침이 가장 좋다. 그리고 사람을 만나는 시간으로는, 깊이 생각하고 통찰할 수 있게 느껴지는 오후가 내게는 좋다.

나의 리듬에 대한 관찰 후에 나는 연구 시간으로 일 주일의 후반부를 떼어놓고, 사람을 만나거나 위원회의 모임 등을 위해 그 주의 전반부를 가능한 한 할애하는 것을 배우게 되었다. 이런 방법으로, 내 시간 예산은 생활의 리듬을 반영하고 이용한다.

나는 또한 내가 주로 아침에 더 활동적인 사람이라는 것을 알게 되었다. 전날 밤 적당한 시간에 잠자리에 들기만 하면 아침에 꽤 일찍 맑은 정신으로 일어날 수 있다. 따라서, 규칙적인 취침 시간을 유지하는 것은 내게 대단히 중요하다. 우리는 이 원칙을 아이들이 어렸을 때부터 강조해 왔다. 나는 왜, 가능한 한 규칙적인 취침 시간을 갖는 것이 어른들에게도 현명한 일인가 하는 것을 깨닫지 못했는지 모르겠다. 이 중요성을 알고 나서는 매일 저녁 같은 시간에 잠자리에 들려고 애를 썼다.

잠이라는 주제에 대한 전문가의 글을 읽고 나서, 도대체 몇 시간의 잠이면 내게 충분한 것인지 실험해 보기 시작했다. 그 저자는 누구든지 괘종 시계를 일정한 시간에 맞추어 놓고, 3일 아침 동안 계속해서 같은 시간에 일어남으로써 잠자는 양을 조절할 수 있다고 썼다. 그리고 그 다음 3일 동안은 10분 더 일찍 시간을 앞당겨 맞춰 놓는다. 이렇게 계속해서 3일 간격으로 10분씩 앞당겨 일어남으로써, 하루 종일 잠이 부족한 것을 느끼게 되는 자연적인 피로점(fatigue point)에 이르게 된다. 그러면 자연적으로 일찍 잠자리에 들지 않을 수 없다. 나는 그대로 해 보았고 내가 생각했던 것보다도 훨씬 더 일찍 일어날 수 있음을 알게 되었다. 이렇게 해서 나는 아침에 거의 두 시간에 가까운 귀중한 시간을 벌게 되었다.

일 주일의 리듬, 매일의 리듬 그리고 일 년의 리듬이 있다. 나는 1년 중 어떤 달에는 사람과 여러 가지 책임으로부터 도망가고 싶을 정도로 비정상적인 피로를 느끼게 됨을 알게 되었다. 나는 이것에 대해 정면으로 대응해야 했다.

반면에, 1년 중 어떤 때는 내 주위의 많은 사람들이 너무 지쳐 있고 압박감을 느끼고 있기 때문에 지도자로서 상대적으로 더 강해져야 할 필요도 있음을 깨달았다. 2월과 3월이 그런 달인데, 뉴잉글랜드(New England)에 사는 우리 모두는 긴 겨울을 나느라 신경이 날카로워질 대로 날카로워져서 트집 잡기를 좋아하는 기질을 띠게 된다. 나는 이 기간에는 다른 사람들을 격려하기 위해서 훨씬 강해지도록 나 자신을 준비시켜야 했다. 그 후 봄이 되어 사람들이 활기를 찾게 되면 나는 박자를 늦추고 나만의 시간을 즐길 수 있는 것이다. 이 점을 알게 된 것은 나에게 큰 도움이 되었다. 왜냐하면 그것에 대비해서 계획을 세울 수 있기 때문이었다.

나는 또한 여름이야말로 특별한 독서를 하고 다음 해를 위해 영적으로 나 자신을 무장시키기에 좋은 계절임을 알게 되었다. 그렇지만 1월에서 3월까지는 위에서 언급한 이유 때문에, 또 급증하는 상담 요청 때문에 사람들과 시간을 보내도록 계획을 세운다. 내가 쓴 책들은 모두 여름에 쓰여진 것들이다. 겨울에는 책을 써 낼 방도가 없기 때문이다.

나의 리듬을 알게 된 후에는, 과중한 양의 설교와 강의 후에 내적으로 텅빈 것 같은 느낌이 들 때 놀라지 않게 되었다. 나는 잃었던 힘을 회복하기 위해 감정의 정상 수준 이하로 잠시 빠지는 순간을 갖지 않으면, 감정의 정상 수준 이상의 상태로 하루하루를 살아 가지 못한다. 그래서, 여러 번의 설교를 한 다음 날인 월요일에 중요한 일을 결정하는 것은 현명한 일이 아닌 것이다. 휴가 기간에도 계속해서 힘든 일들을 해내었으면 그 일이 끝나갈 때쯤은 잠깐 이완기를 갖는 것이 현명하다.

이러한 내 자신의 리듬을 알아차리지 못했던 때도 있었다. 모든 일들이 갑자기 뒤엉킨 것 같이 보였던 어느 날을 지금도 기억하고 있는데, 한 주일에 두 번이나 침통한 분위기 속에서 장례식을 치렀고 열흘 동안이나 쉬지 못하고 있던 상태였다. 그 동안 나를 침울하게 만드는 책을 읽었고, 영적 훈련은 전혀 지속할 수 없었다. 가족과의 시간도 며칠 동안 엉망이었고, 내가 하고 있던 일들은 거의 나를 좌절시킬 지경이었다. 그래서 토요일 오후 사소한 개인적인 위기를 만났을 때 갑자기 눈물이 쏟아졌던 것도 당연한 현상이었다. 거의 세 시간이나 걷잡을 수 없는 눈물이 쏟아졌다.

신경 쇠약 같은 것과는 거의 무관했던 나였지만, 그러한 고통스러운 경험을 통해서 압박감이나 스트레스를 얼마나 받고 있는가를 잘 살펴보는 것과 어떤 일을 언제 어떻게 잘 할 수 있는지를 아는 것이 얼마나 중요한지 깨닫게 되었다. 그런 일이 다시는 일어나지 않기를 빌었으며 실제로 그렇게 되었다. 그 때의 경험으로 너무 놀랐기 때문에 내 자신이 다시는 감정적으로 그렇게까지 눌려 있도록 내버려 두지 않았다. 나에게 시간 예산의 문제는, 더욱 철저를 기해야 할 관건이었다.

나는 그제서야 구세군의 창설자인 윌리암 부스(William Booth)가 긴 전도 여행 중 아내로부터 받았던 편지의 일부를 생각하고 감탄하게 되었다. 그녀는 이렇게 썼다.

당신이 화요일에 보낸 편지는 잘 받아 보았습니다. 계속되는 승리의
소식을 듣고 기뻐하고 있습니다. 당신이 너무 지쳐 있는 것 같아 마음
이 아프지만 말입니다. 저는, 당신이 그토록 몰입한 상태에서 건강을
돌보지 않아 맞게 될 결과를 염려하고 있습니다. 당신을 꼭 필요로
하는 일에 열중하고 계시는 것 자체를 문제 삼는 것이 아니라 당신의
힘을 분별없이 낭비하지 말라고 당부드리고 싶은 것입니다.

꾸준히 지속적으로 거룩한 수고를 다하는 긴 삶이, 돌발적으로
지나치게 힘을 써서 짧고 파괴된 인생으로 마치게 되는 것보다 두
배의 열매를 맺게 된다는 것을 기억하십시오. 조심스럽게 행하여 당신
이 꼭 힘을 쓰지 않아도 될 때와 장소에서는 힘을 아끼시기 바랍니다.[2]

둘째, 시간 사용 방법의 올바른 기준을 가져야만 한다

몇 년 전 나의 아버지는, 인생 여로에 슬며시 다가오는 많은 기회들
중에서 어느 것을 취하고 어느 것을 거절하는가 하는 선택에서 인간 성품
을 시험해 볼 수 있다고 말씀하신 바 있다.

"어느 기회가 좋고 나쁜가를 가리는 것이 문제가 아니다. 좋아 보이는
많은 것들 중에서 최선을 택하는 것이 바로 네가 해야 할 일이다." 라고
말씀하셨다. 그건 절대적으로 옳았다. 나는 참으로 때때로 어려웠지만,
최선의 것을 취하기 위해서 하고 싶은 일들을 거절해야만 했었다.

아버지의 충고를 받아들인다는 것은 곧, 토요일 저녁의 만찬회나 운동
경기 등을 거절하고 주일 아침 정신적으로나 육체적으로 신선한 모습으
로 단상에 서는 것을 의미했다. 그것은 또한 내가 꼭 받아들이고 싶은
설교 부탁에도 '아니오'라고 거절할 수 있어야 함을 뜻했다.

이러한 선택을 하기란 참으로 어려웠는데, 그 이유는 내가 사람들로부
터 인정받기를 좋아하는 데도 있었다. 사람들은 어떤 좋은 제안들을 거절

---

2) Harold Begbie, *Life of General William Booth* (New York : Macmillan, 1920), p.
178.

하게 될 때 적을 만들고 비판을 받을 위험성을 느끼곤 한다. 그리고 그러한 것들을 누군들 기꺼워하겠는가? 그런 부탁에 대해 거절을 하기가 참으로 어려웠다.

지도자의 위치에 있는 대다수의 사람들이 이런 문제를 안고 있다는 것을 나는 깨닫게 되었다. 그렇지만 우리가 시간을 다스리려 한다면 이를 악물고, 좋기는 하지만 최선이 아닌 기회들을 단호하고도 정중하게 거절해야만 하는 것이다.

다시 말해 최선을 택한다는 것에는, 우리 주님의 사역에서도 그러하였듯이 우리의 사명에 대한 정확한 이해가 요구된다. 우리는 무엇을 위해 부르심을 받았는가? 우리의 시간을 가지고 무엇을 하는 것이 최선인가? 하지 않아서는 안 될 필수적인 것은 무엇인가? 필수적이지 않은 것은 타협이 가능한 것이다. 즉, 필수적인 것이 아니라 선택적인 것이다.

나는 이러한 선택의 중요성에 대해서 루이스(C.S. Lewis)가 *Letter to an American Lady*(미국 여성에게 보내는 편지)에 쓴 글을 참 좋아한다.

하나님께서, 당신이 꼭 하지 않아도 될 온갖 일들을 하기를 원하신다고 너무 쉽게 확신하지 마십시오. 사람은, "하나님께서 그를 부르신 삶의 정황 속에서" 각자에게 맡겨진 일을 해야만 합니다. 일을 위한 일을 하는 것이 미덕이라고 믿는 것은 성격상 여성적이며, 미국적이며, 현대적인데 그러한 세 가지 베일은 여러분으로 하여금 올바른 생각을 갖지 못하도록 한다는 것을 기억하십시오. 술 마시는 것뿐만 아니라 일을 하는 데에도 무절제함이 있을 수 있습니다. 정열처럼 보이는 것이 단지 안절부절못하는 것이나 사람들의 자기 중시의 한 발로일 수도 있습니다.…… "각자가 처한 곳에서 주어진 임무"가 아닌 것들을 함으로써 그 처지에서 꼭 해야 할 임무에 대해서 소홀케 된다면 그것은 상당한 불의를 행하는 것과 다름없습니다. 마르다뿐 아니라 마리아에게도 조금 기회를 주십시오.[3]

셋째, 시간 예산을 충분히 앞서 세울 때 시간을 통제하고 명령할 수 있다

이 마지막 원칙이야말로 가장 중요한 것이다. 싸움에서 이기느냐 지느냐 하는 것이 이 원칙에 달려 있다.

나는 시간 예산이 8주 전에는 세워져서 달력에 표시되어야 한다는 기본 원칙을 아주 어렵게 터득했다. 적어도 8주 전에는 말이다!

지금이 8월이면 나는 벌써 10월의 계획을 세우기 시작한다. 어떤 것들이 달력에 표시되기 시작하는가? 나의 내면 세계에서 타협해서는 안 될 요소들, 즉 영적 훈련, 지성 훈련, 안식일적 휴식 그리고 물론 가족과 특별한 친구 관계를 위한 시간들이 적혀진다. 그 다음 두 번째의 우선 순위들이 달력에 적혀진다. 즉, 나에게 맡겨진 중요한 일들에 대한 일정─설교 준비, 글 쓰는 것, 지도력 계발 그리고 제자 양육─이 적혀진다.

가능한 한 이 모든 것들이 수주 전에 달력에 표시되도록 한다. 왜냐하면 계획한 주가 가까워질수록 사람들이 시간을 내달라고 요구하기 때문이다. 어떤 요구들은 아주 정당한 것일 수 있기 때문에, 그 요구를 수용할 만한 자리를 비워 놓고 싶은 것이다.

그러나 어떤 사람들은 정당하지 않은 요구를 해 올 수도 있을 것이다. 그들은 가족과 보낼 저녁 시간을 요청할 수도 있거나, 아니면 설교 준비를 위해 계획된 아침 한 시간을 원할 것이다. 정해 놓은 우선 순위와 계획된 시간에 따라 움직인다면 그렇게 하지 않는 것보다 나의 내면 세계는 얼마나 잘 계발되겠는가?

어느 날 나는, 할당된 아주 중요한 시간들이 공통점을 갖고 있다는 것을 깨닫게 되었다. 그것들은 무시되었다 하더라도 절대로 즉시 소리를 치며 반응하지는 않는다는 것이다. 예를 들자면, 내가 영적 훈련을 소홀히 한다고 해서 하나님께서 당장 큰소리로 고함을 치시는 것 같지는 않다는 것이다. 나는 얼마 동안은 잘 버텨 나갈 수 있다. 그리고 가족을 위한

---

3) C.S. Lewis, *Letters to an American Lady* (Grand Rapids : Eerdmans, 1975), p. 53.

시간을 할애하지 않았을 때에도 아내 게일과 아이들이 대개 이해해 주고 용서해 주는 편이므로 가끔은 즉각적인 반응과 관심을 요구하는 어떤 교인들보다 훨씬 더 관대한 편이다. 그리고 연구하는 시간을 우선 순위에서 빼놓더라도 얼마간은 별탈없는 듯이 보인다. 이러한 것들은 큰 어려움 없이 얼마 동안은 무시될 수 있는 것이다. 그렇기 때문에 오래 전에 그것들을 위한 시간 예산을 짜지 않으면 다른 일들이 그 자리를 차지하게 되는 것이다. 즉, 다른 덜 중요한 것들이 그것들을 몇 주간씩이나 딴 구석에 쌓아 두도록 만드는 것이다. 불행히도 그것들이 너무 오래 무시된다면 마침내 가족 관계나 휴식, 영적 훈련 등이 심각한 지경에 처하여 모면하기에는 너무 늦었다는 것을 발견케 될 것이다.

우리 아들 마크는 고등학교에 다닐 때 아주 유능한 운동 선수였고, 10대의 딸 크리스틴은 연극 배우와 연주자로 활동했다. 때문에 둘 다 시합이나 연주회 등에 참가했었다. 내가 몇 주 전에 그 날짜들을 달력에 표시해 놓지 않았더라면 나는 그 행사들을 쉽게 놓쳤을 것이다. 내 비서는 항상 사무실 달력에 행사 날짜들을 표시해 놓고 내가 그 날 다른 약속을 하지 말아야 함을 알려 주었다.

누군가가 행사가 있는 날 오후에 만나자고 하면 나는 달력을 보며 잠깐 생각해 보고는 "미안합니다만, 그 날 만날 수가 없겠는데요. 선약이 있습니다. 다른 날은 어떨까요?"라고 진지하게 말하면 문제 되는 일은 거의 없다. 문제의 열쇠는 몇 주 전에 계획하고 예산을 세우느냐에 있는 것이다.

당신에겐 무엇이 타협해서는 안 될 일들인가? 나는, 무질서한 상태를 불평하고 있는 대부분의 사람들이 이 질문에 아예 대답조차 못한다는 것을 발견한다. 그 결과, 우리 일의 효율에 결정적인 차이를 야기할 수 있는 중요한 일들이 너무 늦을 때까지 달력에 기록되지 못하는 것이다. 그에 따른 결과는 무엇인가? 무질서와 좌절감이다. 즉, 필수적이지 않은 일들이 필수적인 일들보다 앞서서 달력의 자리를 잡게 되는 것이다. 그리고 오랫동안 그렇게 지속되면 결과는 고통스러울 것이다.

어느 날, 한 사람이 나를 쫓아와서는 언제 함께 아침 일찍 식사를 할 수 있겠느냐고 물었다. "얼마나 일찍 말입니까?"라고 내가 반문했다. "당신은 일찍 일어나는 사람이니까 여섯시면 어떨까요?"라고 그가 말했다.

나는 달력을 들여다보고 이렇게 대답했다. "미안하지만, 그 시간에 선약이 있는데요. 일곱시는 어때요?" 그는 아주 쉽게 일곱시에 만나기로 동의했지만, 내 달력에 그런 이른 시간에 이미 약속이 적혀 있다는 것에 놀란 것처럼 보였다.

여섯시에 약속이 있다는 것은 사실이었다. 사실 여섯시 전부터 그 약속은 시작되고 있었던 것이다. 그것은 하나님과 만날 약속이었다. 하나님은 매일같이 내 달력에 기록되어 있는 첫 약속자인 것이다. 그리고 이러한 약속이야말로 우리가 타협해서는 안 될 종류의 약속이다. 우리가 시간을 잃지 않고 잘 사용할 수 있으려면 말이다. 그것이야말로 질서 잡힌 하루하루와 질서 잡힌 삶과 질서 잡힌 내면 세계의 시작인 것이다.

연구 과제

1. 당신이 그래도 시간을 잘 관리하고 있다고 생각하는 영역을 적어 보라.

* 2. 당신의 경험에 비추어 통제되지 않은 시간에 관한 맥도날드의 네 가지 법칙의 타당성을 살펴보라. 각각의 법칙을 아래에 옮겨 적고 당신의 삶 속에 그 법칙이 타당했던 상황을 한 가지씩 적어 보라.

   1)

   2)

   3)

   4)

3. 당신이 가장 열심히 해야 할 일을 소홀히 하지 않고 당신의 배우자,

조수, 평신도 지도자(만일 당신이 목사라면), 비서, 아들, 딸 들에게 맡길 수 있는 일 중 두 가지를 들어 보라(그 일들은 당신이 즐겨할 수 있는 일들일지 모르지만 당신의 평생 사역에 중심적인 것은 아니다).

4. 당신의 삶의 테두리에서 "유력한 위치에 있는 사람"이 가족과 함께 지내야 할 당신의 귀중한 시간을 앗아가는 이유를 생각해 보라.

5. 사람들의 칭찬을 얻기 위하여 당신이 하고 있는 일은 무엇인가? 주님과 교제하는 특별한 시간에 그 분 앞에서 이 질문에 대답할 필요가 있다.

6. 당신의 생활 가운데 요한복음 9 : 4을 실천한다면 어떤 일이 일어나겠는가?

7. 마태복음 16 : 21에 기록된 대로 예수님께서 예루살렘에 올라가실 것에 대하여 느끼신 것과 같이 그만큼 강하게 당신의 삶 가운데서 느끼는 어떤 것이 있는가?

8. 당신의 삶의 리듬을 분석해 보라. 언제 당신이 일을 가장 잘 할 수 있는가? 가장 중요한 일에다 가장 일을 잘 할 수 있는 시간을 맞추기 위해서 무엇을 할 수 있는가?

*9. 당신의 책임에 비추어 최선과 차선을 구별할 수 있는 기준들을 적어 보라.

10. 당신의 하루나 일 주일의 시간 중, 얼마만큼이나 미리 예산을 세워야 방해자를 물리칠 수 있을 것인가?

＊11. 다음 구절들에 비추어볼 때 예수님의 시간에 있어 우선 순위들은
무엇인가?(누가복음 4 : 16 ; 4 : 42−43 ; 5 : 27 ; 6 : 12 ; 9 : 21−22 ; 9 : 5
1 ; 18 : 16 ; 19 : 5)

제 3 부

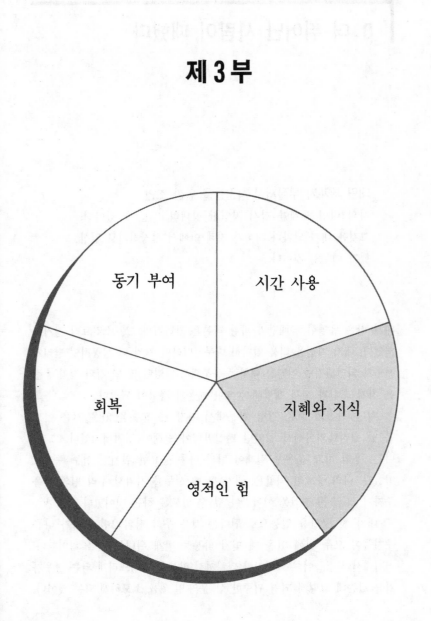

8. 더 뛰어난 사람이 패했다

내면 세계가 무질서한 사람들을 위한 조언 :
나의 내면 세계를 질서 정연한 상태라고 할 수 있다면,
그것은 내가 날마다 지식과 지혜 안에서 성장하기로 결심
했기 때문일 것이다.

내가 받은 유일한 금메달과 파란 리본은 달리기와 크로스컨트리 경기에
서였다. 내가 자신을 더욱 철저히 다루었더라면 훨씬 더 성공적인 달리기
선수가 되었겠지만 어떻든 대학 운동부에서 있었던 몇 년 간의 경기 훈련
은 자기 훈련과 성격 계발에 풍요한 배움의 경험이 되었다.

청년 시절의 모든 경험 가운데서 가장 큰 교훈을 얻은 것은 어느
봄 날 필라델피아에서 있었던 펜실바니아 릴레이 경기에서였다. 그 때
나는, 우리 학교 운동부 릴레이 팀의 아주 중요한 위치인 선두 주자로
있었다. 나의 중요한 역할은, 내가 뛸 때 선두를 지켜서 우리 팀의 다음
주자가 그 좋은 조건을 이어받아 뛸 수 있도록 하는 것이었다.

내가 첫 구간을 일등으로 뛴다는 것은 우리 팀의 2번 주자가 다른
주자들이 모두 뒤에 있을 때 먼저 바통을 받게 된다는 것을 의미한다.
거기에서 사람들이 부딪치거나 밀쳐져서 바통을 떨어뜨리게 되는 경우가
가끔 있는데 그렇게 되면 귀중한 십 분의 일 초를 소모하게 되는 것이다.

만약 경기가 마지막 한 바퀴에서 치열한 경쟁을 하고 있는 경우라면 그 시간은 결정적인 것이 될 수 있다.

우리 팀이 2번 선에서 뛸 것이었기 때문에 중심에 가장 가까운 안쪽 1번 선에서 어느 팀이 뛸 것인지 호기심이 생겼다. 1번 선에 있는 주자는 100야드 경기 주자로서 단거리에서 아주 좋은 기록을 보유하고 있는 폴리프랩 대학의 선수였다. 우리는 몇 번 다른 단거리 경주에서 같이 겨룬 적이 있었는데 그 선수에게 나는 참패를 당했었다. 과연 340야드가 더 긴 장거리 경기에서도 그가 더 잘 뛸 것인가?

그는 그렇게 생각했음이 분명했다. 왜냐하면 출발선에서 우리가 서로 악수를 나눌 때 그가 그렇게 말했기 때문이다. 나를 정면으로 쳐다보면서 그는 이렇게 말했다. "맥도날드, 가장 뛰어난 선수가 이기게 될 거야. 난 결승점에서 널 기다리고 있겠어."

당신은 이것을 가리켜 운동 선수의 심리전이라고 부를지 모른다. 그 작전은 어느 정도 들어맞았고 얼마 동안 나는 마음의 평정을 되찾느라고 애써야만 했다.

총소리가 났고 폴리프랩의 선수도 총알같이 튀어 나갔다. 그가 첫 바퀴를 쏜살같이 돌아가면서, 그의 운동화 밑창이 뒤로 차 낸 흙가루가 내 뺨을 때리는 느낌을 가졌던 것을 기억한다. 그러는 동안 나머지 선수들은 마치 2등에서 8등 사이의 경쟁을 하고 있는 듯이 뛰기 시작했다. 50야드를 뛰기도 전에 나는, 심리적으로 2등이라도 할 수 있을까 생각하면서 그렇게 끝낼 각오를 하고 있었다.

그리고 만약 경기가 더 짧은 단거리였다면 분명히 그렇게 될 뻔했다. 그런데 300야드쯤 되었을 때 돌연 사태가 바뀌었다. 훨씬 앞에서 뛰고 있던 폴리프랩 선수의 뛰는 속도가 갑자기 느려지기 시작했다. 몇 초 후에 내가 최고의 속력을 내어 달리면서 그 선수 옆까지 왔을 때 그의 헉헉거리는 숨소리를 들을 수 있었다. 그는 거의 제자리 걸음을 하고 있었다. 운동 선수들의 말로 한다면 그는 기가 빠져 버린 것이었다. 그가 몇 등으로 들어왔는지는 기억하지 못하지만, 나는 결승선에서 고소해

하는 모습을 애써 감추면서 그를 기다리고 있었던 것을 기억하고 있다.

그 날 나는 폴리프랩의 선수 덕분으로 귀중한 교훈을 얻었다. 자신의 의도와는 무관하게 그는, 아무리 뛰어난 재능과 힘을 갖고 있는 사람이라고 할지라도 끝까지 경주를 마치기 전에는 승리를 장담할 수 없다는 것을 내게 가르쳐 주었다. 시작할 때 아무리 1등으로 뛴다 하더라도 끝까지 시합을 마칠 수 없다면 아무 의미가 없는 것이다. 경주를 끝낼 때까지 지속적인 보조로 뛰어야만 한다. 그리고 훌륭한 주자는 경주의 마지막 코스에 가장 빠른 속도로 끝낼 준비가 되어 있어야 하는 것이다. 운동 선수의 능력은 그것이 적당한 인내와 합쳐지지 않으면 아무 유익이 없는 것이다.

정신적인 무기력의 대가

내가 이 말을 하는 것은, 이것이 계속해서 질서를 잡는 과정을 거쳐야만 하는 우리 내면 생활의 또 다른 국면에 대해서 언급하고 있기 때문이다. 우리의 내면 세계에 질서를 잡는 일은 강한 정신적인 인내와 이러한 인내의 열매인 지적 성장이 없이는 이루어지지 않는다.

억압된 우리의 사회에서 정신적으로 무장되어 있지 않은 사람들은 대개 쉽사리 인간의 영혼과 인간 관계를 파괴시키는 사상과 제도의 희생자가 되는 것이다. 그들은 생각하는 훈련을 하지 않고, 또 일생 동안 계속 되어야 할 지적인 성장에 자신을 투자하지 않았기 때문에 희생자가 되고 마는 것이다. 강한 정신력을 갖고 있지 않기 때문에 그들은 다른 사람들의 생각과 의견에 의존하게 된다. 어떤 사상이나 논제들을 다루기보다는 규율과 규칙과 프로그램 등에 자신을 내맡겨 버리는 것이다.

1978년에 가이아나(Guyana)에서 있었던, 사교(邪教)인 인민 사원 (Peoples Temple) 교도들의 집단 자살 사건은, 사고하지 않는 것이 사람들을 어디까지 몰고 갈 수 있는가를 보여 주는 신랄한 본보기이다. 스스로 "생각하는" 대신에 "자신들의 사고 작용"을 교주인 짐 존스(Jim

Jones)에게 떠맡겨 버림으로써 그 교도들은 재앙을 자초했다. 그들은 그들 머리를 완전히 비우고 교주의 사고 기능에 전적으로 의존했다. 결국, 짐 존스의 정신 작용이 정상을 벗어나게 되자 모든 사람들이 그 결과로 희생되고 만 것이다. 한 지도자가, 적대적이고 모진 세상에서 사람들을 인도해 주겠다고 약속했고, 그는 모든 해답과 생계를 제공했었다. 그리고 사람들은 그러한 보호의 대가로서 독립적인 판단을 할 수 있는 권리를 그에게 양도했다.

인내로써 강건해지지 않은 정신력의 소유자라고 반드시 비지성적인 것은 아니다. 그들은 그저, 성장을 위하여 사고 능력을 사용하는 것이 하나님을 기쁘시게 하는 생활 방식이라는 것을 결코 생각해 본 적이 없는 것이다. 특별히 우리 주위에 많은 영향력을 미치는 사람들이 있어서 곧 그들이 우리를 대신해서 생각을 해주게 될 때에는 사고력이 나약해지도록 내버려 두는 덫에 걸리기가 쉬운 것이다.

그렇듯 사고력이 결여된 모습들은, 가정 내에서 한 사람이 다른 식구를 억압해서 혼자 의견을 내고 의사 결정을 하는, 불안정하고 불신앙적인 가정에서 쉽게 볼 수 있다. 평신도들이 한 명의 지배적인 목사로 하여금 모든 생각을 하도록 맡겨 버리는 교회들에서도 그러한 예를 많이 볼 수 있다. 요한 3서는 짐 존스처럼 모든 사람을 자신의 통제 하에 두었던 평신도 지도자 디오드레베라는 사람에 대해서 경고하고 있다. 그 때의 그리스도인들은 무작정 그에게 생각하는 일을 넘겨 주었던 것이다.

이른 출발에 따르는 위험성

달리는 소질을 지니고 태어난 경주자들이 화살같이 빠른 속도로 출발점으로부터 튀어 나가는 경기에서와 마찬가지로 사회 생활에서도 빠른 시작을 즐기는 사람들이 있는데, 그것은 그들이 위대한 사상가나 지적 거인들이어서가 아니라 타고난 능력과 좋은 끈들이 있기 때문이다. 즉, 그 집안 식구들의 의사 표출 능력이 탁월하고 문제 해결 능력이나 사고력도 특출한 경우, 그러한 가정에서 성장한 덕택일 수도 있는 것이다. 그 결과 그들은 어린 시절부터 상당한 자신감에 젖어 있었을 것이다.

어린 시절부터 그러한 환경에서 자라 온 그 젊은이는 다른 이들을 거느리고 또는 경쟁하며 어려운 상황에서 처신하는 방법을 익히게 된다. 그 결과는 '때 이른 성공'이라고 불릴 수 있을 것이다. 그리고 이러한 때 이른 성공은 종종, 도움이 되기보다는 장애가 되곤 한다.

조숙한 성공자는 대개 빨리 배우는 사람이다. 최소의 노력으로 전문가가 된 그는 대개 건강하며 활력이 넘치는 사람이다. 그는 또한 어떤 것에 대해 자기 생각을 기탄 없이 말하거나 설득하는 데 자신만만해 보인다. 그리고 모든 것들이 순조롭기 때문에 그는 마음만 먹으면 무엇이든지 해낼 수 있다는 결론에 도달하게 될 수 있다.

이런 식으로 얼마 동안이나 지속될 수 있는가는 누구나 추측해 볼 수 있다. 어떤 경우에는 평생 계속될 수도 있을 것이다. 그러나 내가 관찰한 바로는 30대 초반이 되면 어딘가에서 잘못될 가능성들이, 재능 있는 빠른 출발자들의 삶 속에 노출되기 시작한다. 남은 인생의 경기는 재능이 아니라 인내와 자기 훈련으로 경주해야 한다는 첫 번째 암시가 나타날 수도 있다. 폴리프랩의 선수처럼 그도, 느리지만 좀더 나은 상태의 경주자가 결국 이기기 시작한다는 것을 보기 시작할지도 모른다.

나는 상담 경험을 통해서 이러한 이유로 중년기에 갈등을 겪고 있는 사람들을 많이 만나 보았다. 지치고 성장이 정지된 채, 오락(amusement)에 지나지 않는 일을 추구하는 데 삶을 소비하고 있는 맹목적인 사람들을 무수히 보아온 것이다.

나는 문자상의 의미 때문에 오락(amusement)이란 단어를 사용했다. 이 말은 '생각 없는 행동'을 의미한다(a는 'without', muse는 'to think'). 생각 없는 행동은 인격적인 무질서 상태를 느끼게 해준다. 생각 없이 행동하는 사람들은 누구인가? 그들은 20년 전에 "그는 무엇이나 할 수 있는 사람이어서 실패할 리가 없다."고 할 정도로 이름났던 사람들이기 쉽다. 그 사람은 21세의 나이로 단상에서 비상한 능력을 보였던 설교자일 수도 있고, 괄목할 만한 판매 실적으로 일을 시작한 외판원일 수도 있으며, 졸업식장에서 고별사를 한 여학생일 수도 있다. 그들은, 사고력이 그 기능을 잘 발휘하기 위해서는 계속 단련되어지고, 새로운 것으로 채워지고, 넓혀지고, 강화되어져야 한다는 것을 깨닫지 못한 사람들이다. 자연적인 재능은 그러한 사람들을 어느 정도까지는 유지해 주지만, 경주가 끝나기 훨씬 전에 주저앉고 만다.

우리의 정신을 훈련해야 할 필요성

우리의 정신은 사고하고, 분석하고, 혁신하게끔 훈련되어야 한다. 내적인 생활이 온전히 질서 잡힌 사람들은 생각하는 사람이 되는 데 힘쓴다. 그들의 정신은 방심한 채로 있지 아니하고 활동하며, 매일 새로운 정보를 받아들이고 정기적으로 새로운 앎과 결론들을 창출해 낸다. 그들은 매일같이 정신을 단련시키는 일에 자신을 투자한다.

엘튼 트루블러드는 다음과 같이 썼다. "다음 세 가지 요소가 잘 계발되지 않는 한 생명력 있는 기독교가 될 가능성이 없다. 그 세 가지란 바로, "헌신된 내면의 삶, 외적인 봉사 활동 그리고 합리적인 지적 생활이다."[1] 세 번째 요소는 많은 복음주의자들이 가장 쉽게 무시해 버리는 것인데, 그 이유는 그것을 너무 세상적이며 복음에 저촉되는 것이라고 생각하기 때문이다. 그러나 무딘 지성은 결국 내면 세계를 무질서하게 만든다.

나는 조숙한 성공을 잘 알고 있는데 그것은 나 역시, 정신을 계발하는 일에 적절한 관심을 쏟지 않고 타고난 재능만 믿고 있었다는 것을 30대 초반이 되면서 알게 되었기 때문이다. 내가 이 점에 대해서 무엇인가 용단을 내리지 않는 한, 수년 후에 최상의 지적 상태에서 최선을 다하여

---

1) Elton Trueblood, *While It Is Yet Day* (New York : Harper & Row, 1974), pp. 97 −98.

일하고 싶을 때에 나의 사고력은 이에 적절히 응해 주지 못하리라는 것을 깨닫기 시작했다.

그것은 내가 좀더 훌륭한 설교자가 되고, 상처입은 사람들을 더욱 더 민감하게 이해하는 사람이 되고, 또한 보다 유능한 지도자가 되고자 한다면, 나의 지적 능력을 더욱 예리하게 만드는 일을 진지하게 받아들여야만 하고, 그렇게 함으로써 공적인 일들을 잘 처리할 수 있게 된다는 것을 의미하는 것이었다. 비록 내가 지적으로 잠들어 있는 상태는 아니었다 하더라도 하나님께서 원하시는 독창성이 풍부하고 혁신적인 사람이 될 만한 엄격한 훈련을 하고 있는 상태는 아니었다.

무슨 일이 일어나고 있는지 내가 이해할 수 없을 만큼 둔해져 버린 상황에 처했을 때 무질서의 고통을 느낀 것은 당연한 일이었다. 너무 무거운 것을 들어올리려고 애쓰는 사람처럼, 정신적으로 박약한 상태에서 다루기에 벅찬 생각들과 복잡한 일들을 해결하려고 애를 쓰고 있는 나의 모습을 발견하게 되었다.

복음주의적인 그리스도인들이 기독교 교육을 목청 높여 외쳐 대긴 했어도, 정신의 계발에 대해서는 충분한 가치를 부여하지 않은 것이 사실이다. 지엽적인 사항들이나 여러 규칙들을 주워 모으는 사람과 그 진리를 잘 다루는 사람 간의 차이를 철저히 이해하고 있는 사람이 많지 않다. 다방면에 걸쳐 두루 어느 정도씩은 알고 있다 해도 그 사실이, 알고 있는 것에 대해 깊이 있게 그리고 진수를 꿰뚫어 사유할 줄 안다는 것을 보장해 주지는 못한다.

머리 속에 많은 성경 지식을 쌓아 놓고 있는 사람들을 나는 많이 보아 왔다. 그들은 그리스도인들이 쓰는 상투어를 풍부하게 구사하는 법을 배웠다. 그들의 기도 소리는 유창하여, 앉아서 듣는 이들을 감격시킨다. 우리는 그들이 영적인 사람들이라고 생각한다. 그러나 어떤 경우에, 그들이 고집스럽고 뻣뻣하며 변화나 혁신을 전혀 받아들이지 않는다는 것을 발견하게 된다. 그들의 고정 관념에 심각한 도전이 가해질 때, 그들은 분노와 비난을 퍼붓는다.

다른 사람들처럼 나도 그리스도인들이야말로 이 세상에서 가장 강력하고, 가장 폭 넓게 그리고 가장 창조적으로 사유하는 사람들이어야 한다고 확신하고 있다. 사도 바울은, 그리스도인은 그 안에 그리스도의 마음을 가졌다고 말했다. 그리고 그리스도의 마음을 가졌다는 사실은, 거듭나지 않은 지성으로서는 소유할 수 없는, 그만큼 폭 넓은 지적 가능성이 주어졌음을 뒷받침해 주는 것이다. 지적인 폭은 영원하고도 시간의 제약을 받지 않는 넓은 안목을 제공한다. 그리스도 안에, 그 시대의 가장 지배적인 사상 가운데서도 우리의 사상과 분석력과 혁신적인 생각을 결정 짓는 진리의 기초가 있는 것이다. 그렇지만 많은 그리스도인의 삶 가운데 근본적인 나태와 내면적인 무질서가 있기 때문에 항상 그런 것만은 아닌 것이다. 우리는 그리스도를 통해 하나님께서 제공해 주신, 가장 위대한 선물을 상실하고 있는 것이다.

선교사이며 전도자였던 스탠리 존스(Stanley Jones)는 다음과 같이 쓰고 있다.

인도의 유명한 스와미(인도에서, 종교가나 학자를 일컫는 명칭—역주)인 스와미 쉬바나다(Swami Shivanada)는 그의 제자들에게 다음과 같이 말하곤 했다. "네 모든 생각을 죽여라. 그래야만 명상할 수 있는 것이다." 그리스도인의 입장은 그것과는 전혀 다르다. 즉, "너희 하나님을 네 생각(mind—지적인 면)을 다하여 네 마음(soul—의지적인 면)을 다하여 그리고 네 힘(strength—신체적인 면)을 다하여 사랑하라."는 것이다. 생각, 감정, 의지, 힘이라는 전인격이 하나님을 사랑해야 한다는 것이다. 여기서 '힘'은 나머지 그 세 가지의 힘을 의미하는 것일 수도 있다. 어떤 사람들은 하나님을 생각의 힘을 다 써서 사랑하지만, 감정으로는 메마를 수도 있다. 곧 지적인 종교인들이다. 또 어떤 사람들은 뜨거운 감정으로, 그러나 얕은 사고로써 하나님을 사랑한다. 곧 감정적인 종교인들이다. 또 다른 사람들은 의지적으로는 하나님을 사랑하나 감정은 메말라 있다. 곧 접근하기 어려운 냉철한 사람들이다. 그러나, 생각과 감정과 의지를 다하여 하나님을 사랑하는 것만이, 참다운 그리스도인의 온전히 조화된 강한 성품을 만들어 내는 것이다.[2](고딕은 저자)

하이만 릭오버(Hyman Rickover) 제독은 오랜 동안 미해군 원자력 부대의 책임자였다. 그를 찬양하는 자들과 비판자들은 완강하고 강압적인 장군에 대해서 정반대되는 견해를 표명하였다. 여러 해 동안 핵 잠수함에서 일하게 되는 장교들은 릭오버 장군과의 면담을 거쳐서 배속 승인을 받았다. 그와의 면담을 마치고 나오는 장교들은 하나같이 공포와 분노와 위협감에 머리를 흔들곤 했다. 그들 중에는 오래 전에 릭오버 밑에서의 근무를 신청했던 전 미국 대통령, 지미 카터도 있었다. 다음은 카터와 릭오버와의 면담에서 있었던 내용이다.

나는 핵 잠수함 계획 부대의 배속을 지원했고, 그 일로 릭오버 장군과 면담하게 되었다. 내가 릭오버 장군을 만난 것은 그 때가 처음이었고, 우리는 두 시간 이상을 단둘이 큰 방에 앉아 있었는데, 그는 내게 가장 토론하기 좋아하는 주제를 택하도록 했다. 아주 조심스럽게 나는, 그 때 가장 잘 알고 있는 주제들 즉, 시사 문제, 해군의 생활, 음악, 문학, 해군 전략, 전자, 사격술 등을 택했고, 그는 점점 어려운 질문들을 계속하기 시작했다. 그런 질문을 통해서 그는, 내가 선택한 주제들에 대해 그에 비해서 내가 아는 것이 없다는 것을 증명해 보였다.

그는 한 번도 웃는 모습을 보이지 않은 채 내 눈을 계속해서 똑바로 쳐다보았다. 내 몸은 금방 땀으로 흠뻑 젖게 되었다.

마침내, 그가 마지막 질문을 던졌고, 나는 '이제야 살았구나'라고 생각했다. "해군 사관 학교에서 몇 등이나 했나?"라고 그가 물었다. 애나폴리스(Annapolis)에 있는 해군 사관 학교 신입생으로 들어오기

---

2) E. Stanley Jones, *Song of Ascents* (Nashville : Abingdon, 1968), p. 189.

전에 죠지아 공과 대학에서 4학년을 마쳤기 때문에 내 성적은 우수한 편이었고 그래서 나는 가슴을 쭉 펴고 자신만만하게 대답했다. "820 명 중에서 59등을 했습니다." 나는 가만히 앉아서 참 잘했다는 말을 기다리고 있었다. 그러나 그 말은 결코 듣지 못했다. 대신에 그는 "자네 최선을 다했는가?"라고 물었다. 나는 "네! 제독님."이라고 말을 시작해 놓았는데, 나는 내가 대답해야 하는 사람이 누군가 하는 것과 사관 학교에서 우리의 동맹국, 전국, 무기, 전략 등등에 대해 배우던 것을 기억해 보게 되었다. 나는 평범한 사람이었던 것이다. 나는 간신히 숨을 들이쉬면서 말했다. "아닙니다! 항상 최선을 다하지는 못했습니다."

그는 한참 동안 나를 쳐다보더니, 면담을 끝맺으려고 의자를 돌려 앉았다. 그리고 내가 결코 잊을 수 없는 질문, 아니 대답할 수 없었던 마지막 질문을 던졌다. "왜 최선을 다하지 못했나?"라고 묻는 것이었다. 나는 그 자리에 얼마 동안 부들부들 떨면서 앉아 있다가 천천히 그 방을 빠져 나왔다.[3]

바로 그 사건이, Why Not the Best? (왜 최선을 다하지 않는가?)라는 책을 쓸 생각을 품게 해준 계기가 되었다. 그리고 그것은 숙고해 볼 만한 이야기이다. 그리스도와 함께 동행한다고 하는 사람들은 사고하는 면에서도 창조주의 탁월성을 힘입어야 마땅하지 않겠는가?

사고 작용이라는 것은 하나님께서 인간에게 주신 놀라운 가능성이다. 즉, 창조된 모든 것들을 관찰하고 탐구하며 그것들의 각 부분을 비교하고 대조해 보고 나아가 그것들을, 창조주의 영광을 드러내도록 바르게 사용하게끔 인간에게 주어진 것이다. 생각하는 사람들은 묵은 것들을 새로운 시각으로 보고 가설을 분석해서 오류로부터 진리를 가려 낼 줄 안다. 또 생각하는 사람은, 오래된 진리를 새로운 언어와 형태로 기술

---

3) Norman Polmar and Thomas B. Allen, *Rickover: Controversy and Genius* (New York : Simon & Schuster, 1982), p. 267.

(記述)하고 다른 사람들로 하여금 진리를 삶에 적용하도록 도와주고, 우리로 하여금 새로운 비전을 보도록 하며, 이전에 발견치 못했던 새로운 방법으로 장애를 극복해 낸다.

이러한 것들은 단순히 위대하고 명석한 사람들만이 해낼 수 있는 것은 아니다. 그것들은 건전한 정신을 지닌 모든 사람들의 과제인 것이다. 신체적인 면에서처럼 어떤 사람들은 다른 사람들보다 더 강할 수 있다. 그러나 그것이 우리의 몸이나 생각을 사용해야 할 책임을 면제해 주는 것은 아니다. 토마스 에디슨이 비록 천 개 정도의 특허를 받았지만, 축음기만이 자기의 고유한 생각에서 나온 유일한 발명품이라고 느꼈다는 말이 있다. 그의 모든 다른 '발명품'들은 다른 사람들이 완성해 놓지 못한 생각들을 받아들이거나, 수정한 것이라고 그는 말했다.

우리 자신을 스폰지처럼 여기는 것이 좋은 것이다. 하나님께서는 모든 창조계 안에, 인류가 발견하고 즐거워하며 창조주 그 분의 속성을 깨달을 수 있는 것들을 감추어 놓으셨다. 우리는 그것들을 모두 스폰지처럼 흡수할 수 있어야 한다.

일을 숨기는 것은 하나님의 영화요, 일을 살피는 것은 왕의 영화니라.(잠 25 : 2)

최초의 남자와 여자가 할 일은, 하나님께서 만들어 놓으신 것들을 발견하고 그것들의 참 의미를 밝혀 내는 것이었다. 하나님의 법에 대한 그들의 불순종으로 인해서 그러한 놀라운 일들을 위한 어떤 기회들은 상실되고 말았다. 그들은 이제 창조 안에 무엇이 있는가를 계속해서 발견해 나가는 일보다는 이 사악한 세상에서 어떻게 살아 남는가 하는 것을 걱정하게 되었다. 일의 성격이 갑자기 바뀐 것이다. 나는, 천국에서의 삶은 어떤 면에서 원형적인 우리의 일을 회복하는 것이라는 확신을 가지고 있다.

그러나 그러한 발견에 대한 원칙과 특권은 부분적으로는 여전히 유효하다. 어떠한 발견은 높은 산에서 금을 캐어 내는 것처럼 어려운 육체

노동을 통해서 될 수도 있다. 다른 발견들은 식물이나 동물, 그리고 인간계에서 생명체의 활동을 관찰함으로써 이루어질 수도 있다. 그리고 창조계에 대한 탐구의 많은 부분들은 순전히 생각 속에서 되어지기도 한다. 말하자면 우리는 묻혀 있는 개념들과 진리들을 캐내어 그것들을 예술적이고, 훌륭하고, 창의적인 것으로 표출해 내는 것이다.

생각한다는 것은 위대한 일이다. 마치, 잘 단련되고 다듬어진 육체가 경주에서 잘 달릴 수 있듯이, 잘 훈련되고 온전히 형성된 정신이 최선의 생각을 해낼 수 있는 것이다. 최선의 사고는, 모든 피조물을 통치하시는 왕이신 하나님을 경외하는 가운데서 이루어질 때 성취 가능한 것이다. 창조주께 대한 지식을 얻는 데 흥미가 전혀 없는 남녀에 의해서 창출된 놀라운 사유나 예술 작품을 보는 것은 대단히 슬픈 일이다. 그들은 단순히 자아 고양(自我高揚)이나 하나님 없이도 잘 될 수 있다고 가정하는 인간 제도의 개발을 위해서 사고하며 혁신한다.

어떤 그리스도인들은 생각하기를 두려워한다. 그들은, 사실들과 교리상의 제도나 규칙들을 머리 속에 주워 담는 것을 '생각'하는 것이라고 여기는 오류를 범한다. 그들은 자유 토론식의 질문을 받으면 불편해 한다. 그리고 그들은 쉽사리 마련된 답변으로써 따라갈 수 없는 경우, 어려운 사상들과 씨름하는 것의 중요성을 느끼지 못한다. 그 결과는, 하나님께서 그의 자녀들로 하여금 하나님께서 지으신 것들을 탐구하면서 이 창조계를 살아 나갈 때 즐거워하기를 원하셨던 본래의 의도를 놓치고, 인격적인 삶과 정신 활동이 평범 속에 쉽게 묻혀 버리는 것이다. 그러한 상황의 삶이란 생각 없는 활동인 오락(amusement)에 불과한 것이다.

사고하지 않는 그리스도인은 그것을 깨닫지 못하고 위험하게도 그 주위의 문화에 흡수되어 버린다. 그의 정신은 훈련되지 않고 채워지지 않았기 때문에 세상에 도전을 줄 수 있는 어려운 질문을 풀 능력이 부족하다. 세속 사회에서 살고 있는 현대의 그리스도인들에 대한 도전은 바로 그리스도적인 대답을 주기 이전에 예언자적인 질문을 하는 것일 것이다.

때로는 많은 지식이 계속해서 쏟아 부어지기 때문에, 생각하지 않는 그리스도인들은 도피하기를 원하며 어려운 생각들은 몇 명의 엘리트 그리스도인 지도자들이나 신학자들에게 맡겨 버린다.

해리 블레마이어즈(Harry Blamires)는 그의 통찰력 있는 저서, 「그리스도인은 어떻게 사고할 것인가?」(두란노서원 역간)에서 하나님으로부터 계속해서 멀리 표류해 가는 문화에 도전할 만큼 예리하게 단련된 사고를 가진 그리스도인들이 어디에 있는지를 묻고 있다. 그는 심각한 도덕적 문제들에 대해서 '기독교적으로' 생각하는 사람들을 찾고 있다. 그가 나처럼 두려워하는 것은 바로 우리가 사고하지 않으면서 사고하는 사람이라고 자신을 속이고 있다는 점이다. 그리스도인들을 향하여 쏘는 듯한 경책을 가하면서 그는 다음과 같이 말하고 있다.

기독교는 본래의 이성적인 적실성이라는 알맹이가 빠져 버렸다. 기독교는 개인적 차원의 영성과 도덕적 안내의 도구에 머물러 버린 것 같다. 곧, 공동체 차원에서 기독교는, 감상주의에 빠져 있는 집단성의 표출에 지나지 않는 것이다.[4]

그리스도인 된 자의 지성이 둔화되어 갈 때 그는, 자신의 사고 능력을 소홀히 여기지 않음으로 해서 우리를 능가하는 사색력을 지니게 된 사람들의, 곧 그들의 비기독교적인 책략과 선전의 희생자가 되어 버릴 수 있는 것이다.

바로 나의 운동 코치가 경주를 끝까지 마치게 하기 위해서 내 몸을 단련하도록 가르쳤던 것처럼, 나도 다른 사람들이 배워야만 할 것을 배워야 했는데 그것은 정신도 훈련받아야 한다는 것이었다. 그리스도인들의 내면 세계는, 지적 성장이라는 부분에 진지한 관심을 기울이지 않는다면 나약해져 무방비 상태가 되며 무질서해질 것이다.

폴리프랩의 그 선수는 더 뛰어난 선수였으나 지고 말았다. 100야드를 뛸 수 있는 능력만으로는 440야드의 경기에서는 충분치 못했기 때문에

---

4) Harry A. Blamires. *The Christian Mind* (Ann Arbor : Servant, 1978).

진 것이다.

언젠가 나의 내면 세계의 지적인 부분의 질서를 평가해 본 적이 있었는데 감사하게도 나는 다음의 사실을 발견할 수 있었다. 즉, 몇 가지 자연적인 재능이나 몇 년 간의 교육만으로는, 하나님께서 나로 하여금 일하도록 하신 분야에서 그 분의 쓰임을 받는 인물이 결코 될 수 없으리라는 것이었다. 만약 내가 잘 견뎌서 나에게 주어진 가능성을 최대한 발휘하는 유익한 사람이 된다면, 그것은 내가 재능이 많다거나 학위를 가졌기 때문이 아니라 내 정신의 근육을 잘 사용하여 그것을 튼튼하게 만드는 법을 배웠기 때문일 것이다.

나는 생각하는 사람이 되어야만 했다. 역사의 방향에 민감해야 했다. 그리고, 인류의 위대한 사상들을 파악할 수 있어야만 했다. 또한 내가 보고 있는 것들에 대해 독자적인 판단을 내릴 줄 알아야만 했다. 그 때는 열심히 뛰어야 할 때였다. 다른 선수들이 따라 잡으려 하고 있었고 경기는 아직 많이 남아 있었다. 나는, 재능은 있으면서도 지구력이 없어서 첫 바퀴는 잘 뛰었으나 마지막에 가서는 패자로 끝나는 사람은 되고 싶지 않았다.

연구 과제

* 1. 교회나 사회나 사회적으로 나타나는 무기력한 사고 활동(본문 114-115면을 보라)의 가장 큰 위험성은 무엇인가?

2. 당신이 정신력을 강화하였기 때문에 도전에 대해 정신적으로 태세가 갖추어져 있었던 상황을 하나만 설명해 보라.

* 3. 사도 바울이 감옥에 갇혔을 때조차도 마음을 굳게 하였다는 것은 그의 어떤 부탁을 보면 알 수 있는가? 디모데후서 4 : 13 을 보라.

4. 당신이 빨리 출발하는 사람임을 나타내는 것은 무엇이고, 지금까지 긍정적인 장점으로 여겼던 당신의 자질은 무엇인가?

5. 당신에게 필요한 것이라 느끼면서도 우선 순위를 부여하지 않았던, 정신적 자극을 주는 것은 다음 중 어느 것인가?
   1) 지식의 기초를 넓혀 주는 특정한 유의 독서
   2) 사고를 풍부하게 하고 도전을 주는 전문적인 세미나
   3) 당신의 사고 작용에 지속적인 도전을 주는 스승이나 가까운 친구
   4) 기타

6. 지금까지 읽은 책과 타인과의 교제 중 몇 퍼센트나 현재의 당신이 되도록 영향을 미쳤는가? 읽은 책 중 그 내용에 동의하지 않는 책의 이름을 두 권만 적어 보라.

＊7. 바울이 사도행전 17 : 16 – 32에서 아테네 사람들에게 한 연설 가운데 서 그의 정신적 강인성을 나타내 주는 것들을 열거해 보라.

8. 저자는 "최선의 사고는 모든 피조물 위에서 통치하시는 왕이신 하나님 께 대한 경외심의 맥락에서 행해질 때 성취될 수 있다."고 말한다. 그러한 맥락을 발전시키기 위해서는 어떤 준비가 필요한가?

9. 어떤 장로교 목사는 해마다 불신자만 참석하는 그 지역의 '회의주의 자' 모임에서 설교하고 질문을 받는다. 이러한 불신자들과 접촉하는 것은 원수(마귀)의 전략을 아는 데 예민하게 해준다. 당신은 어떻게 원수의 전략을 알 수 있는가?

＊10. 우리 마음이 둔해질 때 불신자들의 어떤 생각에 우리가 걸려 넘어 질 수 있는가?

11. 당신의 사고의 영역 중, 확장되고 정화될 필요가 있는 영역은 어떤 것들인가? 그 영역들 옆에 당신이 활용 가능한 자원(resource)을 열거하라.

9. 한 번도 읽힌 적이 없는 책의 비극

내면 세계가 무질서한 사람들을 위한 조언 :
나의 내면 세계를 질서 정연한 상태라고 할 수 있다면
그것은, 그리스도께서 그러하셨듯이, 내가 배운 모든 것들
을 다른 사람들을 섬기는 데 사용하려고 애썼기 때문일
것이다.

언젠가 아내와 나는, 찾게 되면 참으로 반가울 특별한 제목의 책들을
구하기 위하여 헌 책방들을 찾아다니고 있었다. 아내 게일이, 1840년대에
출간된 다니엘 웹스터(Daniel Webster)의 전기 한 권을 찾아내었다. 그
책은 아주 흥미 있게 보였고, 우리 둘 다 전기를 좋아했기 때문에, 게일
이 그것을 구입했다.

책의 겉장은 아주 낡아 있어서 많이 읽힌 책이라는 느낌을 주기에
충분했다. 그것은 뉴잉글랜드의 어떤 가문의 서재에서 몇 대를 내려오면
서 귀중히 소장되어 온 책이리라고 상상할 정도였다. 어쩌면 여러 번
다른 사람들에게 빌려져서 많은 사람들에게 감명을 주었을지도 모를
일이었다.

그러나 사실은 그렇지 않았다.! 아내 게일이 책갈피를 죽 훑어보았을
때, 그 책은 제대로 제본이 되지 않았고 여러 장이 서로 붙어 있어서
면도칼로 자르지 않으면 안 될 정도임을 알았다. 붙어 있었던 장들은

한 번도 읽혀지지 않았음을 말해 주는 확실한 증거였다! 겉으로 보기에
는, 많이 읽혀져서 닳은 듯했다. 그러나 만약 사용되었다면 단지 서재를
우아하게 장식해 주거나, 문이 닫히지 않게 하려고 문 옆에 받쳐 놓거
나, 어린 아이가 잘 먹을 수 있도록 의자 높이를 조정하는 데만 쓰여졌을
것이다. 그 책은 어딘가에 이용됐는지는 몰라도, 분명 읽혀진 적은 없었
던 것이다.

지적으로 성장하지 않고 있는 그리스도인들은 마치, 여러 장이 붙어
있는 채 읽히지 않은 책과도 같다. 그 책처럼, 그러한 그리스도인은 어느
정도의 사용 가치가 있을 수는 있지만, 그의 정신을 계발하고 명철하게
하려고 작정했을 경우에는 거의 가치가 없을 것이다.

성장 형태에 맞추어 사는 것

사람이 한 개인으로서 성장과 계발을 위해서 그의 지성을 신중하게
활용하기 시작할 때, 새로운 질서가 그의 내면 세계 안에 잡히기 시작한
다. 그의 지성(많은 사람에게 폭 넓게 계발되지 않은 기관인데)은 내가
성장 형태라고 일컫는 그것에 자신을 맞추기 시작할 때 새로운 가능성으
로 살아 움직이게 된다.

우리의 내면 세계의 지적 차원을 계발하는 것에는 적어도 세 가지의
목적이 있다. 나는 그것들을 지성의 계발을 위한 계획으로서 여러분에게
제시하고자 한다.

제 1의 목적 : 지성은 기독교적으로 사고하도록 훈련되어야 한다

나는 기독교적인 환경에서 자랐고, 유아기로부터 기독교적 가르침을
받는 혜택을 누렸기 때문에 이 목적을 잘 이해한다.

기독교적으로 생각한다는 것은, 이 세계가 하나님의 만드신 바요,
그 분의 소유라는 것과 창조계에 대해 우리가 어떤 의무가 있으며 하나님
의 법에 따라 선택하는 것이 중요하다는 등의 견지에서 이 세상을 바라보

는 것을 의미한다. 성경은 이것을 가리켜 청지기적 시각이라고 부른다. 그리스도인의 사고는 모든 문제들과 사상들을, 하나님께서 원하시는 것이 무엇이며 어떻게 그 분께 영광을 돌릴 수 있는가 하는 관점에서 대한다.

평생 동안 기독교적 분위기에서 자라는 혜택을 누리지 못한 사람이 그와 같은 온전한 시각을 얻기란 용이한 일이 아니다. 만약 어떤 사람이 나이 들어 그리스도를 좇게 되었다면, 자신의 감수성과 반응을 훨씬 더 성숙한 신자들과 비교해 보면서 심히 괴로워할 것이다. 그는 신앙의 문제에서 과연 성숙해질 수 있을 것인지 염려하면서 자신을 질책하려는 경향을 띨 것이다.

이런 종류의 신자에게 있는 사고 작용은 기질화된 그리스도인의 감수성에 의해서보다는 실천적인 의지에 의해서 더 잘 계발될 것이다. 바꾸어 말하면, 어떤 문제나 상황에 대처하는 초신자의 반응은 불신자의 반응과 같기가 쉽다. 그래서 그는 돌이켜서 그 반응을 훈련된 그리스도인의 반응으로 바꾸어야 하는 것이다.

자라 온 환경에 의해 기독교적으로 사유케 된 사람은 의도적으로 반항적인 삶을 살기로 작정하지 않는 한, 기독교적으로 온건히 반응하는 가운데 사고하게 될 것이다. 그러나, 그의 그리스도인다운 지적 반응이 그리스도인다운 행동으로 이어지느냐는 별개의 문제이다.

이 두 가지 유형의 사고에 대해서 이야기하는 것은, 특별히 영적 성장의 의미에 대해서 갈등하고 있는 어린 그리스도인들에게 도움이 되리라고 여기기 때문이다. 그들은, 자신들이 어째서 성숙한 다른 그리스도인처럼 생각하지 못하고 항상 뒤처진 채 따라가지 못하는 것일까 의아해 한다. 문제의 열쇠는 기독교 가정의 이점과 중요성을 분명하게 입증해 주는 기독교 문화면에 있는 것이다. 이러한 종류의 문화 변혁은 우리 주위의 세계가 점차 세속화되면서 기독교적 기반으로부터 멀어져 감에 따라 점점 감퇴하는 추세에 있다.

초신자에게 있어서 지적 성장은 기독교적 시각, 삶에 대한 그리스도인다운 반응, 그리고 기독교적 세계관 계발의 일부분이 될 것이다.

오랜 동안 그리스도인으로서 살아온 사람은 또 다른 종류의 갈등을 겪고 있다. 그는 대부분의 상황에 대해 거의 본능적으로 기독교적 반응을 표출한다 하더라도, 그의 실천력은 이제 막 신차가 된 사람들처럼 열심을 내는 것은 아닐 수도 있다. 그는 기독교적인 사고 구조를 지닌 것만으로 자동적으로 문제가 해결된다고 단순히 가정해 버린다. 그리고 이것은 오랜 시일이 지나면 대단히 위험해질 수 있다. 그리스도께 대한 우리의 헌신을 늘 새롭게 하지 않은 채 그저 기독교적으로 사고하는 것은 하나의 죽은 종교, 덤덤한 신앙, 효과 없는 전도를 초래할 수 있다. 그래서 그리스도의 복음 안에서 성장해 온 사람들은 그렇게 되지 않도록 매우 주의해야 한다.

제 2의 목적 : 우리의 지성은 하나님께서 피조 세계 안에 기록해 놓으신 메시지를 고찰하고 이해할 수 있도록 훈련되어야 한다

"하늘이 하나님의 영광을 선포하고……."(시편 19 : 1) 사람을 포함한 하나님께서 만드신 모든 것은, 하나님의 영광을 나타낸다고 하는 가장 주된 목적을 가지고 있다.

불행하게도, 죄의 위력이 그 영광을 나타낼 피조계의 어떤 측면의 능력을 손상시켜 버렸다. 사실상 죄는 첫째로, 인간의 능력을 손상시켰다. 그런 다음 사람들을 통해서, 죄는 체계적으로 다른 모든 피조물들을 손상시켰다. 그러나 인간이 어지럽힐 수 없는 창조 질서의 부분에서 피조물은 이 메시지를 계속해서 소리 높여 외치고 있는 것이다―창조주 하나님께 영광을 돌리세!

그리스도께 대한 사랑으로 채워져 늘 성숙하고 있는 정신은 이러한 메시지를 찾기 위해서 피조 세계를 관찰한다. 우리에게 있는 영적 자연적 은사로 인하여 우리 각자는 어떤 특정한 분야에서 그 메시지를 더 잘 보고 들을 수 있다. 그리고 우리는 이 창조된 사물을 취해서 그것이 무엇인지를 인식하고, 형상화하고 개조하여 다른 방법으로 사용해서 하나님께서 더 큰 영광을 받으시도록 할 수 있는 것이다. 목수는 나무를 가지고 일을 하며, 의사는 신체를 다루고, 음악가는 소리를 다듬고, 사업가는 사람을 관리하고, 교육자는 젊은 사람들을 훈련시키고, 연구자는 우주의 요소들을 분석하고 응용하고 그리고 활용하는 것이다.

우리는, 우리의 지성을 이러한 과제들을 위하여 계발하고, 하나님께서 우리에게 그의 인자하심을 나타내시는 모든 것을 위해서 그 지성을 사용할 때, 기쁨을 맛보게 되는 것이다.

제 3의 목적 : 정신은 내 주위의 사람들을 섬기기 위해서 정보와 아이디어와 통찰력을 추구하도록 훈련되어야 한다

정신의 계발은, 사람들로 하여금 그들이 살고 있는 그 세대 사람들의 종이 되는 것을 가능하게 한다. 나는, 한센병(나병)으로 고통당하고 있는 사람들의 팔, 다리를 다시 재생해서 사용할 수 있게 해주는 수술을 개발한 것으로 이름난 의료 선교사인 폴 브랜드(Paul Brand)의 공헌에 대해서 생각해 본다. 우리는 또한 문학 분야 전반에서 씨 에스 루이스(C.S. Lewis), 유전학에서 존 퍼킨스(John Perkins)의 지성에 의해서 풍요해졌다. 또한 그들과 같이 유명한 사람들은 아니지만, 전문 지식을 가지고 에쿠아도르에서 수력 발전을 위해 댐을 건설하는 것을 돕는 젊은 기술자나, 혜택을 받지 못한 가난한 사람들을 재정적으로 자립하도록 돕는 일에 귀한 시간을 쏟는 회계사나, 도심지에 사는 사람들에게 낡은 집을 개조하고 방한(防寒) 장치를 하도록 가르치는 건축가나, 이민 온 어린이들에게 읽는 법을 가르치는 일에 시간을 쓰는 컴퓨터 기사와 같은 사람들도 많은 것이다. 이 모든 사람들은 그들의 지성을 다른 사람들을 섬기는 일에 사용하는 것이다.

우리는 단순히 우리 자신의 향상을 위해서 지력을 계발하는 것이 아니라, 다른 사람들에게 기여하려고 사고 능력을 사용하는 것이다. 나는 독서하거나 자료를 수집하는 일에 몰두할 때마다 이 원천을 유념한다. 언젠가는 다른 사람들을 격려하며 새로운 통찰력을 제공해 주는 설교를 하려고 아직 다듬어지지 않은 자료들을 모으는 것이다. 나의 지성이 성장해야 다른 사람의 성장도 가능케 만드는 것이다.

사고력 성장을 위한 조직체

내 인생의 초년기를 되돌아보면서, 많은 것들에 대해서 거대한 양의 정보를 축적하긴 했어도 나 자신을 적극적인 사색자가 되도록 해 본 적이 없었다는 사실을 깨닫고 깜짝 놀라게 되었다. 과연 내가 배움을 사랑하는 법을 배운 적이 있는지 의심스럽다.

나의 교육 과정을 통해서 볼 때, 나는 마지못해 해내는 그런 사람들 중에 속하는 편이었다. "이 과정에 합격하려면 무엇을 해야 하는지 알려 주세요. 그러면 그대로 하겠습니다."라고 나는 말했다. 거의 예외 없이 나는 그러한 자세로 중·고등학교, 대학교, 대학원을 다녔다. 때때로 선생님께서 그러한 제한된 시각을 보시고 지적해 주시면서, 나로 하여금 더 높은 탁월함에 이르도록 독려해 주시곤 했다. 내가 왜 다른 선생님들보다도 그런 선생님들에 대해서 감사한 마음을 갖게 되었는지 자문해 보기 위해서 별로 생각해 본 적이 없다. 실로 내 자신을 매우 멀리 뻗어 나가게 하고 나에게서 비범한 것을 끌어내는 것은 재미있는 일이었다.

그러나 내가 모든 형식적인 교육 과정을 마친 후에는 나를 밀거나 끌어당겨 줄 사람이 아무도 없었고 나 자신을 제외하고는 아무도 나에게 탁월할 것을 요구하지 않았다. 그리고 나 자신의 지적 성장에 대한 책임은 내게 있다는 사실을 배우게 되었다. 그 때야말로 나의 지적인 사춘기였던 것이다. 처음으로 나는 내 스스로 생각하고, 배우는 방법에 대해서 진지해진 것이었다.

어떻게 사람들이 내면 세계 안에 지적인 체계를 세울 수 있는가? 몇 가지 방법을 열거해 보겠다.

우리는 듣는 사람이 됨으로써 성장한다

듣는 법을 배웠을 때, 나의 지적 체계가 세워지기 시작했다. 나처럼 말하기를 좋아하는 사람에게 듣는 일이란 쉬운 것이 아니다. 만약 누군가가 듣는 사람이 아니라면, 그는 그의 정신이 성숙할 수 있는 중요한 정보의 원천을 부정하는 것이다.

아마도 듣는 자가 되기 위한 첫걸음은 질문하는 법을 배우는 것이리라. 나는, 무엇인가 배울 것이 없는 사람이나 상황을 접해 본 적이 거의 없다. 많은 경우, 나는 질문을 던짐으로써 들으려고 애를 써야만 했었다. 그것은 바로 질문을 잘하는 사람이 되는 법을 배우는 것을 의미했다. 바른 질문은 성장을 위한 귀한 정보를 이끌어 낸다. 나는 사람들에게, 직업이 무엇이며, 배우자를 어디서 만났는지, 또 그들이 어떤 책을 읽고 있으며, 가장 큰 도전이 무엇이고 그들의 삶의 어디에서 하나님께서 가장 크게 살아 역사하심을 체험했는가 묻기를 좋아한다. 그들의 대답은 언제나 유익한 것이었다.

듣는 사람이 되는 과정에서, 나는 사람들 대부분이 기꺼이 그들 자신에 대해서 말하려 한다는 것을 알게 되었다. 나이 드신 분들은 그들의 말을 들어 줄 사람들이 많지 않지만, 대개는 그 분들이야말로 통찰력의 원천인 것이다. 고통당하고 있는 사람들과 스트레스와 긴장 아래 있는 사람들은, 올바른 질문을 할 수 있는 사람과 대화할 많은 것을 가지고 있는 것이다. 그리고 물을 때 우리는 단지 배우는 것뿐만 아니라 격려하고 사랑할 수 있게 되는 것이다.

우리는 특별히 나이 든 사람들과 어린 아이들의 말을 듣는 것을 배울 필요가 있다. 그들은 모두 우리의 생각과 마음을 풍요롭게 해줄 이야기들을 지니고 있다. 어린 아이들은 때로는 아주 대단한 정직성으로 사물을 단순화시킨다. 나이 든 사람들은 어떤 논점에 대하여 오랜 삶의 경험에서 우러나온 안목을 제공한다. 고통당하고 있는 사람들은 무엇이 진정으로 인생의 중요한 문제인지를 이해하게 해준다. 우리가 겸손히 그들의 발 밑에 앉아서 올바른 질문을 할 용의만 있으면 모든 사람들로부터 무엇인가를 배울 수 있는 것이다.

들음에 의한 지적 성장의 두 번째 부분은 사람들이 일하고 있는 일터를 방문하여 그들이 무엇을 하는지를 보고 그들과 함께 일하는 사람들을 만나고, 그리고 그들이 현재 직면하고 있는 특별한 문제들에 대해서 배우기 시작했을 때 성취된 것이다. 나는, 내 주위의 사람들이 나의 영역에 미치고 있는 여러 가지 다른 종류의 기여에 대해 새로운 인식을 갖기 위하여 부단히 노력했다. 나는 사람들의 직업에 대해서 다음과 같이 묻기를 좋아한다. "당신과 같이 과업을 훌륭하게 해내기 위해서 필요한 것이 무엇인지 말씀해 주시겠습니까? 가장 큰 난관은 무엇입니까? 어떤 면에서 윤리적·도덕적인 문제에 부딪히게 됩니까? 이런 일을 하시는 데 가장 피곤하고 낙심하게 만드는 일들이 무엇입니까? 하나님께서 이 일에 함께 하시는 방법에 대해서 자문해 보신 적이 있습니까?"

들음을 통해서 성장하는 세 번째의 방법은 지도자의 말에 귀를 기울이는 것이다. 나의 삶 전체를 통하여 하나님께서는, 내 주위에 나를 신뢰하고 보살피고 하나님께서 내게 주신 모든 가능성을 최대한 발휘할 수 있도록 도와준 많은 사람들을 주셨다. 그러한 분들의 말을 잘 듣도록 부모님께서 가르쳐 주신 것에 대하여 나는 대단히 고맙게 여긴다. 왜냐하면 나의 많은 동료들은 그러한 지도자들의 충고나 지혜를 무시해 버리려고 했고, 따라서 귀중한 가르침들을 놓쳐 버리게 되었기 때문이다.

네 번째로, 지적 성장은 비판자들의 말에 귀기울일 때 반드시 이루어진다고 말하고 싶다. 그리고 그것은 누구에게나 쉬운 것은 아니다. 네비게이토의 창설자인 도우슨 트로트맨(Dawson Trotman)은 그 자신에 대한 모든 비판을 잘 처리하는 방법을 터득하고 있었다. 아무리 공정하지 못한 비판이라 하더라도 그는 항상 그것을 기도의 밀실로 가지고 가서 주님 앞에 사실대로 털어 놓곤 했다. 그리고 나서 "주님, 이 비판 속에 감추어져 있는 진리의 정수를 알게 해주옵소서!"라고 기도하곤 했다.

그러한 진리가 때로는 작은 것일 수도 있지만 그것은 언제나 발견해내고 수고해 볼 만한 가치가 있는 것이다. 나도 도우슨 트로트맨의 비결을 배우게 된 것을 감사해 왔다. 그것은, 그 비결을 배우지 않았더라면 비판을 받을 때 나를 방어하기에만 급급했을, 셀 수도 없이 많은 잘못된 순간들로부터 나를 구해 주었다. 대신, 나는 비판자들의 손아귀 속에서 성장하는 법을 배우기 시작했다. 나는 유익한 진리가 담겨 있지 않은 비판은 거의 들어 보지 못했다. 어떤 진리는 극히 국소적인 것이기도 했지만 그 자체로서 진리였다.

내가 내 성품과 성격 계발의 기초가 된 가장 중요한 진리들을 마음 속으로 헤아려 보았을 때, 대다수의 진리가 사랑에서든 화가 나서든 누군가가 몹시 나를 질책하거나 비판을 가했던 고통스러운 상황에서 나오게 된 것임을 발견하고는 깜짝 놀라게 되었다.

그 당시 학생들의 마음속에서 불타고 있던 어떤 도덕적인 문제에 대한 글을 특별 집회에서 발표하고 난 후에, 나를 찾아오셨던 덴버 신학교의 선교학 교수인 레이몬드 버커(Raymond Buker) 박사를 지금도 기억한다. 나는 그 글을 준비하기 위해서 그 날 그 교수의 수업을 두 시간이나 빼먹었는데 그것이 발각된 것이다.

그는 "오늘 밤 자네가 발표한 그 글은 좋긴 했지만 대단한 것은 못 되네. 그 이유를 알고 싶나?"라고 말했다.

나는, 그것이 다소 창피스러운 것이리라고 짐작하고 있었기 때문에 정말 그 이유를 알고 싶은 것은 아니었지만, 숨을 깊이 들이쉬고는 그의 분석을 듣고 싶다고 버커 박사에게 말했다.

"그 글은 대단한 것은 못 되네. 왜냐하면, 그 글을 쓰기 위해서 정규 수업을 희생시켰기 때문이지."라고 그는 손으로 내 가슴을 탁 치면서 말했다.

내가 꼭 배워야 할 가장 중요한 교훈 중의 하나를 고통 가운데서 배우게 된 것이다. 기독교 지도자로서 나의 시간은 보통 내 임의대로 쓸 수 있었기 때문에 일상적인 일이나 평범한 의무들을 무시해 버리고, 흥분될 만한 일들에 몰두하기가 쉬운 것이었다. 그러나 인생의 대부분은 일상 가운데서 지나게 되어 있는 것이므로 버커 교수가 옳았던 것이다. 일상적인 책임과 의무를 잘 이행하는 것을 배운 사람들이, 긴 시간을 두고 보면 가장 위대한 공헌을 하게 될 것이기 때문이다.

그러나 기꺼이 나를 질책해 준 사람이 없었더라면, 그리고 내가 기꺼이 그것에 귀를 기울이고 배우려 하지 않았더라면 적어도 내 생애의 그 시점에서 그 교훈을 배우고 성장하지는 못했을 것이다.

우리는 적극적인 들음을 통해서 성장한다. 질문하고, 주위에서 일어나고 있는 일들을 주의깊게 살펴보고, 잘못된 선택으로 인하여 실패한 사람들의 잘못된 결과들을 주목하면서 성장하는 것이다.

우리는 독서를 통해서 성장한다

우리가 성장할 수 있는 두 번째의 방법은 독서를 통해서이다. 대량 정보 시대인 오늘날, 젊은 세대는 독서의 훈련을 하기가 점점 어려워지고 있는데 이것은 우리 시대의 가장 큰 손실들 가운데 하나일 것이다. 책을 탐독함으로써 얻을 수 있는 것들은 무엇과도 바꿀 수가 없는 것이다.

바울은 디모데에게 보낸 편지에서 양피지와 책들을 가져다 달라고 썼는데, 그것은 그의 독서에 대한 갈망을 명백히 보여 주는 것이다. 노령에도 불구하고 그는 성장하기를 열망했다. 우리들 중의 어떤 사람들은 천성적으로 독서하려 들지 않는데, 그것은 독서가 어려운 일이기 때문이다. 그러나 어느 정도든지 간에 독서를 계속하려고 하면, 체계적으로 독서하는 습관을 길러야만 한다.

아내와 나는 전기(傳記) 연구가이기 때문에 우리 집에서 우리 둘은 늘 두세 권의 전기를 읽고 있는 편이다. 이러한 책들은 우리의 마음에 헤아릴 수 없이 귀중한 통찰력을 부어 주었다.

어떤 사람들은 심리학이나 신학, 역사 또는 소설 등에 끌릴 것이다. 적어도 우리 모두는 언제나 한 권, 가능하면 그 이상의 책을 읽고 있어야만 한다. 비효과적인 사역으로 인해 갈등을 겪고 있는 목사들을 만나게 될 때 나는 가끔 이렇게 질문한다. "요즘 어떤 책을 읽고 계십니까?" 만약, 목사가 사역의 실패로 인해서 갈등하고 있다면, 그가 최근에 읽고 있는 책의 제목이나 저자를 댈 수 없으리라는 것을 쉽게 알 수 있다. 독서하고 있지 않다면, 그는 성장하고 있지 않을 가능성이 높은 것이다.

그리고 그가 성장하고 있지 않다면, 그의 삶은 급속도로 비효율적이 될 것이다.

이란의 인질 납치 사건 때, 무시무시한 공포 속에 있는 50명이 넘는 인질 중에서도 한 여인이 눈에 띄었다. 캐더린 쿱(Katherine Koob)이라는 이 여자는 대사관과 미국에 있는 많은 사람들에게 큰 감명을 주었다. 그 여자가 집에 돌아와서, 무엇이 그녀로 하여금 그러한 상황에서도 분별 있고 강하게 지탱시켜 주었는지에 대해서 설명할 수 있게 되었을 때 그녀는 서슴지 않고, 그것은 평생 동안의 독서와 그에 대한 기억 때문이라고 말했다. 그녀의 정신 속에는 무한한 양의 지식이 축적되어 있어서 그것으로부터 힘을 얻고 극복할 수 있었을 뿐만 아니라 간직한 진리를 가지고서 다른 사람들을 위로할 수 있었던 것이다.

내 자신을 훈련하는 데에 나는, 독서를 위해서 최소한 하루에 한 시간은 배정하려고 애를 써 왔다. 나는 독서할 때는 좋은 구절들을 표시해 두기 위해서 손에서 결코 연필을 놓아서는 안 된다는 것을 알게 되었고, 감명을 주는 생각이나, 나중을 위해서 따로 정리해 둘 필요가 있는 인용문들을 생각나기 쉽도록 하기 위해 간단한 일련의 부호를 개발하였다.

독서하면서 나는 설교나 글의 내용이 될 만한 중요한 생각이나 사상들을 기록해 둔다. 독서 중에 내가 아는 어떤 사람들에게 큰 도움이 될 만한 통찰력을 얻게 되는 경우가 허다하다. 그런 특별한 인용문이나 참고문을 베껴서 간단한 내용의 격려나 조언과 함께 보내는 것이 사역의 일부가 되기도 하였다.

어떤 저자의 책이 내 생각과 마음을 특별히 움직이면, 그 저자가 쓴 모든 책들을 구하려고 애쓸 것이다. 그리고 나는 나에게 가치 있는 자료가 될 전기(傳記)들과 주(註)와 참고란 등을 자세히 살펴볼 것이다.

수년에 걸쳐서 어떤 분야의 학생이나 독서가로 알려진 사람 누구에게든지 "무슨 책을 읽고 계십니까?"라는 질문을 하게 되었다. 만약 그 사람이 여섯 권 정도의 책 제목을 일러 준다면, 나는 대단히 감사해서 그것들을 내 도서 목록에 적는다. 어떤 그룹에서 누군가가 특별히 훌륭한 책에 대해서 언급할 때 당신은 누가 독서가인지를 항상 쉽게 구별할 수 있다. 독서가는 즉시로 메모지나 목록 카드를 꺼내서 책 이름과 저자 이름을 적어 두는 사람들인 것이다.

우리는 훈련된 공부를 통해서 성장한다

지적 성장을 위한 세 번째의 방법은 훈련된 학습을 통해서이다. 학습에 어느 정도의 시간을 쓰느냐 하는 것은 각 사람에 따라 다르고 직업에 따라 크게 달라진다. 설교자는 그들에게 맡겨진 영의 양식을 제공하는 설교를 하려면 한마디로 말해서 공부해야만 한다.

사역 초기에 지적 성장이라는 것이 아직 훈련되지 않았을 때에 나의 공부의 대부분은 내가 지금 방어적인 공부라 부르는 것이었다. 방어적인 공부란 단지, 다가오는 설교나 강연이 있기 때문에 미친 듯이 준비하는 것을 의미한다. 그리고 내가 하는 모든 공부는 그 일을 위해서 몰두하는 것이었다.

그러나 나중에 이르러서야 내가 지금 공격적인 공부라 부르는 것의 중요성을 발견하게 되었다. 이것은 훗날에 있을 설교나 강연, 책과 글들을 풍요롭게 해줄 방대한 지식과 통찰력을 모으는 것을 목적으로 하는 연구이다. 전자의 연구는 오직 한 가지, 택한 주제에 한정된다. 후자에서는 사람들이 수많은 자료로부터 진리와 깨달음을 탐구하며 끌어낸다. 방어적이고 공격적인 두 가지 형태의 공부가 내 삶에서는 모두 필요하다.

우리는 공격적인 공부를 위한 훈련을 추구할 때에 성장한다. 이러한 연구는, 독서를 통해서나, 때때로 우리의 생각을 넓혀 주는 단기 교육 과정에 참석하거나, 우리에게 새로운 것들을 배우게 하는 도전들을 받아들이거나, 하나님의 세계에 대해 더 많은 것을 배우는 순전한 기쁨을 위한 다양한 훈련들을 계발할 때 이루어진다.

나는 여름철이야말로 놀라운 공격적 연구에 가장 좋은 때임을 알게 되었다. 겨울은 좋지 않다. 해마다 나는 읽어 보고 싶은 책들과 내가 하고 싶던 연구 계획들을 미루어 놓았다가 여름철에 별도의 시간을 내어서 그것들을 하기에 바쁘다. 여름이 끝날 무렵이면 나는 다음 해 동안에 있을 설교와 성경 공부를 위한 다가올 더욱 바쁜 달들을 맞이할 준비가 되어 있는 것이다.

이 책 앞에서 언급했듯이 연구 시간은 이른 아침 시간이 가장 좋다. 그러나 나는 그 날짜가 되기 훨씬 전에 달력에다 그것을 위한 시간을 배정해 놓았기 때문에 그렇게 할 수 있는 것이다. 내가 그 시간을 속이게 되면 나는 거의 언제나 후회하게 된다. 그것은 결코 파기되어서는 안 될 약속인 것이다.

내겐 내 연구 시간을 보호해 주고 격려해 주는 아내가 있는데, 이 점은 아내의 성숙의 한 면모이기도 하다. 우리의 결혼 생활과 사역 초기에 아내는 나와 마찬가지로 공격적이고 방어적인 연구의 중요성에 대해서 배워야만 했다. 젊은 신부로서, 내가 책을 읽고 있거나 책상에 앉아 있는 것을 볼 때 그녀는 내가 하던 것을 중단시키는 일을 주저하지 않았다. 질문을 주고받기 위해 30초 정도를 멈추거나 쓰레기를 내다버리기 위해 잠깐 쉬는 것이 뭐 그리 대단한 것인가 하고 간단히 생각했다.

그러나 게일은, 연구란 내게 힘든 노동이며 중단하는 것은 가끔 정신적인 힘을 산산이 흩어 버린다는 것을 알게 되었다. 그것을 깨닫고 나서 그녀는 내 연구 시간을 보호해 주는 사람이 되었을 뿐만 아니라, 내가 그 시간을 조금이라도 낭비하거나 할 일을 지체할라치면 조심스럽게 그것을 일러 주면서 연구 시간을 만들어 주는 사람이 되었다. 글을 쓰는 것이 하나님의 뜻이며, 그녀의 도움과 자극이 나에게 꼭 필요하다는 것을 아내가 나와 함께 확신하며 밀고 나가지 않았더라면 내 책 중의 어느 것도 쓰여질 수 없었을 것이다.

몇 달 전에 나는 '설교'에 관한 주제로 목사들을 위한 세미나를 인도했는데, 설교 연구와 준비에 대하여 토론을 벌이게 되었다. 내가 강의할 때에 부인들도 여러 명 참석했기 때문에 나는 사람들에게 이렇게 말했다. "아마도 이 가운데 계신 어떤 분들은 남편이나 아내가 책을 읽고 있을 때, 그다지 중요하지 않은 일로 시간을 보내고 있다고 생각하기가 쉬울 것입니다. 그렇기 때문에 여러분들은 거리낌없이 충동적으로 그들을 중단시키게 됩니다. 여러분들이 염두에 두고 있어야 할 사실은, 목공소에서 톱날을 세우고 있는 목수처럼 그들도 매순간 노동하고 있다는 것입니다. 이런 이유로 해서 여러분은 배우자를 방해해서는 안 될 뿐만 아니라, 여러분의 배우자가 성공적으로 성장하기를 원하신다면 그들의 개인 시간을 최대한으로 보장해 주기 위해 최선을 다해야 하는 것입니다."

두 달 후, 내가 몇 개의 강의를 맡았던 다른 모임 후에 한 부부가 내게 찾아왔다. 그들은 손을 마주잡고 모두 다 기쁜 얼굴을 하고 있었다. 젊은 남자는 손을 내밀어 악수를 청하면서 다음과 같이 말했다. "우리의 삶을 변화시켜 주신 것에 대해서 목사님께 감사드리러 왔습니다."

나는, 내가 그렇게 사람들의 삶을 변화시킬 수 있다고 생각해 본 적이 없기 때문에 내가 무엇을 했는지 알고 싶어졌다.

그 부인이 다음과 같이 대답했다. "몇 달 전, 설교에 관한 세미나에 우리가 참석했었는데 목사님께서 일 못지 않게 독서와 연구의 중요성에 대해서 말씀하셨지요. 목사님께서 그것을 위해서 서로서로의 시간을 지켜 줘야 한다고 강조하셨는데, 기억하세요?"

물론 나는 기억하고 있었다.

그 부인은 계속해서 다음과 같이 말했다. "저는 제 남편의 독서와 연구에 대해 그런 시각에서 생각해 본 적이 없었다는 것을 깨닫게 되었습니다. 저는 하나님께, 집에 돌아가면 그전과는 달리 행동하겠다고 약속했습니다.……"

"……그리고 그것은 제 삶을 바꿔 놓았습니다. 우리는 참으로 목사님께 감사드립니다."라고 젊은 목사가 말했다.

연구한다는 것은, 자료들을 잘 보관해서 없어지지 않도록 하는 좋은 문서 보관 방법을 계발하는 것도 뜻한다. 그것은 좋은 참고 서적들을 얻으려고 대가를 치르는 것을 뜻한다. 그러나 그것은 무엇보다도 결심과 훈련을 의미한다. 그리고 그 결과는 항상 성장인 것이다.

연구의 중요성에 대한 중요한 조언이 하나 더 있다. 나는 주로 목회자에 대해서 언급했는데, 그것은 연구가 목회자들에게는 가장 중요한 일이기 때문이다. 그러나 원칙적으로 모든 그리스도인 남녀들에게 말하고 있는 것이다. 나는 아내가 나의 연구를 가능케 해주는 것뿐만 아니라, 나도 아내가 연구할 수 있도록 배려하는 것의 중요성을 깨닫게 되었다. 이것은, 서로를 격려하기 위한 상호 훈련인 것이다. 즉, 우리 두 사람 모두가 지성의 성장에 함께 노력해야 한다는 것을 말한다.

나는 이 사실이 의미하는 바를 분명히 해 두고 싶다. 즉, 남편된 우리들은 우리의 아내가 읽고 연구할 수 있는 시간을 만들어 주고 또 지켜주고 있는지 자문해 볼 필요가 있다는 것이다. 결혼 생활 상담을 하면서, 우리는 지적 성장의 불균형이 문제가 된 많은 부부들과 대화하게 된다. 10년 간의 결혼 생활 후에 한 사람은 성장을 중단한 상태이고 반면에, 한 사람은 성장하고 있는 것이다. 솔직히 말해서 우리는 가끔 40대가 되어서도 계속해서 지적 능력을 유지하려는 부인이, 텔레비전 앞에 앉아 있기를 좋아하는 남편 때문에 겪는 문제를 대하게 된다. 그러나 그 문제는 그 반대의 경우가 될 수도 있다.

어느 연령층이든 그들이 적고 쓰는 사람들이라면 연구하는 사람이라고 여겨도 좋다. 몇 년 전에 게일과 나는 특별한 크기의 노트 속지와 수십 개의 바인더를 구입했다. 우리가 적은 것들은 모두 다, 특정한 제목으로 분류된 바인더에 끼워진다. 우리는, 우리와 만나서 무엇인가 중요한 것을 말하게 될지도 모를 사람들의 생각을 기록하기 위해서 어디든지 종이를 가지고 다닌다. 우리는 누구도, 자신이 언제 어떻게, 기록해 두어서 장차 참고가 될 만한 체험을 하게 될지, 또 그러한 책을 발견케 될지 모르기 때문이다.

성장하기를 원하는 그리스도인은 설교를 듣거나 성경 공부에 참석할 때면 언제나 노트를 갖고 다닐 것이다. 그것은 하나님께서 듣는 사람에게 나중에 다른 사람들을 섬기는 데에 유익한 어떤 것을 주실 것이라는 믿음을 표현하는 하나의 실질적인 행위이다. 홀륭한 노트 정리는 끊임없이 우리에게 주어지는 지식과 통찰력을 저장하고, 그럼으로써 가능한 모든 성장의 혜택을 누리게 하는 하나의 방법이다.

구약의 율법학자 에스라는 지성이 성장한다는 것을 믿은 사람이었다. 그리고 에스라는, 하나님의 법을 살피고 그것에 따라 행하고, 그 율례와 법도를 모든 이스라엘 사람들에게 가르치는 일에 헌신했다. 한 사람의 내면 세계 안에서 개인적인 성장에 대한 이러한 기술의 순서는 주목할 만한 가치가 있는 것이다. 그는 연구했고, 그가 배운 것을 행했으며, 가르칠 만한 가치 있는 것들을 가르쳤다. 에스라는 특정 분야의 전문가적인 학자라고 할 수 있는데, 그는 그 분야에 우리 중 어떤 누구보다도 많은 시간을 쏟아 부었다. 그럼에도 그는 또한 위대한 선구자였다. 그의 정신과 영혼은 충만해져 있었으므로 하나님께서는, 예루살렘을 재건하기 위해서 수많은 사람들을 이끌어 광야를 건너게 하는 대업(大業)을 에스라에게 맡기셨던 것이다.

만약 당신이 오늘 우리 집에 와서, 책장에 있는 오래된 웹스터 전기를 꺼내 든다면, 우리가 그 위대한 미국인의 삶에 대한 이야기를 읽을 수 있도록 모든 페이지를 갈라서 열어놓은 것을 알게 될 것이다. 그 책은 더 한층 심하게 낡았지만, 예전과는 달리 지금은 낡을 만한 충분한 이유로 낡은 것이다. 그 책은 마침내 읽혀지고야 만 것이다.

우리가 그 책을 발견했을 때처럼, 많은 사람들은 외적으로는 닳고 찢어진 삶의 표지들을 지니고 있다. 그러나 그들 내면 세계의 많은 부분은 미처 펼쳐지지 않은 채로 있는 것이다. 그들은 내면적으로 무질서해져 있다. 왜냐하면 그들은 지식과 시대적 도전들을 다루도록 그들의 정신을 확충시키지 않았기 때문이다. 그들은 하나님께서 우리로 하여금 깨닫고 즐기고 사용하도록 부여해 주신 모든 것을 이용하지 못했던 것이다.

그러나 우리가 진지하게 지성의 성장과 계발을 다루게 된다면, 아름다운 일이 일어나게 된다. 우리는 하나님을 더욱 온전히 알게 되고 다른 사람들을 섬기는 일에 무한히 유익한 사람이 될 것이다. 왜냐하면, 창조 원래의 의도대로 우리, 곧 우리의 예리해진 지성은 하나님의 영광을 반영하기 시작하는 것이다.

그것은 얼마나 아름다운 것이겠는가? 통찰력과 진리로써 모든 페이지가 펼쳐진 가운데 하나님의 세계 안에 살고 있는 예리한 지성을 지닌 인간의 모습이 말이다.

연구 과제

*1. 저자는 우리가 그리스도인답게 사고하는 법을 배울 필요가 있다고 한다. 그 말의 의미는 무엇인가? 본문 129-130면을 보라.

2. 만일 당신이 강력한 기독교적 환경에서 자랄 기회가 없었다면 어떻게 그것을 '보완할' 수 있겠는가?

3. 세계의 어느 부분에서 '하나님께서 피조 세계에 기록하신 메시지를 깨달을' 수 있는가?

4. 당신의 지식, 생각, 통찰력의 저장소를 더 넓히기 위하여 무엇을 할 수 있는가?

5. 듣는 사람이 되는 데 필요한 4단계를 적어 보라. 그리고 당신이 이 단계를 자신의 것으로 만들기 위해서는 어떻게 해야 할 것인지를 적어 보라.

  1)

  2)

  3)

  4)

6. 하나님의 말씀이나 다른 사람의 말을 들음으로써 당신이 앞으로 나아가는 데 도움이 된 상황을 설명해 보라.

7. 오래 전부터 읽기를 원했지만 아직 읽지 못한 책은 무엇인가? 언제 당신은 그 책을 읽을 시간을 마련하겠는가?

* 8. 무엇이 에스라로 하여금 그 시대의 다른 지도자들과 구별되게 하였는가? 시편 119 : 33-40을 읽고 에스라와 같은 사람의 특성을 설명하라.

* 9. 만약 당신이 아직 공격적인 공부를 하지 못하고 있다면, 그렇게 하지 못하도록 방해하는 것은 무엇인가?

* 10. 이 세상에 상당한 변혁을 일으키기 위해 우리가 그리스도인으로서 열심히 공부해야 할 분야는 무엇인가?

11. 당신이 속한 곳에서 섬기는 종으로서 탁월해지기 위해서는 어떤 분야를 공격적으로 학습해야 할 필요가 있는가? 그렇게 하기 위하여 필요한 가장 중요한 수단을 적어 보라.

제 4 부

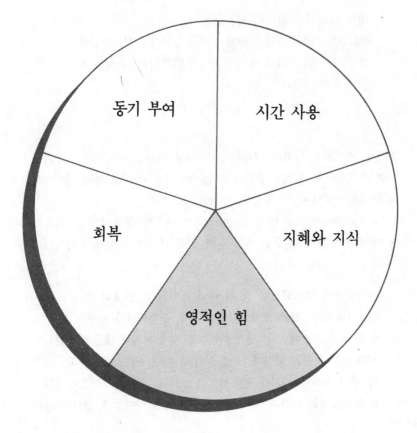

10. 마음의 정원에 질서를

내면 세계가 무질서한 사람들을 위한 조언 :
만약 나의 내면 세계가 질서 정연한 상태라고 할 수 있다
면 그것은 늘, 나의 삶의 영적 중심부를 드넓히기로 결심하
기 때문일 것이다.

미공군 비행사인 하워드 러틀리지(Howard Rutledge)는 월남전 초기에
베트남 북쪽에서 포로로 잡혔다. 그는 전쟁이 끝날 무렵 풀려 나기까지
적의 손아귀에서 몇 년 동안을 비참하게 보냈다.

In the Presence of Mine Enemies(적 앞에서)란 책에서 그는, 참으로
견뎌 내기 힘든 나날 동안 힘을 길어 올린 그 원천에 대해서 회상하고
있다.

회상으로만 점철되었던 그 긴 나날 동안 나는 중요한 것과 하찮은
것, 가치 있는 것과 보잘 것 없는 것을 구분하기가 훨씬 쉬워졌다.
예를 들면, 과거에 나는 일요일에 보통 일을 하거나 열심히 놀면서도
교회에 갈 시간은 없었다. 수년 동안 내 아내 필리스(Phyllis)는 가족
과 같이 교회에 가기를 권유했었다. 그녀는 한 번도 잔소리하거나
나를 꾸짖지는 않았다. 그녀는 계속해서 바랄 뿐이었다. 그러나 나는

너무 바빴고 다른 일에 몰두해 있었기 때문에 참으로 중요한 것에 대해서 생각하기 위해 1주일에 한두 번마저 교회에 나갈 수가 없었다.

지금, 죽음의 모습과 죽음의 소리와 죽음의 냄새가 온통 내 주위를 가득 채우고 있다. 영의 양식에 대한 굶주림은 육의 양식에 대한 굶주림보다 더했다. 나는 결코 사멸치 않을 나의 어떤 부분에 대해서 알기를 간절히 원했다. 이제 나는 하나님과 그리스도의 고뇌에 대해서 알고 싶어졌다. 그러나 이 하트브레이크(Heartbreak) 수용소(P.O.W. 캠프의 또 다른 이름이다)에는 목사도, 주일 학교 교사도, 성경도, 찬송가도, 나를 인도하고 지켜 줄 믿음의 사람들도 아무도 없었다. 나는 내 삶의 영적인 차원을 완전히 무시해 왔던 것이다. 감옥에 갇혀서야 나는 하나님 없는 내 삶이 얼마나 공허한 것인지를 깨닫게 되었다.[1]
(고딕은 저자)

러틀리지로 하여금 그의 전생애 동안 무시해 왔던 내면 세계에 중심부가 있었다는 것을 보게 해준 것은 바로 하트브레이크 수용소에서의 고통이었던 것이다. 나는 이 중심부를 가리켜 인간의 영(spirit)이라 부르고 싶은데, 어떤 사람들은 이것을 혼(soul)이라고도 부른다. 사람의 내면 세계의 영적 중심부를 신체의 어느 부분에 있다고 지적할 수는 없지만 분명히 존재하는 것이다. 그것은 영원한 것으로 그 곳에서 하나님 아버지와 가장 친밀하게 교통하는 것이다. 영은 그 속성인 영원성을 결코 잃을 수는 없지만, 하나님과의 교통이 거의 단절된 무질서한 상태에서도 존재할 수 있는 것이다. 그 무질서는 내면 세계의 다른 부분까지도 완전한 혼돈 상태로 만들어 버린다.

그리스도인은 신학적으로 영(혼)의 존재를 믿고 있다. 그러나 많은 그리스도인들은 그 중심부에 있는 생명의 질적 수준에 대해서 고민하고 있다. 그것은 적어도 내가 오랫동안, 내면의 영적 활동의 의미에 대해서

---

1) Howard Rutledge and Phyllis Rutledge with Mel White and Lyla White, *In the Presence of Mine Enemies* (Old Tappan, N. Y. : Fleming Revell, 1973), p. 34.

말하고 싶어하는 많은 사람들과 대화해 오면서 감지케 된 사실이다. 많은 사람들이 하나님과 갖는 교제의 수준에 대해서 심히 만족하지 못하고 있다. "하나님과 가까이 교제하고 있다는 느낌을 가질 수가 없어요."라는 말을 자주 듣게 된다.

영적으로 무질서하다는 것은 때때로 내적 평온의 결핍을 의미하기도 한다. 어떤 사람들에게 있어서 고요함이란 사실상 단지 무감각이나 공허함에 불과한 것일 수도 있다. 어떤 사람들은, 자신들이 하나님의 기대에 결코 미치지 못한다고 느끼면서, 평정을 찾지 못하고 괴로워한다. 공통된 염려는, 영적인 힘을 유지하고 일관성 있는 태도와 욕구를 꾸준히 지니는 데 있어서의 무능력에 있다. "나는 큰 결심을 하고 새 주일을 시작하지요. 그러나 수요일 아침 정도가 되면 벌써 흥미를 잃어버립니다. 만족할 만한 영적 생활을 유지할 수가 없어요. 그래서 이제 노력해 보는 것조차 귀찮아졌습니다."라고 어떤 젊은이는 말한다.

즉효적인 체험

성경의 위대한 인물들을 보면서 때때로 우리는 그들을 부러워한다. 그러면서 우리는 모세의 불붙은 가시떨기의 체험이나, 성전에서 이사야가 본 환상, 다메섹 도상에서의 바울의 회심들을 생각한다.

"만약 내가 그런 종류의 체험을 할 수만 있다면 나는 영적으로 완전해질텐데."라고 말하기도 한다. 우리는 마치 영성이 우리의 의식 가운데서 끌 수 없도록 불붙는 어떤 극적인 순간에 의하여 고양되는 것이라고 생각한다. 하나님과의 그러한 경이로운 접촉에 의해서 감명을 받게 되면, 우리는 다시는 의심할 유혹의 여지가 없을 것이라고 생각한다.

그것이 바로, 많은 이들이 하나님을 더욱 실제적으로 또 가깝게 느끼도록 해줄 어떤 즉각적인 체험에 이르고자 하는 이유 중의 하나이기도 하다. 어떤 사람들은 어떤 설교자가 성난 듯이 질책과 경고를 퍼부을 때에 심한 죄책감을 느끼게 되면 그들은 곧, 아주 충만해졌다고 여긴다.

어떤 사람들은 그들을 무아지경으로 이끌어 줄 감정적인 체험을 추구하기도 한다. 또 순수한 교리에 대한 연구를, 하나님과의 만족할 만한 친밀한 교제를 찾는 방법으로 여기고, 성경 교수와 공부에 끊임없이 골몰하는 사람들도 있다. 또한 어떤 사람들은 교회에서 바쁘게 활동하는 것을 통해서 영적인 것을 추구하기도 한다. 공허하게 느껴지는 영을 충족시키는 이러저러한 방법들 중에서 어떤 방법을 택하느냐 하는 것은 주로 우리의 기질에 의해 좌우된다. 즉, 당장 마음을 강하게 움직이며 평화를 느끼게 해주는 쪽을 선택하는 것이다.

그러나 사실상, 여러분과 나처럼 평범한 사람들은 성경에 나타난 것과 같은 극적인 대면을 하기가 쉽지 않고 더욱이 다른 사람들에게 없었던 극적인 체험에 의해서도 간직할 수 없을 것이다. 우리에게 만족을 줄 만한 영적인 생활을 계발할 수 있게 된다면, 그것은 운동 선수가 경기를 위해서 자신의 신체를 단련하듯이 영적인 생활을 훈련이라는 각도에서 접근하기 때문일 것이다.

한 가지는 확실하다. 즉, 우리가 그렇게 훈련된 삶을 택하지 않는다면, 언젠가 하워드 러틀리지가 그랬듯이, 그러한 도전을 받아들이지 않았던 것을 후회할 날이 반드시 올 것이다.

정원을 일구듯이

내면의 영적인 영역, 즉 말로 형용하기에는 너무도 거룩한 만남이 이루어지는 이 중심부를 어떻게 묘사할 수 있을까? 신학적인 정의를 넘어서서, 우리는 단지 은유를 사용할 수밖에는 없다.

시편 기자 다윗이 은유로써 묘사한 그의 내면의 영혼은, 목자이신 하나님께서 양인 그를 인도하시는 풀밭과도 같은 상태였다. 그 곳에는 잔잔한 물가, 푸른 초장, 마음 편히 먹을 수 있도록 음식이 그득한 상이 있었다. 바로 그 곳에서 그의 영혼이 새롭게 회복된다고 다윗은 노래했다.

18세기의 기독교 시인 윌리암 카우퍼(William Cowper)는 그것을 조용한 호수에 비유하였다.

삶이 아무리 거칠고 소란스러워 보여도
이를 현명하고 아름답게 가꾸는 사람에게는
지혜란, 깊은 호수에서 온 힘을 다해 찾아낸 진주이다.
— The Task 3권에서 —

이 정원은 바로, 하나님의 영이 오셔서 자신을 나타내시고, 지혜를 주시며, 칭찬하시기도 하고 꾸짖기도 하시며, 격려해 주시고 방향을 제시해 주시고 우리를 인도해 주시는 곳이다. 이 정원이 질서 정연한 모습일 때 그 곳은 고요하다. 그 곳에는 번잡함과 복잡한 소음과 혼란스러움이 없다.

내면의 정원은 섬세한 곳이라서 잘 가꾸어지지 않으면 어느 사이엔가 가시덤불들이 제멋대로 자라날 것이다. 하나님은 난잡하게 어지러워진 정원을 거닐지 않으신다. 그리고 그것이 바로, 소홀히 내버려 둔 내면의 정원이 공허한 이유인 것이다.

'마음을 깨뜨리는' 감옥에서 고통이 극도에 달했을 때 하워드 러틀리지가 겪었던 갈등도 바로 그것 때문이었다. 완전한 고립, 잦은 고문, 악화된 건강 등이 그의 내면 세계를 적개심이 불타는 곳으로 만들었던 것이다. 자신을 지탱시켜 줄 만한 힘을 어떤 원천에서 이끌어 낼 수 있었겠는가? 그 자신도 인정한 바와 같이 그는 내면의 정원에 힘을 저장할 기회들을 젊은 시절에 모두 낭비해 버렸던 것이다. "참으로 중요한 것들에 대해서 생각해 보기 위해 1주일에 한두 시간조차 낼 수 없을 만큼 나는 바쁘고 다른 일들에 탐닉하고 있었다."라고 그는 말했다. 그럼에도 불구하고 그는 어린 시절에 가졌던 하나님에 관한 작은 지식을 붙잡아 계발했던 것이다. 갑자기 하나님의 존재가 그에게 있어서 아주 실제적이고도 중요한 부분이 되었다.

내면 세계의 영적 차원에 질서를 잡는 것은 바로, 영적인 정원을 가꾸는 작업이다. 그것은 조심스럽게 영적인 터를 일구는 것이다. 정원사는 땅을 갈고, 잡초를 뽑아내고, 정원을 꾸밀 계획을 세우며 또 씨를 뿌려 물을 주고 비료를 주어, 그 결과로서 잘 가꿔진 정원을 즐기는 것이다. 이 모든 것들이 바로 많은 사람들이 훈련이라고 불렀던 것이다.

나는 수세기 전에 살았던 그리스도인 명상가, 로렌스 수사의 말을 좋아하는데 그는 예배 처소란 은유를 사용했다.

하나님과 함께 있기 위해서 항상 교회에 있어야만 할 필요는 없다. 우리는 마음의 예배 처소를 만들어 놓고, 때때로 그 곳에 찾아가 하나님과의 부드럽고 겸허한 사랑의 교통을 할 수 있다. 누구나 하나님과 그러한 친근한 대화를 할 수 있는 것이다. 어떤 이는 보다 많이, 어떤 이는 보다 적게……. 그 분은 우리의 능력을 알고 계신다. 지금 시작해 보자! 그 분은 오직, 우리가 전심을 다해서 결단하기를 기다리신다. 용기를 내자! 우리의 인생은 짧은 것이다."[2](고딕은 저자)

곧 시작하라고 권고한다. 시간이 없으므로! 영의 훈련은 지금 시작되어야 한다.

우리가 놓쳐 버릴 수도 있는 특권들

우리가 그러한 시작을 하지 않는다면 생명력이 흘러 넘치는 삶을 살도록 하나님께서 우리에게 주신 많은 특권들을 놓쳐 버리게 된다. 예를 들면, 창조 시 의도된 대로, 우리가 지녀야 할 실재에 대한 영원하고 무한한 견지를 즐거워하는 법을 결코 배울 수 없을 것이다. 우리의 판단 능력은 현저히 감퇴될 것이다.

다윗이 하나님의 자리에 운동들이나 제도를 놓아 두는 "세상의 군왕

---

2) Brother Lawrence, *The Practice of the Presence of God,* trans, E.M. Blaiklock (Nashville : Thomas Nelson, 1982).

들"에 대해서 쓴 시편 2:2에서 다윗의 영원한 견지를 엿볼 수 있다. 보좌에 앉으셔서 이 모든 헛된 술책을 보고 웃으시는 분으로 묘사한 영원하시고 통치하시는 하나님께 대한 견지를 그가 갖지 않았더라면 열왕들과 그들의 경영으로 인해 대단히 위축되었을 것이다. 결과는 어떤가? 영원 불변의 시각을 갖지 못한 사람이라면 두려움에 젖어 있었겠지만 다윗은 그렇지 않았다.

우리의 내면 세계의 영적 중심부가 단련되지 않을 경우 우리가 잃게 될 두 번째 특권은 살아 있고 생명력 있는 그리스도와의 교제인 것이다. 다윗은 밧세바와 범죄했을 때, 다시 한 번 하나님과의 이러한 교제의 상실을 깊이 실감했다. 그는 오랫동안 버틴 후, 마침내 죄를 통회하고 교제를 회복해 주시기를 탄원하며 하나님과 씨름했다. 하나님과의 친교가 그에게는 너무도 중요했던 것이다.

훈련되지 않은 영이 잃게 될 수 있는 세 번째 특권은 하나님께 대한 책임을 의식하는 가운데 지니게 되는 경외심이다. 그렇게 되면 우리 자신과 우리가 가진 모든 것이 그 분의 선하신 손으로부터 온 것이라는 것을 점점 잊게 되고, 마침내 그 모든 것이 우리의 것인 양 생각해 버리게 된다. 이 일이 유다 왕 웃시야에게 일어났는데 그는 하나님과의 깊은 교제를 가졌으나 나중에는 잃어버렸다(대하 26장). 그 결과, 그는 교만해져서 무참히 몰락하게 되었다. 그는 영웅으로 시작했으나 조롱거리로 끝나게 되었다. 그것은 내면의 정원에서 점증하는 혼돈과 무질서 때문이었다.

네 번째로, 영적 중심부를 회복 불능 상태로 만든다는 것은 우리가 창조주 하나님과 비교하여 우리 자신이 얼마나 왜소한지를 망각해 버리는 것을 의미한다. 이런 것들을 망각함으로써 탕자의 어리석음을 범하고, 마침내 비참한 결과를 초래할 일련의 어리석은 결정들을 하기에 이르는 것이다.

마지막으로 소홀히 취급되어 무질서해진 영적 중심부로는, 실패하거나, 수치를 당하거나, 고통을 당하거나, 사랑하는 사람이 죽거나, 고독할 때 등과 같은 위기의 순간에 대처할 저력이나 해답을 가질 수 없다. 이것이 러틀리지가 당한 절망적 상황이었던 것이다. 로마의 감옥에 갇혀 있던 바울과 얼마나 다른가? 어떠한 이유에서든 모든 사람이 그를 떠났지만 그는 혼자가 아니라는 확신을 가졌던 것이다. 어디서 그런 확신이 왔는가? 그것은 수년에 걸친 영적 훈련에서 비롯된 것이었다. 즉 그를 둘러싼 그 어떤 외부 세계와 상관없이 하나님과 그만이 만나는 장소 곧 영적 정원을 가꾼 덕분이었다.

무엇이 일어날 것인가?

영적 정원이 계속 가꾸어지고 하나님의 영이 그 곳에 거하실 때, 수확은 계속 이루어진다. 열매는 무엇인가? 용기, 희생, 사랑, 인내, 기쁨, 그리고 크나큰 평화와 같은 것들이다. 자제력이라는 흔치 않은 능력, 그리고 악을 분별하고 진리를 찾아내는 능력은 계속 얻어질 수 있다. 잠언 기자는 이렇게 말했다.

곧 지혜가 네 마음에 들어 가며
지식이 네 영혼에 즐겁게 될 것이요.
근신이 너를 지키며
명철이 너를 보호하여
악한 자의 길과
패역을 말하는 자에게서 건져내리라.
(잠 2:10-12)

리차드 포스터(Richard Foster)는 내가 좋아하는 작가인 토마스 켈리(Thomas Kelly)의 말을 이렇게 인용하고 있다.

우리는 많은 의무가 끌어 당기는 것을 정직하게 느끼고 그것들을 모두 지키기 위해 노력한다. 우리는 불행하고 마음이 편치 않고 긴장되고, 억압되고, 피상적이 될까봐 두렵다.…… 이렇게 급히 서두르며 사는 인생보다 훨씬 더 풍요롭고 깊이 있는 삶이, 즉 서둘지 않는 고요와 평화와 힘이 있는 삶이 있을 것 같은 생각이 든다. 우리가 더 중심부로 들어갈 수만 있다면!…… 우리는, 까다로운 삶의 요구들이 통합되어지고 '예'뿐 아니라 '아니오'라고도 자신 있게 말할 수 있는 곳인 삶의 이 깊은 중심을 발견한 몇몇 사람들을 보고 있다.[3]

켈리는 바로 지적했다. " 우리가 더 중심부로 들어갈 수만 있다면"이라고!

수세기에 걸쳐, 기독교 신비주의자들은 영적 훈련을 극도로 심각하게 여긴 사람들이었다. 그들은 영적 훈련에 대해 연구하고 실행에 옮겼는데 때때로 그 훈련은 불건전하고 위험스러운 극단에까지 이르기도 했다. 그러나 그들은 내면의 정원에서 하나님을 찾기 위해서 일상 생활과 인간 관계로부터 규칙적으로 떠나 있어야 한다고 믿었다. 그들은, 교회 예배나 종교 행사가 제대로 된 것이 아니라고 말할 정도로 신랄했다. 한 사람 한 사람이 내면 세계에 예배 처소 즉, 잔잔한 물가, 또는 하나의 정원을 가꾸는 것 외에 다른 대안은 없다는 것이었다.

예수님은 확실히 영적인 훈련을 추구했다. 우리는 다윗도 그러했음을 안다. 모세도 사도들도, 그 자신의 생활에 대해서 다음과 같이 썼던 바울도 그러했다.

그러므로 나는 목표가 불분명한 달음질을 하는 것이 아닙니다. 허공을 치는 권투를 하는 것도 아닙니다. 내가 내 몸을 쳐서 복종시키는 것은 내가 남에게 선교하고 나 자신은 버림을 받을까 두려워하기 때문입니다.(고전 9 : 26−27)

우리는 내면의 정원을 가꾸는 이 영적 훈련을 가볍게 취급해 오지는

---

3) Cited in Richard Foster, *Freedom of Simplicity* (New York : Harper & Row, 198 1), p. 78.

않았는가? 오늘날 그리스도인들은 '경건의 시간'의 중요성에 대해 말하지만, 그 매일매일의 기도 시간은 종종 신속하고도 획일적인 형식이나 수단으로만 때우는 경우가 허다하다. 여분으로 쓸 수 있는 시간이 얼마나 되는가에 따라 7분 또는 30분 간으로 줄여 버리는 것이다. 우리는 성경 연구 안내, 기도 안내, 기도 소책자 그리고 조심스럽게 작성된 기도 목록들을 사용한다. 그 모든 것이 전혀 하지 않는 것보다는 낫지만 신비주의자들이 마음속에서 가졌던 훈련보다도 효과적이지 못하다고 생각한다.

얼마 전 한 유력한 기독교 잡지사는, 내가 사는 이 곳 보스톤을 방문 중인 외국의 한 저명한 기독교 지도자와 하루 동안 함께 지내면서 그에 대한 심도 있는 인터뷰를 하여, 독자들이 한 사람의 인간인 그로부터 통찰력을 얻게 해주도록 나에게 요청했다. 나는 그를 찾아가서 대화를 청했다.

"무엇에 대해서 대화할까요?"라고 그가 내게 물었다.

"설교가, 문필가, 그리고 학자로서의 당신의 생활에 대해서 말씀을 나누고 싶습니다."라고 나는 말했다. 그리고 "가정 생활, 친구 관계, 당신의 영적 훈련에 대한 견해까지 들을 수 있다면 좋겠습니다."라는 말을 덧붙였다.

"저의 영적 훈련이라구요?"라고 그가 반문했다.

"네. 많은 사람들이 당신이 하나님과의 동행을 추구해 온 방법에 대해서 알고 싶어합니다." 라고 내가 대답했다.

나는 다음과 같은 그의 대답을 결코 잊을 수 없을 것이다.

"영적 훈련은 남에게 말하기에는 너무 개인적인 문제이지 않습니까?"

난 지금도 젊은 사역자인 우리들이 나이 드신 그 분의 영적 훈련에 대한 통찰력을 들을 수 있었다면 많은 것을 배울 수 있었으리라고 생각한다. 그러나 그 분이 그것을 말하지 않음으로써 무엇을 말해 주려고 하는지 알 수 있었다. 그의 내면 세계라는 그 부분만큼은 철저히 개인적인 것이다. 그것은 지금까지 은밀히 계발되어 왔고 앞으로도 은밀한 채로 남아 있을 영역인 것이다. 그와 하나님만의 영역인 것이다. 그것은 하나의 형식으로 전락되지는 않을 것이었다.

무엇이 우리로 하여금 내면 세계의 정원을 질서 있게 가꾸지 않으면 안 되도록 만드는가? 심한 고통의 체험이 요구되는가? 역사가 거듭거듭 강조하는 사실이 바로 그것이다. 즉, 고통에 처한 사람들이 하나님을 찾는데, 그 이유는 다른 아무 것도 그들에게 없기 때문이다. 복에만 탐닉한 사람들은 시류에 휩쓸리는 경향이 있다. 어떤 경우들에 있어, 복이란 말의 사용에 이의를 제기할 이유가 여기 있다. 확실히, 어떤 것이 우리를 내면의 영적 계발로부터 멀어지게 한다면 그것은 분명히 복이 아닌 것이다.

우리가 죽음이나 패배나 수모를 당하기 전까지 내면의 중심부의 중요성을 제대로 알 수 있는 것일까? 성경에서, 또 위대한 신앙인들의 역사를 통하여 영적 훈련에 대한 명령과 선례가 수없이 우리에게 주어져 있다. 이 내면의 영적 세계를 정돈하는 사람은 하나님께서 오셔서 말씀하실 내적 공간을 만드는 자이다. 우리가 그 음성을 듣게 될 때 그 음성은 그 어떤 음성과도 다르다는 것을 깨닫게 될 것이다. 이것이야말로 하워드 러틀리지가 발견한 것이다. 전쟁 포로의 경험이 그로 하여금 그것을 깨닫게 만든 것이다.

로렌스 수사는 이렇게 말한다. "지금 시작하라!" 토마스 켈리는 이렇게 말한다. "저 중심부로 들어가라!" 그리스도께서는 이렇게 청하신다. "내게 와서 배우라." 이러한 영적 훈련이 어떻게 이루어질 것인가?

연구 과제

1. 당신이 성경을 소지하지 않은 채로 포로 수용소에 갇혀 있다면 얼마나 효과적으로 성경 말씀을 기억할 수 있겠는가? 성경을 더 많이 배우기 위해서는 무엇을 해야 하는가?

2. 당신 자신의 하나님과의 내면적 교제는 어떠한지 솔직하게 묘사해 보라.

＊ 3. "우리에게 만족을 줄 만한 영적인 생활을 계발할 수 있게 된다면, 그것은 운동 선수가 경기를 위해서 자기의 신체를 단련하듯이 영적인 생활을 훈련이라는 각도에서 접근하기 때문일 것이다."라고 저자는 쓰고 있다. 당신은 이 말에 동의하는가? 동의하지 않는다면 그 이유는 무엇인가?

＊ 4. 당신 내면의 영적 계발에 접근하는 훈련을 받지 않는다면 잃어 버리게 될 다섯 가지의 특권을 적어 보라. 그리고 당신의 삶 가운데서 잃어 버리고 있다고 느껴지는 것이 있는지 살펴보라.

　　1)

　　2)

　　3)

　　4)

　　5)

6. 당신의 삶에 있어서 어떤 궁박한 상황이 당신으로 하여금 내면의 영적 생활의 계발을 시작하도록 하였는가?

7. 하나님과의 내면 생활을 위하여 가지고 있는 가장 깊은 욕구는 무엇인가? 그 욕구를 충족시키기 위하여 무엇을 할 것인가?

＊ 8. 시편 27편에 의하면 다윗은 하나님과의 교제로 인하여 무엇을 얻었는가?

11. 외부의 어떤 받침대도 필요치 않다

내면 세계가 무질서한 사람들을 위한 조언 :
만약 나의 내면 세계가 질서 정연한 상태라고 할 수 있다
면, 그것은 그리스도 앞에서 홀로 고요한 시간을 갖기를
두려워하지 않기 때문일 것이다.

인도에서 일한 감리교 선교사 스탠리 존스는 노년기에 접어들어 신체
마비 증세가 일어나 움직일 수도 없고 거의 말도 할 수 없게 되었다.
그러나 믿음을 잃지는 않았다. "내 믿음을 지탱시켜 줄 외부의 받침대는
필요없다. 왜냐하면 내 믿음이 나를 붙들고 있기 때문이다."라고 그는
썼다. 그러나 그는 유감스럽게도, 그 주위의 다른 사람들이 모두 자신과
같은 경험을 하고 있지 않다는 것을 알게 되었다.

나는 은퇴한 한 주교와 대화하고 있었다. 그는 좌절감에 빠져 있었다.
그는 더 이상 주교직이 각광을 받지 못하게 되자 좌절했노라고 내게
말했다. 그는 승리하는 삶의 비밀을 알고 싶어했다. 나는 그에게 그
비밀은 자기 포기(self-surrender)에 있다고 말했다. 즉, 그것은 가장
깊은 자아를 예수님께 내어 놓는 데 있는 것이었다. 승리하는 삶과
그렇지 않은 삶의 차이점은 어떤 성질의 것들이 그를 붙잡고 있느냐

에 달려 있는 것이었다. 은퇴에 의해 외부의 줄이 끊어져 버리자 내면의 줄만으로는 그를 지탱시키기에 충분치 못했던 것이다. 그는 예수께 자신을 내어 놓는 사람이라기보다는 각광받는 것을 즐기는 사람이었던 것이 분명하다. 다행스럽게도 나에게 있어서는 예수님께 내 자신을 내어 놓는 것이 최우선의 것이었으므로 이 마비 증세로 인하여 외부의 줄이 끊어졌을 때에도 내 삶은 흔들리지 않았던 것이다.[1](고딕은 저자)

존스는 토마스 켈리가 그 중심부로 들어 가라고 말하는 것의 의미를 이해하고 있었던 것이다. 누가 존스의 안목과 인내를 지니고 싶지 않겠는가? 그러나 얼마나 많은 사람들이 내면의 정원을 소홀히 함으로써 그 주교가 스스로 파놓은 함정에 빠지는 것과 같은 꼴을 당하게 되는가? 우리의 내면 세계의 정원을 과연 어떻게 일굴 것인가?

본서는 영적 훈련을 논하는 것이 주 목적이 아니므로 성인들이 발견했던, 내적인 영을 강건케 할 모든 방법들을 일일이 고찰할 수는 없다. 그 대신에 많은 그리스도인들이 무시해 버리지만 기본적인 중요성을 지니고 있는 네 가지의 영적 훈련 방법을 소개하고자 한다. 그 네 가지란, 첫째 고독과 침묵의 추구, 둘째 규칙적으로 하나님의 음성을 듣는 것, 셋째 사색과 명상의 체험, 넷째 예배와 중보로서의 기도인 것이다.

침묵과 고독

수세기 전, 광야의 교부들은 영성 계발을 위한 고요한 환경의 중요성을 알았으므로 "*Fuge, terche et quisset*", 즉 침묵(silence), 고독(solitude) 그리고 내적 평화(inner peace)를 서로에게 강조했다고 헨리 뉴엔(Henri Nouwen)은 전한다.

내면의 정원을 가꾸기 위하여 우리에게 필요한 침묵과 고독의 시간을

---

1) E. Stanley Jones, *The Divine Yes* (Nashville : Abingdon, 1975), p. 63.

갖지 못하게 만드는 소음의 무서운 해악을 제대로 아는 사람이 거의 없다. 하나님의 원수 사단은 우리 삶의 매순간, 문명의 방해 소음으로 우리를 포위하려고 늘 음모를 꾸미고 있다. 그런데 그 소음이 그대로 방치된다면 하나님의 목소리를 들을 수 없음은 물론이다. 하나님과 동행하는 사람은, 하나님은 보통 그 음성을 들려 주시기 위해 큰소리로 말씀하시지 않는다는 사실을 잘 알고 있다. 엘리야가 깨달은 바와 같이 하나님께서는 마음의 정원에서 속삭이시는 편이다.

최근에 나는 라틴 아메리카의 한 선교 본부를 방문했는데 그 곳에서는 라디오 방송국의 음향 스튜디오를 만들고 있었다. 그들은 그 방들에 방음 장치를 하여 거리에서 들려오는 소음이 그 방송국으로부터 송출되는 방송과 녹음을 망쳐 버리지 않도록 온갖 주의를 다하고 있었다. 우리는 하나님께서 말씀하시는 바를 듣기 위하여 외부 세계의 방해음을 차단하는 마음의 방음 장치를 개발하여야 한다. 나는 캘커타의 테레사 수녀가 쓴 다음의 글을 좋아한다.

우리는 하나님을 찾아야 하는데 그 분은 시끄럽고 불안정한 상태에서는 만나지지 않는다. 하나님은 침묵의 친구이시다. 자연, 곧 나무들과 꽃들과 풀들이 고요함 속에서 어떻게 자라나는지 보라. 해와 달과 별들이 고요 속에서 어떻게 운행하는지 보라.……고요한 기도 속에서 많은 것을 받으면 받을수록 우리의 외적인 활동 영역에서 많은 것을 줄 수 있다. 우리 영혼을 울리려면 침묵이 필요한 것이다. 중요한 것은 우리가 말하는 그것이 아니라 하나님께서 우리에게, 우리를 통해 말씀하시는 그것이다. 진정 우리의 내면에서 울려 나오지 않는 말이란 전혀 쓸모없는 것이다. 그리스도의 빛을 발하지 못하는 말들은 어두움을 짙게 할 뿐이다.[2](고딕은 저자)

2) Malcolm Muggeridge, *Something Beautiful for God* (Garden City, N. Y. : Image, 1977), p. 48.

우리가 살고 있는 이 세상은 끊임없는 음악, 잡담으로 인한 소음, 그리고 분주한 일정으로 꽉 차 있다. 많은 가정의 방에, 모든 차에, 모든 사무실에 그리고 엘리베이터에 음향기기가 설치되어 있다. 사무실에 있는 친구에게 전화를 걸면 그가 내 전화를 받을 때까지 전화기에서 음악이 흘러나온다. 그렇게 많은 소음이 있는 속에서 언제 우리는 물러서서 고요하고 세미한 하나님의 음성을 들을 것인가?

우리는 소음에 워낙 익숙해져 있기에 소음이 없으면 오히려 불안을 느낀다. 예배 참석자들은 예배의 다음 순서가 진행되지 않은 채 1, 2분 정도의 공백이 생기면 그 때의 고요함을 견디지 못한다. 그럴 때 사람들은 "무언가 잘못되었구나. 누군가가 자기 역할을 잊어버렸구나."라고 생각한다. 우리 대부분이, 아무 것도 말하지 않거나 남의 말을 한마디도 듣지 않는 채로는 한 시간도 배겨 내기 힘들다는 것을 알고 있다.

고독(solitude)을 체험할 때에도 마찬가지로 그 상태를 배겨 내기 힘들어 한다. 우리는 침묵을 지겨워하며 홀로 있을 때 오히려 불안해 한다. 그러나 규칙적으로 물러나서 홀로 있는 시간을 가져야만 한다. 내면의 정원에서 하나님을 만나기 위해서는 일상 생활과 대인 관계 그리고 외부 세계의 요구로부터 떠나 있는 시간들이 필요하다. 내면의 정원에서 하나님을 만나는 일은 대집회나 장엄한 의식에 참석하는 것과는 별개이다.

뉴엔(H.M. Nouwen)은 토마스 머튼(Thomas Merton)의 다음과 같은 글을 소개하고 있는데, 토마스 머튼은, 초대 교회 시대의 신비주의 연구가로서 그에 의하면 그들은 때로 극단적인 고독을 추구하기까지 했다고 한다. 머튼이 그들에 대하여 전하는 바는 매우 교훈적인 것이다. 왜 그들은 고독을 추구했을까?

자신이, 난파된(인간성이라는) 배를 타고 표류하는 한, 다른 사람들에게 어떤 도움도 줄 수 없음을 그들은 잘 알고 있었다. 그러나 일단 견고한 땅에 발판을 마련하게 되면 사정은 달라졌다. 즉, 그 때 그들은 온 세상 사람들을 안전한 곳으로 인도할 능력을 얻게 되었을 뿐만

아니라 그러한 의무감으로 충전되기까지 했던 것이다.[3]

늙은 사가랴의 경우, 그와 아내 사이에서 곧 세례 요한이 태어날 것이라고 고지받자 그것을 불가능한 것이라고 여긴다. 이 때 하나님의 천사가 그의 그러한 생각을 제어토록 침묵하게 한 것은 매우 흥미롭다. 만일, 사가랴가 그에게 임하신 하나님의 말씀을 받아들이지 않았을 때 그의 혀는 몇 달 동안 굳어 버렸고 그동안 사가랴는 하나님의 말씀을 생각해 보게 되었다. 한편 그의 아내 엘리사벳은 앞으로 있게 될 일을 알게 되었을 때 조용히 숨어 있었다고 성경에 쓰여 있다. 그런데 그 이유는 부분적으로는 그렇게 하는 것이 임신한 부인들의 관례였다는 데도 있지만, 보다 큰 이유는 앞으로 일어나게 될 불가사의하고도 신비한 일에 관해 묵상할 필요를 느꼈다는 데 있을 것이다.

또한 마리아의 경우, 주님의 탄생에 있어 자신의 역할을 고지받은 그녀는 하나님의 모든 계획을 발설치 아니하고 침묵하기를 선택했다. "마리아는 이 모든 말을 마음에 담아두었읍니다."(눅 2 : 19) 그리스도의 오심은 천사들의 노래와 찬양으로 예고되었을 뿐만 아니라, 그 놀라운 일을 숙고하고 사색하기 위해 고독을 필요로 했던 인간 편에서의 침묵에 의해서도 준비되었던 것이다.

웨인 오츠(Wayne Oates)는 이렇게 말한다.

"내게 있어서 침묵하기란 자연스러운 것이 아니다. 아마 당신에게 있어서도 침묵하기란 오히려 어색한 것일 게다. 만약 우리가, 소란스런 마음 가운데 침묵을 간직하고자 한다면 우리는 또한 그것을 자라나게끔 해야 할 것이다. 침묵의 가치를 인정하고 이를 간직하고 또한 살찌우기를 갈망한다면, 소란스러운 마음 가운데 침묵을 심고 키워나갈 수 있을 것이다."[4]

---

3) Henry J.M. Nouwen, *The Way of the Heart* (New York : Seabury, 1981), p. 39.
4) Wayne E. Oates, *Nurturing Silence in a Noisy Heart* (Garden City, N. Y. : Doubleday, 1979), p. 3.

나는 침묵과 고독에 결코 쉽게 도달할 수 없었다. 나는 한때 그것들을 나태나 무위(無爲)함, 비생산적인 것 등과 동일시했다. 홀로 있는 시간이면 내 마음은 할 일에 대한 생각으로 가득 차게 되었다. 걸어야 할 전화, 써야 할 원고, 읽어야 할 책, 준비해야 할 설교, 그리고 만나야 할 사람들에 대한 생각 따위로 말이다.

서재 밖에서 들려오는 극히 사소한 잡음도 정신 집중에는 크나큰 방해가 되었다. 그 때 내 청각은 지나치게 예민해져서 집안 저 끝에서 들려오는 말소리에도 신경이 곤두서곤 했었다. 그래서 오히려 그 말의 내용에 귀기울여지기도 했다. 그리고 내 서재가 세탁실 옆에 있었기 때문에 사색하고 묵상하는 일에 몰입하려고 할 때면 늘, 세탁기 안의 내용물이 너무 많을 때 울리는 부저 소리가 들려, 다른 사람들은 모두 윗층에 있으니 내가 가서 세탁물을 덜어 내야 한다고 주장하는 것 같았다.

그러나 조용할 때에도 정신 집중을 하기가 대단히 어려웠다. 나는, 약 15분 동안은 내 마음이 고독에 저항하기 위하여 할 수 있는 온갖 일을 한다는 사실을 깨닫고는 준비 시간이 필요하다는 것을 알게 되었다. 그래서 우선, 내가 영적으로 추구하고 있는 문제들에 관하여 읽고 쓰면서 그 시간을 시작하기로 하였다. 그런 후 나의 의식이 조금씩 그 메시지를 받아들인다는 것을 알게 되었다. 그렇게 우리(내 마음과 나 자신)는 예배드리고 묵상하는 데 이르게 되는 것이었다. 나의 마음이 그 문제들에 대하여 내면의 정원과 빨리 접촉하면 할수록 예배드리고 묵상하는 일도 그만큼 용이했다.

이 고독과 침묵의 싸움은 나의 일생 동안 계속 되리라고 생각한다. 그러나 세월이 흐르는 동안 나는 고독한 시간의 수확을 거둘 수 있었고, 오히려 그러한 시간을 좀더 많이 가지려는 갈망이 커졌음을 말하고 싶다. 그러나 처음 시작할 때의 저항감은 여전히 극복해야 할 대상으로 남아 있는 것이다. 성격상 활동적인 사람에게 있어 고요한 침잠은 힘든 작업일 것이다. 그럼에도 불구하고 그것은 필요한 수고인 것이다.

내 경우, 침묵과 고독을 위한 시간은 아침녘이 좋다. 그래서 그 시간에 누가 다른 약속을 요청할 수 없도록 나의 시간표에 그 시간을 언제나 표시해 두는 것이다. 어떤 사람에게는 밤 늦은 시간이 좋을 수도 있다. 어쨌든 내면 세계의 영적 부분을 질서 있게 하기를 원하는 사람은 누구나, 자기의 성격에 적합한 장소와 시간을 찾도록 해야 할 것이다.

하나님께 귀기울임

모세가 하나님과 함께 있다가 산을 내려와 히브리 백성들이 금송아지 주위를 돌며 춤추는 것을 보았을 때 그것은, 차디찬 물벼락을 맞은 느낌이었을 것이다. 여러 날 동안 그는 거룩 그 자체 속에서 살았으며 하나님의 영광과 의가 그의 영 속으로 타들어 갔었다. 그런데 이제 이러한 광경을 보게 되다니! 그의 마음은 부서졌다.

어떻게 해서 이런 일이 일어났을까? 모세가 하나님의 말씀을 듣고 있는 동안 백성들의 대제사장인 그의 형 아론은 백성들의 말을 따르고 있었던 것이다. 그 두 사람이 받은 것은 전혀 다른 것이었다. 모세가 귀기울임으로써 받은 것은 의로운 법에 대한 하나님의 계시였다. 반면 아론이 귀기울여 들은 것은 불평과 소원과 요구거리들이었다. 모세는 타협할 수 없는 하늘의 기준을 받아 왔으나 아론은 백성들의 변덕에 끌려간 것이다. 이 모든 차이는 들음에 있었다.

내면 세계의 정원은, 침묵과 고독을 위해 침잠해 있을 때뿐만 아니라 환경 속에서 의식적으로 듣는 훈련을 하기 시작할 때에도 계발된다. 나는 하나님의 말씀을 듣는 법을 아는 사람을 별로 만나 보지 못했다. 많은 그리스도인들이 어렸을 때부터 하나님께 말하는 법을 배우긴 하지만 그 분의 말씀을 듣는 법을 배우려고 하지는 않는다.

성경을 펴서 하나님의 신비를 알려 주는 영감된 성경 기자의 입장이 되어 볼 때마다 그 분의 말씀을 듣는 것이다. 뒤에 계속 설명하겠지만, 우리는 내주하시는 하나님의 성령의 일깨우심에 민감해 있을 때 말씀을 듣게 되는 것이다. 하나님의 영의 권능을 받은 설교가나 성경 교사가 말씀을 가르칠 때 그러한 들음이 가능할 수도 있다.

이 모든 것들은 논의할 만한 가치가 있다(행하는 것은 말할 것도 없고!). 그러나 이제부터 듣기 위한 다른 모든 방법의 기도가 될 수 있는 다른 실천 방법을 말하고자 한다.

일기 쓰기-하나님의 말씀을 듣는 방법

신비적이고 명상적인 그리스도인들에 대해 연구하면서, 내면 세계의 정원에 말씀하시는 하나님의 음성을 듣는 효과적인 방법 중의 하나는 일기 쓰기라는 것을 알게 되었다. 연필을 잡고 쓸 준비를 하고 있을 때면, 하나님께서 나의 독서와 사색을 통해 속삭이기 원하시는 그 모든 것을 들을 수 있다는 기대감에 젖게 되었다.

약 20일 전, 어떤 전기를 읽는 중에 그러한 발견을 하게 되었다. 그 책의 주 내용은 저자의 영적 순례를 기록했던 일생의 습관을 소개하는 것이었는데, 나도 지금은 그러한 훈련을 통한 유익을 얻고 있다. 하나님의 영의 지도를 받을 때 그는 그것을 주의깊게 기록해 놓았다. 그 일기는, 그의 일생을 인도해 오신 하나님의 손길을 다시금 돌아보고 그 손에 또다시 자신을 맡기기 위해 반드시 필요한 도구였던 것이다.

나는, 수세기에 걸친 수많은 하나님의 사람들이 일기를 써 왔다는 사실에 큰 감명을 받게 되었고, 만약 그들이 영적 성장을 위해 일기 쓰는 일을 하지 않았었더라면 과연 그들이 그들 될 수 있었을까 생각해 보았다. 그러한 호기심을 충족시키기 위한 실험으로써 나 자신도 일기를 써 보기로 했다.

처음에는 그것이 어려웠다. 나는 자의식을 느꼈다. 또한 일기를 잃어버리거나 누군가가 내가 써 놓은 것을 몰래 훔쳐보지나 않을까도 염려했다. 그러나 그 모든 외적인 것을 의식하는 마음은 점차 물러가고 내면의 영을 가득 채우고 있던 생각을 점점 더 많이 일기에 쓰고 있는 나 자신을 발견케 되었다. 나의 느낌, 두려움, 나의 약한 면, 희망 그리고 그리스도께서 나를 인도하고 계신 것에 대한 깨달음을 묘사하는 글들이 일기에 쓰여졌다. 공허하다거나 패배자라고 느껴질 때 그것에 대해서도 일기에 적었다.

그러면서 점차로 깨닫게 된 사실이 있었다. 그것은, 일기 쓰는 작업은 내 자신이 결코 적나라하게 대면해 보지 못한 내 속사람을 마주하게끔 도와준다는 사실이었다. 두려움과 갈등들도 명확한 실체 파악 없이는 나의 내면에 더 이상 어렴풋한 채로 남아 있을 수 없었다. 그것들은 표면에 노출되었고 정면 대결을 받게 되었다. 그리고 나는, 하나님의 성령께서 내가 쓰는 동안 생각과 지혜들을 지시하고 계신다는 사실을 조금씩 의식하게 되었다. 지면을 통해 주님과 나는 인격적인 교제를 나누고 있었던 것이다. 다윗이 말한 바와 같이 '나의 폐부를 살피도록' 그 분께서는 나를 돕고 계셨다. 그 분은 나의 두려움에 대해 말씀해 주시고 막연한 의심거리들의 정체를 밝혀 주시기 위해 나를 일깨우고 계셨다. 그러한 것들을 그렇게 대면할 때면 내가 간절히 필요로 했던 확신과 경책, 그리고 훈계가 성경과 나의 묵상으로부터 분출되는 것이 아닌가!

기도가 자주 끊어지고 집중할 수조차 없는(심지어는 깨어 있을 수도 없는) 나 자신을 발견했을 때 내가 과연 건전한 예배를 드리고 다른 이들을 영적으로 돕는 생을 살아 갈 수 있을지 회의가 생겼다. 그런데 일기는, 말로 하는 기도가 응집력을 잃었을 때 글로 쓰는 기도를 싣는 도구가 된 것이다. 이제 기도의 내용은 보다 확실해졌고, 나는 그리스도를 믿고 추종하는 사람으로서 나의 진보를 기록하는 것을 즐기게 되었다.

일기의 핵심적인 기여는 좋을 때뿐만 아니라 어려울 때에도 그것을 기록한다는 데 있다. 용기를 잃거나 심지어 낙담할 때 나는 내 감정을 묘사하고 어떻게 하나님의 영이 마침내 내 결심을 강화하도록 역사하셨는지를 기록할 수 있게 되었다. 이러한 기록들은 과거를 다시 회고해 볼 만한 특별한 글이 되었는데 그것들은 내가 약할 때 도와주신 하나님의 능력을 생각하게 해주었다.

주님이 한때 이스라엘 백성들에게 "세 오멜의 만나"(출 16 : 33)를 간수하도록 하심으로써, 그들이 그 분의 지속적인 돌보심에 대한 구체적인 기념물을 가지도록 하신 것을 기억한다. 일기는 나에게 "세 오멜의 만나"가 되었다. 그것은 내 삶에 있어서 내가 필요로 하는 하나님의 진실하심에 대한 증거들이 그 속에 간직되어 있기 때문이다.

일기를 통해 얻을 수 있는 이러한 회고의 과정은 매우 의미 있는 것이다.

일기를 쓰기 시작한 지 20년이 지난 오늘날 그것은 하나의 습관이 되었다. 일기를 펼쳐 독서와 묵상, 그리고 매일매일의 체험 속에서 듣게 되는 하나님의 말씀을 기록하지 않고 지나가는 아침이 거의 없다. 일기장이 열리면 마음의 귀도 열린다. 하나님이 말씀하시려고 하면 나는 들을 준비가 되어 있다.

샌스터(W.E. Sangster)가 젊은 목사로서 영국에 있었을 때 그는 영국 감리 교회의 영적 분위기에 대하여 점점 거부 반응을 느꼈다. 미래의 교회 지도에 있어서의 자신의 역할을 깊이 생각해 보고 나서 그는 자기의 생각을 예리하게 하기 위하여 일기를 쓰기로 했다. 일기에서 그는 가장 깊은 곳으로부터 우러나오는 생각과 묵상들을 종이에 적는 과정을 통하여 하나님이 그의 마음속에 심고자 하시는 것을 인식할 수 있게 되었다. 그로부터 수십 년이 지난 오늘 그의 기록된 생각들을 읽으면서, 한 사람이 어떻게 일기를 사용하여 내면 세계에 질서를 부여하였으며 또한 나중에는 외부 세계에 어떻게 그 질서를 반영할 수 있는가 하는 것을 알게 된다. 하루는 이렇게 썼다.

나는 하나님의 교회의 한 가지인 이 지역 교회의 부흥을 위하여 일하라는 하나님의 위임 명령을 느낀다. 내 자신의 명성에 아랑곳하지 않고, 또한 나이 들고 시기심 많은 사람들의 비판도 무시한 채 말이다. 나는 36세이다. 이런 식으로 하나님을 섬기고자 한다면, 나는 이 일을 함에 있어 더 이상 위축되지 말고 적극적으로 해야만 하는 것이다.

내 마음 가운데 야심이 있는지 살펴보았다. 없다고 확신한다. 나는 내가 불러일으킬 비난과 사람들의 모진 험담이 싫다. 그저 책이나 조용히 읽으면서 묻혀 지내는 것, 또는 소박한 사람들과 함께 지내며 그들을 섬기는 것이 내 취향에 맞다. 그러나 하나님의 뜻을 따라 나는 이 교회 갱신의 일을 해야만 하는 것이다.

나는 어리둥절한 가운데 믿을 수 없는 다음과 같은 하나님의 음성을 들었다. "나는 너를 통해 경고하기를 원한다." 오 하나님, 당신의 사도들 가운데 과연 그 누가 이 이상 자신의 과업을 피하려 한 적이 있었나요? 저는 감히 당신의 그 명령을 거부할 수는 없지만, 요나와 같이 멀리 도망가 버리고 싶습니다.

하나님은 나를 도우신다. 하나님은 나를 도우신다. 무엇이 가장 중요한 일일까? "감리 교회를 본래 있어야 할 자리로 되돌려 놓는 것이다." [5]

샌스터의 글들은, 일기 쓰기를 통하여 내면 세계에서 하나님의 음성을 듣는 사람의 아름다운 본보기를 보여 준다. 진정한 부르심과 파괴적인 야망을 제대로 분별하기 위하여 그는 꿈을 종이에 적은 것이다. 그는 자신의 생각이 하나님 아버지의 생각이 아니라는 단서들을 찾아냈던 것이다. 그가 하나님의 속삭임을 듣고 그 고요하고 세미한 주님의 음성을 글로 적었다는 사실에 끌리지 않는가?

일기 쓰는 법

내가 일기 쓰기에 대하여 공개적으로 말했을 때, 많은 사람들이 대단히 흥미를 느끼고 또한 많은 의문을 가지고 있다는 사실을 알았다. 그들의 주된 호기심은 무엇보다도 일기 쓰는 방법에 집중되어 있다. 당신의 일기장은 어떤 것인가요? 얼마나 자주 일기를 쓰나요? 어떤 내용을 기록하나요? 결국 비망록에 지나지 않는 것은 아닌가요? 부인이 당신의 일기

---

5) Paul Sangster, *Doctor Sangster* (New York : Epworth, 1962), p. 109.

를 읽을 수 있도록 하나요? 나는 결코 일기 쓰기의 전문가는 아니지만 최선을 다해 대답해 주려고 한다.

나의 일기장는 나선형 철사로 묶여진 공책인데 문방구점에서 산 것이다. 외형적인 특징은 전혀 없다. 나는 3개월에 한 권 정도의 일기장을 쓴다. 크기가 작은 일기장의 장점은 그것이 가지고 다니기에 편리할 뿐만 아니라, 한 권을 잃어버린다 해도 내가 일 년이나 그 이상 써 온 일기를 모두 잃어버리는 일은 없다는 사실에도 있다.

나는 거의 매일 일기를 쓰지만 가끔 쓰지 못하고 지나치는 날이 있어도 크게 개의치 않는다. 나는 제일 먼저 경건의 시간 쓰는 것을 습관으로 하고 있고, 그것은 아침에 하는 최초의 일이 되는 셈이다.

그 내용은 무엇인가? 전날에 했던 일들과 만났던 사람들, 배웠던 일들, 느꼈던 감정들, 하나님께서 내가 품기를 원하신다고 여겨지는 생각들의 서술인 것이다.

앞에서도 말했지만 나는 쓰고 싶은 기도, 성경과 다른 영적인 책들을 읽은 데서 얻은 통찰력, 그리고 내 자신의 개인적인 행동에 대하여 가지고 있는 관심을 그 내용에 포함시킨다. 나는 내 가족 구성원의 삶에서 일어난 일들을 기록하기를 좋아한다. 언젠가 자녀들이 이 일기를 읽어 보고, 지금 그들의 성장 과정을 지켜보며 칭찬해 놓은 것을 나의 사후에라도 그들이 알 수 있다면 그것은 그들에게는 보물처럼 귀한 것이 될 것이다.

이 모든 것은 하나님의 말씀을 듣는 것의 일부이다. 나는 일기를 쓰면서 내가 지금 쓰고 있는 것이 사실상 하나님께서 내게 말씀하시고자 하는 내용일 수도 있음을 의식한다. 나는 감히, 하나님의 영이 내가 생각하고 기록하려고 하는 일 가운데서 역사하신다고 생각해 본다. 그 분이 내리려고 하는 결론은 무엇이며 나로 하여금 생각하도록 그 분께서 의도하신 내용은 무엇인가, 그 분이 나의 내면 세계에 새겨넣기를 바라시는 주제들은 무엇인가를 알아 보기 위하여 내 마음을 살피는 일이 중요한 것이다.

최근 언젠가 내가 목회 사역에서 직면하고 있는 거대한 도전에 대해 깊이 생각하면서 일기에 회고하듯이 다음과 같이 기록해 놓았었다.

"주님 당신의 능력을 끌어다 사용하는 일에 대하여 제가 진정으로 아는 것이 무엇입니까? 얕은 생각과 연약한 영을 가지고 있으며 최소한의 훈련밖에 받지 못한 제가 말입니다. 당신이 사용하실 만한 것이 저의 어디에 있습니까? 저에게도 재능이 조금 있긴 하나 다른 사람들은 더 많이 가지고 있으며 또한 더 잘 사용합니다. 저에게 조금의 경험이 있긴 하나 다른 사람들은 더 큰 경험을 가지고 있으며 그것으로부터 더 깊은 도움을 얻습니다. 그렇다면 도대체 저의 어느 부분이 쓸모있다는 말입니까?

아마도 그 대답은 허드슨 테일러(Hudson Taylor)의 다음과 같은 말에 들어 있을 것이다. "하나님은 그 분에게 의지할 만큼 충분히 연약한 사람들을 사용하신다." 그러나 주님 제가 그럴 정도로 충분히 연약한 상태라고 해도 바로 그러한 때, 저의 도움이 어디에서 올지 느낄 수 있을 만큼 제가 민감한지 의심스럽습니다.

이 일을 하도록 당신이 저를 임명하신 것이 확실하다면 제가 버텨나갈 수 있는 힘도 주셔야 하지 않습니까? 제가 그토록 고독하게 되어 잠 못 이루는 밤은 어찌하나요? 박수 갈채를 받고 싶은 유혹은 어떻게 하고요? 지도자들의 지위의 표상들을 소유하고 싶은 유혹은요? 어떻게 해야 판단은 맑고 마음은 예민하고 영은 충만할 수 있나요? 정직하게 묻겠사온데 제가 이 잔을 받을 만한 능력이 있나요? 제가 어떻게 방황하는 영혼들의 필요를 깨달을 수 있으며 가난한 사람들에게 민감할 수 있나요? 어떻게 제가 당신의 음성을 들을 수 있나요? 기도? 공부? 단순해짐으로써? 오 하나님! 오직 당신이 제게 오셔야만 합니다.

일기를 써내려 가다가 간혹, 뒷 페이지로 돌아가서 앞으로 향해 쓰기도한다. 뒤의 몇 페이지는 내가 중보 기도를 하기로 한 사람들과 관심사의 목록이 기재되어 있다. 이 페이지들의 맨 앞에 '이 기도 목록은 내가 가장 관심을 쏟아야 할 사람들과 계획들을 잘 반영하고 있는가?'라는 문구가 적혀 있다.

그런 다음 뒷면에서부터 일기장의 중심부까지 일기를 계속 써 가면서 나는 종종 내가 읽고 있는 책 중에서 특히 감명을 받은 부분을 발췌하여 적어 놓는다. 종종 나는 이와 같은 간단한 많은 구절들을 읽으면서 시간을 보낸다. 그 구절들은 성 토마스(St. Thomas), 토저(A.W. Tozer), 아미 카미카엘(Amy Carmichael)과 같은 사람들의 기도문이나 깊은 성찰이 담긴 말씀들이거나 성경의 일부일 수도 있다.

앞에서부터 시작된 매일매일의 사건 기록과 뒷쪽으로부터 시작된 매일매일의 사색이 중간쯤에서 만나게 되면 나는 그 일기장을 마감하고 새 일기장을 쓰기 시작한다. 그 일기장은 갈등과 배움의 경험을 포함한, 나의 영적 편력을 실은 또 한 권의 기록이 된 것이다. 이렇게 해서 영적인 기록은 점점 늘어 간다. 만약 우리 집에 불이 나거나 온 가족이 피난을 하게 되는 일이 일어난다면 다른 무엇보다도 먼저 이 일기장들을 가지고 나갈 것이라고 생각한다.

아내가 내 일기를 보는가? 아마 그녀는 가끔 흘깃 보았을 것이다. 그러나 솔직히 말하면 내 필체가 나쁘고 속필이기 때문에 그 의미를 해독하려면 많은 애를 써야 할 것이라고 생각한다. 우리 부부의 관계가 아주 친밀하기 때문에 그녀를 놀라게 할 만한 내용은 별로 없을 것이다.

비밀이 지켜지지 않을 것을 걱정하는 사람들은 일기장을 봉하여 내부를 들여다 볼 수 없는 곳에 보관하면 될 것이다. 비밀을 지키는 것에 대한 염려가 있다고 해서 그것이 일기를 쓰지 않아도 좋다는 이유가 될 수는 없다.

일 년 중 어느 한 철에 일기 쓰기를 꾸준히 해 본다면 그것이 습관으로 정착될 수 있다. 대부분의 사람들은 습관이 붙기도 전에 너무 빨리 그만두어 버리는데 이는 매우 애석한 일이다.

나는 여행 중에도 일기장을 가지고 다닌다. 일기에 그 곳에서 만난 사람들에 대한 기록을 해놓은 후, 내가 또다시 그 곳을 방문하게 되면 전에 방문했을 때의 기억을 되살리고 먼 거리 때문에 중단되었던 사람들과의 교제를 다시 회복할 수 있게 된다.

일기 쓰기에 관한 이 논의는 나로 하여금 인간 관계에 관한 유익함까지도 말하도록 만들었다. 이러한 유익은 대단히 큰 것이다. 그러나 일기의 주된 가치는, 내면 세계의 정원으로부터 흘러나오는 고요한 하나님의 음성을 듣는 도구로서의 가치에 있다. 일기 쓰기는, 고요히 침잠하여 아버지와 교제하는 데 있어 놀라운 도구가 되는 것이다. 일기를 쓸 때 그것은 마치 내가 그 분과 직접 대화하고 있는 것과 같다. 당신이 쓰도록 인도되어지는 말씀 가운데 하나님의 영이 신비하게 역사하시고 가장 깊은 곳에서의 교제가 이루어진다는 의미가 되는 것이다.

포로 수용소에 갇힌 하워드 러틀리지를 생각해 보자. 들려오는 모든 목소리는 적대적인 것이었고 온갖 소문들은 뭔가 잘못되어 가고 있다는 조짐인 듯했다. 그렇게 열악한 곳에서도 과연 다정하고 사랑스러운 목소리가 들려올 수 있었겠는가? 그렇다. 만약 당신이 내면의 정원에서 들을 수 있도록 당신의 귀를 훈련시켜 왔다면, 거기서도 가장 위대한 소리를 들을 수 있다. 그 소리는 우리의 사귐과 성장을 원하시는 하나님께 속한 것이기 때문이다. 오래된, 아주 감동적인 찬송가의 한 구절을 소개한다.

"그 분은 말씀하신다.
그 목소리는 너무도 달콤하여
새들도 그들의 지저귐을 멈춘다."
— C. Austin Milles 의 "In the Garden"에서 —

연구 과제

1. 당신이 육체의 질병으로 인하여 더 이상 희망이 없게 되었을 때 살기 위한 힘을 얻기 위하여 어디로 향하겠는가?

2. 스탠리 존스가 마비 증세로 몸을 움직일 수 없었을 때에도 평온할 수 있었던 비결은 무엇이었는가?

3. 네 가지의 중요한 영적 훈련의 방법을 적어 보라(본문 161면). 그리고 각 방법을 당신 자신에게 적용하여 각각 1점에서 10점까지의 점수를 매겨 보라.
   1)
   2)
   3)
   4)

4. 당신으로부터 고요와 침묵을 앗아가는 소란스러운 방해거리들을 몇 가지 적어 보라.

* 5. 사가랴와 그의 부인 엘리사벳, 그리고 예수님의 모친 마리아의 침묵과 고독으로부터 우리는 무엇을 배울 수 있는가?

6. 저자는, 고독에 이르기 위하여 내면의 자아를 침묵하게 하는 데 있어서의 어려움들을 기술하고 있다. 당신도 시도해 보고 그 결과를 적어 보라.

* 7. 당신의 내면 세계에서 하나님의 말씀을 듣기 위하여 당신이 동원할 수 있는 방법들은 무엇인가?

8. 일기의 가장 중요한 역할은 무엇인가?

9. 저자가 그 일기에 적은 내용은 어떠한 것들인가? 본문 171면을 보라.

10. 저자가 일기의 뒷장으로부터 거슬러 올라가며 쓴 까닭은 무엇인가?

11. 당신이 아직 일기 쓰기를 시작하지 않고 있다면 시험 삼아 아래의
    빈 칸에다 시도해 보라.

12. 모든 것은 입력되어야 한다

내면 세계가 무질서한 사람들을 위한 조언 :
나의 내면 세계가 질서 정연한 상태라고 할 수 있다면
그것은, 그리스도의 말씀이 나의 태도와 행동에 배어 있기
때문이다.

스탠리 존스는 고통스러운 임종의 순간에, "가장 깊은 곳에 있는 끈이
가장 튼튼한 것이다. 내 신앙을 받쳐 줄 외부적인 받침대는 필요없다.
왜냐하면 내 신앙이 나를 붙들고 있기 때문이다."라고 말했는데, 그는
언제나 그와 같은 말을 할 수 있었던 사람은 아니다. 그의 사역 초기에도
일시적인 함몰 웅덩이 증상이 있었다. 일 년 이상을 영적, 육체적인 무력
감에 시달렸다. "영적인 침체가 육체적인 침체로 이어졌다. 내적 체험이
외면 세계를 지탱할 힘이 없었기 때문에 외적인 붕괴가 일어난 것이
다. 내가 체험하지 못한 것은 결코 설교하지 않겠다는 것을 인생의 신조
로 삼고 있던 터라, 내면 세계가 붕괴됨에 따라 외면 세계의 붕괴도 불가
피하게 초래되고 말았다."[1]고 그는 술회한다.

---

1) E. Stanley Jones, *Song of Ascents* (Nashville : Abingdon, 1968), p. 104.

내가 내면의 정원을 가꾸는 것이라고 일컫는 영적 훈련은, 고독과
침묵을 추구하고 하나님의 속삭임을 들으려고 하는 그리스도인들의 마음
가짐에 달려 있다.

그러나 우리가 고독과 침묵 속에서 듣는 것들은 내면화되어야 한다.
나는 컴퓨터와 워드 프로세서의 기술적 도움을 받아 이 책을 쓰고 있다.
맨 처음 컴퓨터를 배우기 시작할 때 나는 엔터 키(enter key)의 기능을
배워야 했다. 사용법 설명서에는 앞의 화면에는 내가 원하는 것을 무엇이
든 칠 수 있다고 쓰여 있었다. 그러나 내가 엔터 키를 누르지 않는 한
컴퓨터는 내가 친 단 하나의 글자에 대해서도 "들으려고" 하거나 반응하
지 않았다. 나의 모든 말은 그것이 얼마나 감동적인 것인가에 관계없이
내가 컴퓨터의 중심부(즉 기억 장치)에 그것들을 입력시키기 전에는 스크
린 표면에만 머물러 있을 뿐인 것이다.

나 역시 들을 능력은 있지만 들었다고 해서 그것을 반드시 내 마음
속에 입력시키는 것은 아니다. 생각하고 있다고 해서 그것이 반드시 나의
가슴 속에 사무치는 것은 아니다.

구세군 선교사인 사무엘 로간 브렝글(Samuel Logan Brengle) 장교는
그의 영적 훈련에 대하여 말하면서 다음과 같이 쓰고 있다.

나는 많은 것을 듣는다. 주지하는 바와 같이, 기도는 독백이 아니라
대화인 것이다. 그것은 교제이며 다정하게 얘기를 나누는 것이다.
주님이 주로 그 분의 말씀을 통하여 나와 대화하시는 동안 그 분은
직접적인 방법으로 내게 많은 위로를 주신다. '위로'라는 말은 포옹하
는 것이나 응석부리는 것이 아니라 확신을 의미하는데, 그 확신이란
그 분께서 나와 함께 하시며 내가 하는 일을 기뻐하신다는 확신을
일컫는다. 그것은 마치 사령관이 어려운 작전에 투입시키는 병사나
사자에게 다음과 같이 말하면서 주는 위로와도 같은 것이다. '무장을
하고 가라. 지켜보겠다. 네가 필요로 하는 모든 지원을 아끼지 않겠
다.' 나는 그런 식으로 많은 위로를 받아야만 한다. 그저 내 편에서

막연히, 하나님께서 내 곁에 계시고 나를 기뻐하신다고 추정만 하고 있을 수는 없다. 나는 날마다 새로운 확신을 얻어야만 하는 것이다.[2]

대제사장 엘리의 제자로서 회막에서 지내던 어린 소년 사무엘의 이야기가 성경에 나온다. 밤중에 사무엘은 엘리의 침상으로 달려가서 무슨 일을 시키기 위해 부르셨느냐고 여쭈어보았다. 그러나 그것은 엘리가 부른 것이 아니었고 결국 사무엘은 자기 방으로 돌아와야만 했다. 거듭거듭 부르는 소리가 들려왔다. 엘리는 정황을 짐작하고 다음 번에 부르는 소리가 들리면 이렇게 하라고 사무엘에게 일러 주었다. "사무엘아, 그 소리가 다시 들리면 '주여, 말씀하옵소서. 종이 듣겠나이다.'라고 대답해라." 이 말을 바꾸면 "사무엘아, 엔터 키를 두드려라."하는 말이 된다.

사무엘은 그렇게 했고 하나님은 말씀하셨다. 하나님의 말씀은 그의 마음속에 흡수되어 결국 그의 운명을 바꾸어 놓은 것이다.

하나님의 말씀이 우리의 내면 세계의 정원에 입력된다는 것을 확신함으로써, 존스가 말한 대로 우리는 내면 가장 깊숙한 곳에 있는 것을 강화시키게 된다. 영적 훈련의 첫 단계는 고독과 침묵을 발견하는 것이다. 그리고 두 번째 단계는 하나님의 말씀 듣기를 배우는 것이다. 세 번째 단계인 엔터 키를 두드리는 것은 사색과 묵상을 통하여 이루어지는 것이다.

어떤 그리스도인들은 성찰과 묵상이란 말 자체를 부담스러워하고 거부 반응까지 보인다. 그런 수련은 오히려 잘못된 데로 흐르거나 그릇된 결정을 유발할 수 있다고 여기는 것이다. 즉, 그들은 연꽃 모양의 자리에 앉아서 무아지경에 빠져 있는 사람들의 모습을 떠올리고 있는 것이다.

그러나 성경은 사색적이고 명상적인 구절들로 가득 차 있으며 그러한 말씀을 향하여 우리의 내면 세계의 문을 열도록 요구하고 있는 것이다. 특히 시편 가운데 사색적이고 명상적인 말씀들이 많은데, 시편 기자들은

---

2) Clarence W. Hall, *Samuel Logan Brengle : Portrait of a Prophet* (Chicago : Salvation Army Supply & Purchasing Dept., 1933), p. 185.

하나님의 특별한 성품과 자녀들에 대한 그 분의 지속적인 관심에 마음의 초점을 맞추고 있다.

시편 기자는 온갖 종류의 명상의 렌즈로 보고 있다. 예를 들면 그는 하나님을 목자, 군대의 사령관, 혹은 영적 훈련의 지도자로 보고 있는 것이다.

명상은 우리의 영을 천국의 주파수에 맞추는 것과도 같은 것이다. 어떤 성경 본문을 택하여 그 말씀이 그저 자아의 가장 깊은 속으로 들어가도록 하는 것이다. 그러면 여러 가지 형태로 결과들이 나타나는데 그것은 곧 속죄, 확신, 찬양과 감사를 드리고자 하는 마음 등이다. 때때로 하나님의 성품이나 그 분의 행동에 대한 명상을 통해 우리 마음은 주님이 우리에게 말씀하시려고 하는 것을 깨닫게 되거나 새로운 방향을 얻게 된다.

존 베일리(John Baillie)는 기도에 관한 그의 저서에서 그가 기도할 때의 명상적 분위기를 다음과 같이 표현하고 있다.

전능하신 하나님, 이 고요한 시간에 저는 당신과의 교제를 구합니다. 매일매일의 바쁜 생활로 인한 초조감과 불안, 또한 사람들의 칭찬과 질책들, 제 마음의 헝클어진 생각과 헛된 상상들로부터 벗어나 당신의 존전에서만 맛볼 수 있는 고요를 찾고자 합니다. 온종일 수고하고 애썼습니다. 그러나 이제 마음의 평정과 당신의 영원하심의 밝은 빛 안에서 저는 저의 삶이 엮어 내고 있는 실상을 깊이 고찰하고자 합니다.[3]

명상은 물론, 적당한 양의 시간, 침묵, 혼자 있을 수 있는 환경을 선택할 때에만 수행될 수 있는 것이다. 번잡한 버스 안이나 자동차를 운전하면서 깊은 명상을 하기는 어렵다. 어떤 사람들은 영적 훈련을 위해서

---

3) John Baillie, *A Diary of Private Prayer* (New York : Charles Scribner's Sons, 1949), p. 27.

낼 수 있는 시간은 그런 시간밖에 없다고 주장하지만 말이다.

많은 사람들은 명상하기 위해서는 준비된 시간이 필요하다는 것을 알고 있다. 당신은 아직도 숨을 헐떡거리면서 격한 운동을 막 끝내고 들어왔을 수도 있다. 그러한 때, 자리에 앉아 몇 분 안에 곧 고요한 상태에 이른다는 것은 불가능하다. 갑자기 조용히 앉아 있으려면 오히려 숨이 더 가빠지고 가슴이 답답해 오기 때문이다. 사색에 있어서도 마찬가지이다. 우리는 자주, 아직 정서적으로 숨이 찬 상태에서 하나님을 만나기 위해 밀실로 진입한다. 처음에는 생각을 집중시켜 그것을 주님 앞에 내려놓기가 어렵다. 우리의 마음이 내면의 "정원"에서 영적 활동에 임하려는 그 시간 동안 조용히 긴장을 풀어야 한다. 그래서 시간이 걸리는 것이다. 어떤 사람들은 그런 시간 들이기를 싫어하지만 말이다.

우리 그리스도인들은 성경이야말로 믿음을 위한 중심적인 계시이며 따라서 명상할 만한 가치가 있는 것이라고 생각한다. 나는 거기에다, 기독교 역사상 위대한 고전들을 읽는 것은 영적 성장을 위해 필수적이라는 사실을 덧붙여 말하고 싶다. 수세기가 흘러오는 동안 우리가 읽을 수 있도록 자신들의 통찰력과 경험들을 기록해 놓은 수많은 선진들이 있다. 이런 책들은 성경의 권위에 미치지는 못하지만 그럼에도 불구하고 거대한 양의 영적 양식을 지니고 있는 것이다.

사색과 명상은 상당한 정도의 상상력을 요한다. 예를 들면 시편 1편을 읽으면서 우리는 시냇가에 심겨진 나무를 상상한다. 시편 기자가 하나님과 동행하는 사람을 그 굉장한 나무에 비유한 이유는 무엇인가? 시편 19편을 읽을 때 우리의 마음은 우주에 미치고 천체와 그 놀랄 만한 메시지를 상상해 보게 되는 것이다. 예수님의 사역을 묘사하는 구절을 읽을 때 우리의 투사 심리는 우리 자신을 곧 그 이야기 속에 데려다 놓는다. 즉, 우리는 구세주가 병을 고치는 것을 보고 그 분이 가르치는 것을 들으며 그 분의 명령에 응답하는 것이다. 명상을 하면서 우리는 예언자들의 말씀 중 몇 구절을 외우면서 그 말씀에 주목하고 그 말씀을 거듭거듭 생각하면서 그 말씀이 우리 내면 세계에 조금씩 녹아 내리도록 한다.

그런 훈련으로부터 새롭고도 놀라운 결정이 나온다. 하나님의 말씀이 우리의 내면 세계에 '입력되는' 것이다. 그 분의 말씀에 우리의 정신을 집중시킬 때 성령께서 우리의 명상을 지도하실 것이라고 확신할 수 있게 된다.

루이스는 미국인 친구에게 편지를 쓰면서 성찰 훈련에 대하여 이렇게 말하고 있다.

우리 모두는 기도에 있어 무미건조한 기간을 겪을 때도 있다. 나는 그것이 반드시 나쁜 현상이라고는 생각하지 않는다. 나는 때로, 우리가 최선의 기도라고 느낀 것이 사실은 최악의 기도가 아닐지 의심해 본다. 즉, 우리가 즐기는 것이 사실은, 춤을 추거나 시를 낭독할 때처럼 어떤 성취감에 젖는 것에 불과한 것은 아닐까 생각해 본다. 하나님께서 우리에게 말씀하시기를 원하실 때 우리가 하나님에게 일방적으로 말하기를 고집함으로써 우리의 기도가 때로 잘못되는 것은 아닐까? 죠이(Joy)는 수년 전에 그것에 대해 내게 말했는데, 어느 날 아침 그녀는 하나님이 그녀에게 무엇인가를 원하신다는 느낌을 강하게 받았는데 그것은 마치 소홀히 해버린 의무에 대해 계속 추궁당하는 것과도 같은 압박감이었다고 한다. 그녀는 아침 늦게까지 그것이 무엇일까에 대해 골똘히 생각했다. 그녀가 걱정하기를 멈춘 바로 그 순간, 마치 말소리로 들려 주는 것 같은 분명한 대답이 있었다. 그것은, "나는 네가 어떤 것을 하기를 원하지 않는다. 내가 너에게 무엇인가를 주고 싶다."라는 것이었다. 즉각적으로 그녀의 마음은 평화와 기쁨으로 가득 찼다. "하나님은 빈 손을 보시면 주신다."고 어거스틴은 말했다. 두 손에 꾸러미를 가득 들고 있는 사람은 선물을 받을 수 없다. 그 꾸러미들이 반드시 죄거나 세속적 관심만은 아니겠지만, 그것은 때때로 우리 자신의 방법으로 그 분을 섬기려는 고집스러운 시도일 수 있다. 종종, 우리의 기도를 방해하는 것은 극심한 혼란이 아닌 사소한 것인 경우도 있다. 즉, 그 기도 이후의 시간에 해야 할

일, 또는 외면하고 싶은 일들에 대한 생각들이 기도에 큰 지장이 될 수 있다.[4]

사색하고 명상하는 훈련에 있어 다음의 과정을 거치는 것이 도움이 될 것이다. 즉, 먼저 하나님께서 말씀하시고 우리는 듣는다. 그러면 그 메시지는 우리의 가슴 속에 입력된다. 그리하여 우리가 의지하던 외적 버팀대들은 하나씩 치워진다. 그리고 우리의 내적인 정원은 더 풍성히 가꾸어진다. 결국 영적 훈련을 거치는 사람들은 그 내면 세계가 보다 강건해지는 것이다.

연구 과제

1. 당신의 삶에 있어 내면의 끈도, 외적인 받침대도 다 약해져서 당신을 지탱하기가 어려웠던 때를 묘사해 보라.

＊2. 당신이나 혹은 당신이 알고 있는 사람 가운데 구약의 사무엘과 비슷한 체험을 가진 경우가 있다면 얘기해 보라.

3. 저자가, 침묵과 고독 속에서 우리가 듣는 것을, 효과적으로 내면화시키기 위해 필요하다고 말하고 있는 "엔터 키"란 무엇인가?

4. 저자에 의하면 명상할 때 어떤 일이 일어나는가? 본문 180면을 보라.

5. 잠깐 시간을 내어 당신이 좋아하는 시편을 묵상하라. 좋아하는 시편이 없으면 시편 139편을 묵상하라.

---

4) C.S. Lewis, *Letters to an American Lady* (Grand Rapids : Eerdmans, 1975), p. 73.

6. 저자는, "우리는 자주, 아직 정서적으로 숨이 찬 상태에서 하나님을 만나기 위해 밀실로 진입한다."고 말하고 있다. 당신의 경우에도 그렇다면 앞으로는 어떻게 하는 것이 좋겠는가?

* 7. 앞으로 6개월 안에 당신이 읽고 싶은 기독교 고전을 두 권만 꼽아 보라.

* 8. 당신의 명상을 풍부하게 하기 위하여 상상력을 어떻게 사용할 것인가? 조금 전에 묵상하면서 읽은 시편으로 되돌아가 적극적인 상상력을 가지고 다시 읽어 보라.

13. 하나님의 시각에 맞춰진 안목

내면 세계가 무질서한 사람들을 위한 조언 :
나의 내면 세계가 질서 정연한 상태라고 할 수 있다면
그것은, 내가 그리스도의 눈을 통하여 사건과 사람을 바라
보는 훈련에 임하기 시작했고, 그로 인해 나의 기도는 그
분의 계획과 약속의 말씀에 맞추어지길 원하는 나의 갈망
을 반영하고 있기 때문일 것이다.

60여 년 전에 쓰여진 명상적 믿음에 관한 통찰력 있는 소책자에서 브리
지트 허만(Bridget Herman)이라는 이름의 한 유럽 그리스도인은 다음과
같이 썼다.

우리는 위대한 성인들의 생애에 관한 책을 읽을 때, 그들이 뛰어나게
효율적으로 일한 동시에 충분한 휴식을 누렸다는 사실에 놀라게 된
다. 그들은 결코 서두르지 않았다. 그들이 한 일도 반드시 깜짝 놀랄
만하거나 대단히 중요한 일만은 아니었다. 그들은 자신들이 미칠 영향
력에도 그다지 연연해 하지 않았다. 그러나 그들은 늘 문제의 핵심을
꿰뚫는 것처럼 보였다. 그들의 삶의 모든 부분이 그것을 말해 주고
있다. 가장 단순한 행동조차도 다른 사람들의 그것과는 구별되며 예술
가에게 요구되는 정교함까지 갖춘 것이었다. 그 이유를 찾기는 어렵지
않다. 그들이 성자로 불리게 된 것은 가장 사소한 행동조차도 하나님

께 알리는 습관에 있는 것이다. 그들은 하나님 안에서 살았다. 그들은 하나님을 향한 순수한 사랑의 동기에서 행동했다. 그들은 타인의 그럴 싸한 의견에 노예가 되지도 않았을 뿐만 아니라 자기 인식의 노예가 되지도 않았다. 하나님이 굽어 보시고 하나님이 상주실 것이었다. 그 밖에 무엇이 더 필요했겠는가? 그들은 하나님을 소유했고 하나님 안에 있는 자신을 소유했다. 그토록 미미해 보이는 습관과 자세로써 그토록 위대한 영향을 끼친, 이 온유하고 조용한 사람들의 고유한 거룩함이 바로 여기에 있는 것이다.[1]

내면 세계의 정원에서 하나님과의 교통을 고양시킬 수 있는 네 번째 방법은 예배와 중보로서의 기도를 통해서이다. 이것이야말로 브리지트 허만이 위대한 신앙들의 특징이라고 말한 것이다. "그들이 성자로 불리게 된 것은 가장 사소한 행동조차도 하나님께 알리는 습관에 있는 것이다."

"내면의 기도가 잠자리에 들기 전의 마지막 행동이 되고, 일어났을 때의 첫 번째 행동이 되도록 하라. 그러면 머지않아 로렌스 수사가 말한 바와 같이 '성령의 폭풍을 지닌 사람들은 자면서도 앞으로 나간다.'는 사실을 알게 될 것이다."라고 토마스 켈리는 썼다.[2]

우리들 대부분은 이것을 거의 체험하지 못했다. 매일매일의 기도 훈련은 그리스도인에게 있어 이행하기 가장 어려운 것 중의 하나일 것이다.

예를 들면, 결혼한 남자들은 부인과 함께 기도하는 것이 매우 어렵다는 사실을 수긍할 것이다. 왜 그런가? 그러나 실상은 뾰죽한 이유도 없는 것이다. 때때로 목사들이 솔직히 자기의 모습을 토로할 때 기도 생활을 잘하는 것이 얼마나 어려운 것인가를 말하곤 한다. 그리고 그들도 그 이유를 설명하는 데 대단한 심적 압박감을 느낀다.

---

1) E. Herman, *Creative Prayer* (Cincinnati : Forward Movement, n.d.), p. 16.
2) Thomas R. Kelly, *A Testament of Devotion* (New York : Harper & Row, 1941), p. 39.

많은 그리스도인들을 방문한 후에 느낀 사실은 예배와 중보 기도야말로 영적 싸움 중 가장 어려운 것이라는 점이다. 기도가 중요하다는 것을 누구도 부인하지는 못할 것이다. 그러나 자신의 기도 생활이 잘 되어 가고 있다고 자신 있게 말할 사람은 별로 없다. 이것은 그토록 많은 사람들의 내면 세계의 정원이 무질서한 상태에 있는 주요 원인이다. 아울러 우리 대부분이 스탠리 존스처럼, "외부의 받침대는 필요없다."고 자신 있게 말하기 힘든 까닭도 여기 있는 것이다.

기도하기가 왜 어려운가?

왜 그렇게도 많은 사람들이 기도의 문제에 대하여 갈등하는가? 그 세 가지 이유를 제시해 보겠다.

1. 예배와 중보 기도를 부자연스럽게 여기기 때문이다

사람들은 본래 하나님과의 교제를 갈망하도록 창조되었다. 죄의 결과로 그러한 사람들의 본래적인 갈망이 둔해진 것이다. 죄로 인하여 자연스러운 활동이 어색한 행동으로 바뀌어 버린 것이다.

죄가 사람에게 그렇게 깊이 영향력을 미쳤을 때 그것은, 본래의 식욕이나 다른 욕구들은 손상시키지 않은 채 그대로 두고 무엇보다도 영적 차원을 손상시킨 것이라는 생각이 든다. 우리들의 식욕과 성적 쾌락, 그리고 안전에 대한 본유적인 집착은 창조될 때와 거의 비슷한 수준일 것이다. 죄로 물들지 않았던 인간의 상태를 상상해 보고자 한다면, 그의 하나님과의 교제에 관한 욕구가, 오늘날 우리에게 있는 자연적이고도 아주 사실적인 식욕이나 본능의 충족을 위한 갈망보다 더 크거나 같은 정도의 것이었으리라 생각하면 될 것이다. 그러나, 의심할 나위 없이 그렇게도 강력했던 영적인 갈망이 죄의 힘으로 인하여 형편 없이 무디어져 버린 것이다. 그래서 '예배와 중보 기도'는 아주 어려운 일이 된 것이다.

따라서 어떤 방식으로든 기도하는 것은 실제로 우리의 자연적인 자아와 싸우는 것이고, 우리가 속한 사회의 문화가 말하는 삶의 방식과는 전혀 이질적인 것인 셈이다.

그리고 그것이야말로 문제의 본질이다. 우리 각자가 얼마나 이 사회의 문화에 세뇌되어 있는지를 깨닫고 있는 사람은 별로 없다. 문화의 메시지는, 우리의 영성을 계발한다는 것이 실제로는 시간 낭비에 불과한 것이라고 말하면서 우리의 내면 세계를 파괴하고 있다. 아주 어렸을 때부터 오직 행동을 통해서만 무언가를 성취할 수 있다고 은근히 배워 왔다. 그런데 기도는 무위적(無爲的)인 것으로 보이는 것이다. 내면 세계가 무질서한 사람에게는 아무 것도 성취할 수 없는 것으로 보인다.

기도야말로 실질적이고도 의미심장한 행동으로서 실로 시공을 초월하여 살아 계신 하나님께 이르는 것이라고 믿게 되기 전까지 예배와 중보 기도의 습관을 결코 가질 수 없는 것이다. 이러한 습관을 얻기 위해서는, 기도가 생활의 자연스러운 일부가 아닌 것처럼 여기는 우리 자신을 극복하려는 의식적인 노력이 필요하다.

2. 예배와 중보 기도는 우리들의 약함에 대한 묵시적 시인이기 때문이다.

예배와 중보 기도를 하기 어려운 두 번째 이유는, 이 행동들이 본질상 인간의 나약함을 시인하는 것이라는 데 있다. 기도함으로써 우리의 내적 정원에서는, 우리가 생각을 아뢰고 있는 그 분께 전적으로 의존하고 있다는 인식이 싹트게 된다.

우리는 말로는, 우리가 약한 존재라는 것과 살아 가기 위해 하나님께 의존할 수밖에 없는 존재라고 뇌까린다. 그러나 우리의 내면 깊은 곳에 자리한 죄된 본성은 그 사실을 기꺼이 인정하려 들지 않는다. 즉, 우리의 의존성을 강력하게 거부하는 것이다.

나는 많은 그리스도인 남편들이 아내와 기도하거나 혼성 그룹에서 대표 기도 하기를 꺼리는 것을 보고 재미있게 생각한다. 그리스도인 아내가 "남편은 저하고 절대로 같이 기도하지 않는데 이해할 수가 없어요."

라고 불평하는 것은 흔한 일이다.

그 이유는 문화적으로, 남자는 자신의 약함을 드러내거나 그것을 증명할 어떠한 행동에도 끼어들어서는 안 된다고 가르쳐져 왔다는 사실에 있다. 그런데 진정한 기도는 우리가 약하며 하나님께 의존적인 존재라는 것을 시인하는 것이다. 남성들도 이것을 알고는 있으나 무의식적으로 그러한 의존성에 대해 항거하는 것이다.

반면에 여성들은 적어도 최근까지는 나약함을 받아들이는 데 있어 아무런 갈등도 느끼지 않아 왔는데, 그것이야말로 여러 사람이 모여 마음 편히 기도하기가 남자들보다 쉬운 이유 중의 하나인 것이다.

하나님께서 인간 창조 시 의도하신 대로의 인간이 되기 위해서는 하나님과의 교제가 필요하다는 사실을 받아들이게 될 때, 그 사람에게는 영적 성장이 있게 된다. 그 사실을 깨닫게 되면 놀라운 해방감을 느끼게 된다.

로렌스 수사는 이렇게 말했다.

우리가 가장 필요로 하고 있는 덕목은 무엇이고, 싸워 이기기가 가장 힘든 것들은 무엇이며 가장 자주 짓게 되는 죄는 무엇이며, 가장 흔히, 또 어쩔 수 없이 죄를 짓게 되는 경우는 언제인가를 주의 깊게 살펴보아야 한다. 영적 싸움의 시간에, 완전한 확신을 가지고 하나님을 향하여야 하며 왕이신 하나님의 면전에 굳게 서서 겸손히 그를 예배하고 우리의 근심과 약함을 내려 놓아야만 하는 것이다. 그렇게 할 때 우리는 우리에게 없는 그 모든 덕목을 그 분에게서 찾아 얻게 되는 것이다.[3]

로렌스 수사는 그의 약함을 직시하고도 의연할 수 있었는데 그것은, 그의 기도 생활이 그만큼 생동적이었기 때문이다.

---

3) Brother Lawrence, *The Practice of the Presence of God,* trans. E.M. Blaiklock (Nashville : Thomas Nelson, 1982), p. 70.

3. 기도는 때때로 현실적인 결과와 무관한 것처럼 보이기 때문이다.

기도하기 어려운 세 번째 이유는 기도가 빈번히 현실적인 결과와 무관한 것처럼 보인다는 데 있다. 내가 성경의 가르침을 부인하고 있다고 여러분이 생각하지 않도록 내 말을 주의깊게 들어 주길 바란다. 나는 하나님께서 기도에 응답하신다고 분명히 믿는다. 그러나 그 분의 응답이 항상 바라는 시간에, 바라는 내용으로 이루어지지 않는다는 사실은 우리들 대부분이 충분히 경험하고 있다.

젊은 목사 시절 나는, 나의 기도 생활 속에서 어리둥절하게 여겨지는 문제점에 대해 아내에게 털어놓곤 했다. "때때로 조금밖에 기도하지 못한 주에는 설교가 아주 능력 있게 되는 것 같고, 오히려 기도로 충분히 준비했다고 느껴지는 주에는 설교가 더 엉망인 것 같소. 당신 생각은 어떻소? 하나님께서 내가 투자하는 기도의 양만큼 복을 주시는 것 같지 않을 때, 그 분은 내가 어떻게 하기를 바라시는 것 같소?"라고 나는 아내에게 물었다.

나도 다른 사람들처럼 병 고침과 기적과 인도하심과 도움을 위해 기도하곤 했었다. 솔직히 말해서, 내가 강한 믿음을 가지고 기도했으므로 하나님께서 내 기도에 응답하시리라고 확신했던 때도 있었다. 그러나 많은 경우에 있어 아무 일도 일어나지 않았고, 일어났다 하더라도 내가 기대했던 것과는 전혀 다른 모양으로 응답되었던 것이었다.

우리는 상당히 기계적으로 질서 잡힌 사회에 살고 있다. 우체통에 편지를 넣으면, 대개는 여러분이 보내고 싶은 곳에 배달된다. 쇼핑 목록을 보고 어떤 물건을 주문하면 대개는 맞는 크기와 색깔과 주문한 모양의 물건이 배달되어 온다. 어떤 사람더러 와서 무엇을 수리해 달라고 하면 대개는 수리가 될 거라고 기대해도 된다. 바꾸어 말하면 우리는 우리가 맞추어 놓는 대로 그에 따른 결과를 얻는 데 익숙해져 있다는 말이다. 그것이 바로 기도가 우리 중 어떤 사람들에게는 실망거리가 되는 이유이다. 어떻게 우리 편에서 기도의 결과를 예지할 수 있겠는가? 우리는,

기도는 그냥 기도대로 하고 그 결과는 우리 자신이 만들어 내려고 애쓸
수도 있다.

그러나, 기도 생활은 내가 기대하거나 필요로 하는 결과들과 반드시
일치하지는 않는다는 것이다. 기도에 대하여 내가 기대한 형태의 응답은
오히려 내게 해로울 수도 있다는 것을 이제 나는 알게 되었다. 예배와
중보 기도는 나 자신의 목적에 하나님이 맞추어 주시기를 구하는 것이라기
보다는 그 분의 목적에 나를 맞추는 일이라는 것을 깨닫기 시작했다.

핸리 뉴엔은 다음과 같이 그것을 잘 묘사하고 있다.

> 기도는, 우리의 모든 정신 활동에 있어 하나의 급진적인 전환이라
> 할 수 있는데 그 까닭은, 기도할 때 우리는 우리 자신과 근심거리,
> 집착 그리고 자기 합리화로부터 벗어나기 때문이다. 또한 기도란 하나
> 님의 사랑 안에서 모든 것이 새로워질 것이라는 순전한 믿음을 가지
> 고 우리 자신의 것이라고 여겼던 모든 문제들을 하나님께 맡기는
> 행위이다.[4]

우리 주님이 십자가에 달리시기 전날 밤 겟세마네 동산에 오르셨을
때 붙잡히기 직전에 하신 그 기도는, 그 분의 뜻이 아버지의 뜻과 하나인
것을 확인하는 것에 초점이 맞춰져 있었다. 이것이야말로 성숙한 기도인
것이다.

많은 경우에 나는 기도의 결과를 내 마음에 예상한 채 기도하곤 했
다. 내가 기도하고 있던 사람들과 사건들에 대해서 그것들이 어떻게 되어
야 하는가에 대한 내 생각을 하나님 아버지께 강요함으로써 그 사람들과
사건들이 내 생각대로 되기를 바랐었다. 그렇게 하는 것은 사람들과 사건
들을 하늘의 시각이 아닌 땅의 시각을 통해서 보는 것이다. 그것은 마
치, 무엇이 최선의 결과인지 하나님보다 내가 훨씬 더 잘 알고 있다는듯

---

4) Henry J. M. Nouwen, *Clowning in Rome* (Garden City, N. Y. : Image, 1979),
   p. 73.

이 기도하는 것이다.

토마스 켈리는, "주님, 당신의 뜻이 저의 뜻이 되기를 바랍니다."라는 기도야말로 온당한 기도라고 말하고 있다. 아마 우리가 할 수 있는 가장 순전한 기도는 단순히 "아버지, 하늘의 눈을 통해서 땅의 것을 보게 해 주십시오."라는 기도일 것이다.

켈리는 다시 이렇게 쓰고 있다.

전적으로 순종하고 전적으로 복종하며 전적으로 듣는 삶이야말로 놀랄 만큼 온전한 삶이다. 그러한 삶의 기쁨은 광채를 발하고 그로 인한 평화는 심오하며, 그것에서 나온 겸손은 깊이가 있으며, 그 힘은 세계를 뒤흔들고, 그 사랑은 모든 것을 덮어 주며, 그 단순함이란 어린 아이의 믿음과도 같은 것이다.[5]

바로 이것이 예배와 중보 기도에 있어 자주 거침돌로 작용했던 것을 극복하게 해준 사고 방식이었다. 그렇다. 옛 본성적인 자연인에게 있어 기도란 어색한 것이다. 그러나 그리스도께서 나의 삶에 들어오셨으므로, 전에는 어색했던 것이라도 자연스럽게 만들 능력을 간구하기만 하면 그렇게 되는 것이다. 그렇다. 기도란 우리의 약함과 그 분에 대한 의존성을 드러내는 것이다. 내게 있어 그것은 분명한 사실이며 그것을 깨닫게 됨으로써 나는 오히려 강건해졌다. 그리고 내 기도에 대한 응답들이 항상 내 기대와 같은 것은 아니다. 그러나 문제는 우리의 잘못된 기대에 있는 것이지, 기도를 들으시는 하나님의 능력의 부족에 있는 것이 아니다.

이러한 장애물들에 부딪치면서, 우리는 어떻게 내면의 정원 안에서 예배와 중보 기도의 훈련을 증진시킬 수 있겠는가?

하나님을 방문함

예배와 중보 기도에 관한 실질적인 측면은, 시간적인 것, 즉 언제

---

5) Kelly, p. 54.

기도할 것인가와 자세, 즉 어떻게 기도할 것인가, 또한 그 내용으로서 하나님과 만나는 동안 무엇을 해야 하는가 하는 것들과 관계 있다.

영적 훈련을 위해, 가장 좋은 시간은 사람마다 다 다를 것이다. 나는 아침에 더 활동적인 사람이지만, 나의 가장 친한 친구 하나는 저녁 시간이 제일 좋다고 한다. 나는 기도하는 것으로 하루를 시작하지만 그는 기도하는 것으로 하루를 끝마치는 것이다. 누구도 그의 방법을 놓고 논쟁할 필요는 없다. 나는 그것이 각자의 리듬과 관련된 문제라고 생각한다. 바벨론에 포로로 있던 다니엘은 아침과 저녁 그리고 점심에도 기도함으로써 그 문제를 해결했다.

나의 경우, 아침 기도 시간에 혼자만의 조용한 곳에 이른 순간에도 예배와 중보 기도 속에 들어가기가 사실상 불가능한 것을 발견한다. 호흡 조절의 원칙을 기억하자. 많은 대화들과 결정해야 할 일들로부터 벗어나서 완전히 자유로운 마음으로 기도하는 것이 반드시 불가능하지는 않다 해도 어려운 것이다. 의미 있는 기도를 하기 위해서는 마음이 명상적인 자세가 되도록 가라앉혀야 하는 것이다.

그러한 상태가 되도록 종종 나는 책을 읽거나 일기를 씀으로써 시작한다. 이런 일은 내가 영적 훈련에 진지하게 임하고 있음을 마음에 확신시켜 주는 행위이며, 또한 그렇게 함으로써 기도를 시작할 때 잡념이 들지 않게 되는 것이다.

기도에 가장 적합한 자세가 있는가? 아마도 없을 것이다. 어떤 사람들은 있는 것처럼 말하지만 말이다. 성경상의 문화권 내에서는 사람들이 대개 서서 기도했던 것 같다. 그러나 구약에서 기도란 단어는 엎드린다는 뜻으로서 그것은 아마도 바닥에 납작 엎드린 자세를 가리키는 것인 듯하다.

이 시대의 위대한 기도의 사람 토저(A.W. Tozer)는 그의 서재에 작업복 한 벌을 갖고 있다고 그의 친구들이 내게 말했다. 기도하러 들어갈 때, 그는 그 옷을 입고 딱딱한 마루 바닥에 납작 엎드린다. 작업복은 물론 옷을 더럽히지 않기 위함이다. 회교도들의 기도하는 자세는 본받을 만하다. 그들은 무릎을 꿇고 이마가 땅에 닿기까지 엎드린다. 아주 지쳐 있을 때는 회교도들의 기도 자세를 취하는 것이 나를 정신적, 영적으로 깨어 있게 해주는 데 도움이 된다.

어떤 때는 서재를 왔다 갔다 하면서 기도하기도 한다. 또 어떤 때는 그냥 앉아서 기도하는 것도 좋다. 요컨대 기도란 여러 다양한 자세로 할 수 있는 것으로 경우에 따라 가장 적절한 자세를 취하는 것이 바람직하다.

진지한 중보 기도자들은 기도 목록을 작성한다. 나 자신을 진지한 중보 기도자라고 자부하는 것은 아니지만 나 역시 그러한 목록을 만들어 놓았는데, 전에 말한 대로 일기장 뒷부분에 그것들을 기록하는 정도이다. 그 기도 목록을 보면서 기도할 때, 나의 주된 관심들이 무엇이었는지를 다시 찾아볼 수 있다. 그것이야말로 하나님께서 위하여 기도하도록 만드신 사람들에 대한 사랑과 관심의 표현으로서, 적어도 내가 알고 있는 한, 책임지고 기도하도록 만드는 유일의 방법이다.

기도의 내용

무엇을 위하여 기도해야 하는가? 20세기 초 구세군의 전도자였던 사무엘 로간 브랭글의 기도에서 발췌한 것을 살펴보기로 하자.

주님, 정신적으로 영적으로 둔감하고 어리석어지는 것으로부터 저를 지키소서. 날마다 자기를 부인하고 십자가를 지고 당신을 따르는 사람, 즉 그렇게 훈련된 경주자에게 필요한 정신적, 영적, 체력적인 특성을 지닐 수 있도록 저를 도우소서. 저의 일에 성공을 주시되 교만하지 않도록 도우소서. 너무도 자주 성공과 번영 뒤에 수반되는 자기 만족으로부터 저를 구하소서. 육체적인 무기력함과 쇠잔함이 밀려올 때라도 영적인 나태와 방관함에서 저를 건지소서.[6]

브랭글이 효과적인 사역을 했던 것은 놀라운 일이 아니다. 그는 어떻게 기도하며, 무엇을 위해 기도해야 할지를 알고 있었다. 이렇게 짧은 기도에도 중요한 내용은 모두 들어 있는 것이다. 이 기도를 기록한 후에 브랭글의 전기 작가는 이렇게 말하고 있다. "매일 같이 시간마다 이렇게 기도함으로써 이 선지자는 그가 노쇠해진 후에도 정열을 불태우고, 삶의 초점을 한 곳에 맞출 수 있었던 것이다."

찬양

내면의 정원에서 하나님 아버지를 만나는 영적 훈련에 있어서, 그 분을 우러르는 일이야말로 예배 중 첫 번째 자리를 차지해야만 한다.

어떻게 기도 안에서 찬양할 수 있는가? 첫째로, 하나님이 어떤 분이신가 하는 것을 깊이 생각하고, 그 분 자신에 관해 계시해 주신 것들에 대해 감사함으로써 경배를 시작한다. 기도 속에서 찬양한다는 것은, 우리의 영으로 하여금 오래 전부터 지금까지 그 분이 하신 일들에 대해 깨닫게 하는 것과 또한 그 분 자신에 대해서 우리에게 말씀해 주신 것들을 기뻐하도록 하는 것이다. 감사와 찬양의 정신으로 이것들을 다시 생각해볼 때, 우리의 영이 더 실제적으로 하나님의 임재와 존재하심을 인식케 되고 충만케 되는 것을 서서히 느끼게 될 것이다. 또한 우리의 의식은 우리를 둘러싸고 있는 세계가 닫혀져 있고 제한된 것이 아니라, 사실상 원래 창조주 하나님이 의도하신 것만큼 광활하다는 사실을 서서히 받아들일 수 있게 되는 것이다. 우리가 그 분을 경배케 될 때, 하나님이 얼마나 크신 분인지를 다시 한 번 깨닫게 되는 것이다.

고백

위대하신 하나님의 빛 가운데서는, 우리 자신, 즉 하나님과 비교된 우리 자신의 모습이 어떠한가에 대하여 정직할 수밖에 없다. 이것이 바로

---

6) C.W. Hall, *Samuel Logan Brengle : Portrait of a Prophet* (Chicago : Salvation Army Supply & Purchasing Dept, 1933), p. 237.

기도의 두 번째 요소인 죄에 대한 고백이다. 영적 훈련에는 우리의 본성에 대해, 그리고 하나님께서 우리와의 교제와 우리의 순종을 찾으실 때, 그 분을 기쁘시게 해드리지 못한 최근의 어떤 행동들과 태도들을 토로하는 것이 늘 포함된다.

"죄인인 나에게 긍휼을 베푸소서."라는 기도는 단축된 고백의 기도이다. 자신에게서 불완전함과 악한 길을 찾는 성향을 직시하게 될 때, 우리는 하나님 앞에서 깨어지면서 자신을 낮추는 경험을 날마다 가져야만 한다. 그리스도인으로서 나를 놀라게 만드는 것은 바로, 그 전에는 발견하지 못했던 새로운 차원의 죄들을 끊임없이 보게 된다는 점이다.

몇 년 전에 게일과 나는 뉴햄프셔의 버려진 낡은 농장(지금은 '평화의 언덕'이라고 부르고 있다.)을 샀는데, 바위와 돌들로 온통 뒤덮인 그 곳에서 우리의 시골 집을 짓고 싶은 자리를 찾아내었다. 잔디와 화초가 자라도록 그것들을 모두 파내려면 힘들여 일해야만 했다. 그것들을 모두 파내는 일에 온 가족이 힘을 썼다. 그 작업의 첫 단계는 쉬웠다. 큰 바위덩이들은 빨리 치울 수 있었다. 그것들을 모두 파낸 후에 앞으로도 파내야 할 작은 바위들이 많이 있다는 것을 알게 되었다. 그래서 그것들을 다시 치워 냈다. 그러나 큰 바위덩이들과 작은 돌들을 다 치워 낸 후에 우리는 미처 보지 못했던 돌멩이들과 자갈들을 발견케 되었다. 이것은 더 힘들고 지겨운 일이었다. 그러나 우리는 끈덕지게 그 일을 했고, 드디어 잔디를 심을 수 있을 만큼 땅을 일구었다.

우리의 내면 세계도 그 땅과 아주 흡사하다. 내가 그리스도를 처음으로 진지하게 따르기 시작했을 때 주님은, 마치 바위덩이처럼 없애야 할 주된 많은 행동과 태도들을 지적하셨다. 그리고 수년이 지나자 큰 바위덩이들은 실로 많이 없어졌다. 그러나 그것들이 다 치워지기 시작했을 때, 나는 이전에는 보지 못했던 행동과 태도가 두껍게 또 하나의 층을 이루고 있음을 발견하게 되었다. 그러나 그리스도께서는 그것들을 보셨고, 하나하나 꾸짖으셨다. 또다시 치우는 작업이 시작되었다. 그러고 나서, 나의 신앙 생활에서 그리스도와 내가 함께 그 돌멩이들과 자갈들을 치워 내는 단계에 이른 것이다. 그것들은 상상할 수 없을 만큼 많이 있고, 내가 보건대, 이 땅 위에 사는 날 동안 나의 삶 속에서 계속해서 치워 내는 일들을 해야만 할 것이다. 매일매일의 영적 훈련에서 그것들을 치워 내는 과정에서 생기는 새로운 차원의 찔리는 듯한 아픔을 갖게 될 것이다.

그러나 이 이야기를 끝내기 전에 한 가지 더 언급하고자 한다. 그 평화의 언덕에 봄이 올 때마다, 추운 겨울 동안 얼어 붙었던 땅이 녹으면 집 주위에 새로운 돌과 자갈들이 다시 생겨난 것을 보게 된다. 그것들은 땅 속에 있다가 위로 올라온 것이다. 시간이 지남에 따라 하나씩 올라온 것이다. 그것들 중 어떤 것들을 다루는 일은 우리를 좌절하게 만드는데, 그것은 그것들을 치워 내려고 노력하기 전까지는 아주 작아 보였기 때문이다. 그 때에야 우리는 언뜻 눈에 보이는 것들보다도 훨씬 더 많은 돌멩이들이 있음을 알게 된다.

나의 죄성이 바로 그와 같다. 그것은 돌들과 자갈, 그리고 하나씩 땅 위로 올라오는 돌멩이들로 가득 차 있다. 영적 훈련 속에서 매일매일 죄를 고백하는 경험을 무시해 버린 사람들은, 곧 그 죄에 짓눌려 버릴 것이다. 나는 왜 노년이 된 바울이 그 자신을 "죄인 중의 괴수"라고 부를 수 있었는지를 이해한다. 감옥에서 삶의 종말에 직면하기까지 그는 자갈과 돌멩이들을 여전히 치우고 있었던 것이다.

나는, 자신들의 생활 속에서 발견하게 되는 죄 때문에 낙심하게 된다고 말하는 젊은 그리스도인들을 보고 미소짓는다. 그들이 적어도 그 죄를 볼 수 있고 또 그 죄에 대해 혐오를 느낀다는 사실은 그들이 실제로 성장하고 있음을 보여 주는 것이다. 그리스도를 좇는 사람이라 자칭하면서도 이미 오래 전에 죄로 가득 찬 자신의 모습을 볼 수 없게 되버린, 사람들이 너무 많다. 그들은 주일 예배에 참석할 때에도 진정한 예배의 표시인 하나님 안에서의 깨어짐과 회개의 경험 없이 교회를 떠나는 것이다. 이것이야말로 기독교를 저급한 수준으로 끌어내리는 것이다.

스탠리 존스는 영적 훈련에 있어서 고백의 중요성에 대해 다음과 같이 말하고 있다.

나는 비건전한 어떤 정신적, 감정적, 윤리적, 영적 태도들이 있음을 잘 알고 있다. 그것들은 곧 분노, 원망, 두려움, 걱정, 지배욕, 자기 집착, 죄책감, 불순한 성적 욕구, 시기, 창조적인 활동의 결여, 열등감, 사랑의 결핍 등이다. 이것들이 바로 건강을 해치는 열두 사도들이다. 그래서 나는 기도 속에서 그것들이 나타날 때에 그리스도 앞에 모두 내어 놓는 법을 배웠다. 언젠가 가가와(Kagawa) 박사에게 "기도가 무엇입니까?"라고 물었을 때 그는, "기도는 자기 포기입니다."라고 대답했다. 나도 그 대답에 동의한다. 그것은 일차적으로 날마다 자신을 포기하는 것이다. 그것은 아는 것과 모르는 것 모두를 주님께 내어 놓는 것이다. "우리가 알지 못하는 모든 것"은 아직 알 수 없는 미래의 일과 일어나게 될 문제들을 포함하는 것이다. 그래서 이 열두 가지 중 어떤 것이라도 나타나면, 기도 속에서 그것들을 내어 놓는다. 어느 누구도 그것들로부터 완전히 자유로운 사람이 없기 때문에 그것들은 나타나게 되어 있으며, 나는 그것들을 다루는 법을 배우게 되었다. 곧 그것들과 싸우는 것이 아니라 그것들을 다루는 법을 배우게 되었다. 즉 그것들을 예수 그리스도께 내려 놓고 "주님, 이것들을 가져가 주소서."라고 말하는 것이다.[7]

중보 기도의 사역

위대한 기도의 용사들은 충분히 예배를 드린 후에야만이 중보 기도를 시작할 수 있다고 이구동성으로 말하고 있다. 살아 계신 하나님과 만난 후에야 우리는 토마스 켈리가 "천국의 눈"이라 부른 시각을 가지고 기도할 수 있게 되는 것이다.

늙은 구세군 장교 브랭글은 기도의 사람이었다. 그의 전기 작가는 다음과 같이 쓰고 있다.

---

7) E. Stanley Jones, *Song of Ascents* (Nashville : Abingdon, 1968), p. 337.

그는 기도 속에서 교통하는 것을 배우는 사람이었다. 너무 아픈 때를 제외하고는 새벽 네시나 다섯시면 일어나서 아침 식사 전, 적어도 한 시간을 주님과 교통하는 데 보내는 것이 그의 습관이었다. 헤이 즈(Hayes) 박사가 그의 책, "그리스도인의 헌신의 수준"에서 "기도의 사람, 로간 브랭글을 위하여"라는 헌사를 썼는데, 그 중에 이런 내용 이 있다.

"브랭글이 우리 집에 손님으로 오셨을 때, 나는 그가 의자 위에 성경을 펴놓고 무릎을 꿇고 있는 모습을 자주 보았는데, 그런 자세로 그는 성경을 읽었고, 그런 자세가 방금 읽은 성경을 다음과 같이 기도 로 옮기는 데 도움이 된다고 말했다. '오 주님, 저로 하여금 이것은 하고 저것은 하지 않도록 도와주십시오. 또한 제가 이러한 사람이 되게 해주시고 또 이러한 실수는 피하도록 해주십시오.'라고."[8]

주님께 대한 경배가 다 드려졌을 때 중보 기도는 시작될 수 있다. 중보 기도는 다른 사람의 편에서 드리는 기도를 의미한다. 그것이야말로 그리스도인이 가질 수 있는 특권으로서 가장 위대한 사역이라고 나는 생각한다. 그리고 아마도 그것은 가장 어려운 사역일 것이다.

여러분은 가장 신실한 중보 기도자들이 대개 나이 든 사람들이라는 사실을 주목해 보았는가? 왜 그럴까? 그 한 가지 이유는 그들이 그들의 활동을 단순화시켰기 때문이다. 그러나 또한 나이 든 사람들은 중보 기도 가, 많은 시간의 기도하지 않고 하는 활동들보다 훨씬 더 효과적임을 알았기 때문일 수도 있다는 것을 주목해야만 한다. 그리고 시련과 실수를 통한 경험이 그들로 하여금 신뢰할 만한 하나님의 능력을 의지하게 하는 지혜를 가르쳐 주었음은 물론이다.

나는 지난 몇 년 동안 다른 사람들을 위한 사역을 위해 중보 기도의 사역을 익혀 왔는데, 그것의 진보는 아주 느리다. 아마도 그것은 나의 내면 세계에 가장 큰 도전거리일 것이다.

---

8) C.W. Hall, *Portrait of a Prophet*, p. 185.

영적 권위와 책임이 커질수록, 중보 기도의 능력을 계발하는 일은 더욱더 중요해지게 된다. 그것은 시간을 필요로 하고 그런 종류의 사역은 우리가 하기 어려운 것이다.

나는 이것이 바로, 예루살렘 초대 교회의 지도자들이었던 사도들이 사도행전 6장에서 다루어야 했던 문제라고 생각하는데, 그 때 그들은 과부와 고아들을 돌보는 일에 전념할 자들을 찾음으로써, 그들 자신은 "기도와 하나님의 말씀을 전하는 일에 몰두하겠다."라고 할 수 있었던 것이다. 이 바쁘고 바쁜 사람들의 우선 순위에 무엇이 제일 먼저 있는지를 주목해 보라. 그들은 기도하는 시간을 빼앗기기 시작했고, 그것을 아주 민감하게 느끼게 되었다.

중보 기도는 글자 그대로 두 편 사이에 서서 한 사람의 경우를 다른 사람에게 탄원하는 것을 의미한다. 제멋대로 행하는 이스라엘 사람들을 대신해서, 자주 심혈을 기울이는 탄원을 했던 모세의 중보 기도의 사역보다 더 위대한 중보 기도의 본보기가 있을까?

보통 누구를 위해 중보 기도를 하는가? 결혼했다면 물론 배우자와 자녀들을 위해 기도한다. 그러나 중보 기도는 또한 그 범위를 넓혀서, 가까운 친구들과 하나님께서 우리의 책임 하에 두신 사람들과 같이 일하는 동역자들과 교인들과 기도의 도움이 필요한 이웃들을 위해서 기도하는 것을 의미한다.

나의 중보 기도 목록에는 많은 기독교 지도자들과 기독교 기관들이 들어 있다. 그들 중에는 내가 잘 알고 또 좋아하는 사람들이 많이 있다. 그러나 나는 그들을 위한 기도의 짐을 그저 이따금씩만 지고 있음을 고백해야만 하겠다. 그러나 어떤 사람들은 그들의 어려움과 압박 상태가 내게 피부로 느껴져서 날마다 중보 기도 시간에 그들을 주님 앞에 아뢰게 된다. 그들은, 내가 "당신을 위해 매일 기도하고 있습니다."라고 말하면 대단한 격려를 받는다. 어느 정도 지도자적인 책임을 갖고 있는 사람으로서, 날마다 중보 기도로 나를 하나님의 보좌 앞에 있게 하는 사람들이 있다는 것을 아는 것이 얼마나 든든하게 느껴지는지 모른다.

중보 기도란 또한 우리가 세계 선교에 대한 사명을 지녀야만 한다는 것을 의미한다. 체계적으로 전세계를 위해 기도할 수 있도록 나는 대륙들을 분할해서 날마다 한 대륙씩을 위해 기도한다. 일요일은 라틴 아메리카, 월요일은 중앙 아메리카, 화요일은 북아메리카, 수요일은 유럽, 목요일은 아프리카, 금요일은 아시아 그리고 토요일은 남태평양에 있는 나라들을 위해서 기도한다. 각 대륙을 위해서 기도할 때에, 교회들과 내가 알고 있는 선교사들과 극심한 고통을 당하고 있는 사람들을 위한 기도를 포함시킨다.

우리는 자신에 대한 청원과 요구를 주님 앞에 가져갈 수 있다. 나는 어쩐지 이러한 것들은 기도 시간의 가장 마지막에 와야 한다고 느끼고 있지만 그것은 단지 나의 견해일 뿐이다. 나는 주님께 지혜와 공급을 구하는 것이 최선의 것인 것처럼 보이는 내 개인적인 생활상의 문제를 놓고 생각하는 중이다. 나는, 어느 정도까지를 주님께 구해야 하고(어떤 사람들은 모든 것을 구해야 한다고 말한다), 어느 정도까지 하나님께서 우리 스스로 처리하기를 바라시는지에 대해 고민해 왔다. 나는 지금도 이 문제에 대한 정확한 대답을 알 수가 없다. 나는 믿음 안에서 성장할수록 내 자신에 대하여는 점점 적게 기도하게 되고, 반면에 다른 사람들을 위해서는 점점 많이 기도하게 된다는 것을 발견했다. 그리고 내 자신에 대한 기도는, 주로 다른 사람들에게 더욱더 유익하게 되기 위한 지식과 능력을 점점 더 많이 구하게 되는 것 같다.

우리의 내면 세계에 있는 정원을 가꾸지 않은 채 내버려 두게 되면, 오래지 않아 그것도 온갖 잡초들로 어지럽게 덮이게 되어 그 곳에 거하시려는 하나님과 우리들 자신이 들어가기 싫은 곳이 되어 버리고 만다. 너무 오래 무시해 버리게 되면, 그것은 정원이라기보다는 쓰레기 버리는 곳이 되는 것이다. 그렇게 되면 우리는 힘의 원천과 앞으로 나아가기 위한 방향 제시를 외부적인 것들에 의존케 된다.

그것이 바로 북베트남 수용소에서 하워드 러틀리지가 겪은 갈등의 이유인 것이다. 하나님의 은혜로 그 고통을 무사히 견딜 수 있었다고 그는 말하고 있다. 그러나 그는, 영의 내면 세계가 계발되지 않은 채 내버려졌을 때 당하게 되는 격심한 시련을 직면하는 것이 어떤 것인지를 결코 잊을 수 없었다.

20세기의 저명한 위대한 그리스도인 에릭 리델(Eric Liddell)은 영화 *Chariots of Fire* (불병거)의 주인공으로서 올림픽에서 육상 챔피온이었는데, 그는 2차대전 중 북아프리카 수용소에서 러틀리지와는 현저하게 다른 경험을 했다. 그의 전기 작가는 리델이 웨인센 수용소에 갇혀 있을 때, 그가 얼마나 많은 존경을 받았는가에 대해 쓰고 있다. 그의 비범한 지도력과 기쁨 그리고 수없이 많은 어려움 중에서도 태연자약한 모습의 비결은 무엇이었을까? 그의 전기 작가는 그 때에 리델을 잘 알고 있는 남편과 함께 같은 수용소에 있었던 한 여인의 말을 인용하고 있다.

무엇이 그의 비결인가에 대해 한번은 그에게 물어 보았는데 사실은 나는 이미 대답을 알고 있었다. 왜냐하면 내 남편이 같은 감방에 있었고, 또 그와 함께 그 비밀을 같이 나누고 있었기 때문이었다. 매일 아침 여섯시, 동정을 살피고 다니는 보초들이 누군가가 탈출하려 한다고 생각하게 될까 조심하면서 땅콩 기름 램프의 불빛이 새어나가는 것을 막기 위해 커튼을 치고서는, 아래층 침대에서 아직 자고 있는 같은 방 동료를 지나 2층 침대에서 기어내려 오곤 했다. 그러고 나서는 조그만 중국식 탁자에 두 사람이 성경과 노트를 비출 만큼의 불을 밝히고 가까이 같이 앉곤 했다. 조용히 그들은 읽고, 기도하고, 해야 할 것들에 대해서 생각했다. 에릭은 기도회나 성만찬 등의 기회가 만들어지면 언제나 참석하기를 좋아하기는 했지만 정해진 시간 외에는 늘 기도하는 기도의 사람이었다. 그는 마치 이러한 식의 내면의 훈련을 익히기 위해 '기도 학교'에 들어간 사람처럼 자연스럽게 그리고 항상 하나님과 대화했다. 그는 무거운 정신적 문제가 하나도 없는 것처럼 보였다. 그의 생활은 하나님과 믿음과 신뢰 안에서 잘 다듬어 져 있었던 것이다.[9]

우리의 내면 세계에 질서를 잡는 일은 리델이 했던 것처럼 정원을 잘 가꾸는 것이다. 잠언 기자에 따르면(잠 4 : 23) 그러한 훈련을 통하여 우리의 마음은 생명의 힘이 흘러넘치게 되는 것이다.

전신 마비가 일어나 말할 능력은 상실되었고, 글 쓸 손은 마비된 채 침대 위에서 살아야만 했던 스탠리 존스는 80년 전에 다음과 같이 자신에게 묻곤 했다. '이 위기를 극복할 수 있을까?' '참으로 그렇다'라는 것이 그의 대답이었다."가장 깊은 내면에 있는 끈이 가장 강한 것이다. 나는 내 믿음을 지탱해 줄 어떠한 외부의 받침대도 필요치 않다."라고 그는 말했던 것이다.

연구 과제

* 1. 브리지트 허만에 의하면, 과거의 위대한 신앙인들의 태도는 그 시대의 다른 사람들의 그것과 어떻게 달랐는가? 그들과 똑같은 태도를 가진 사람을 알고 있으면 그와 대화를 나누어 보라.

2. 왜 기도하기가 어려운지 그 이유들을 적어 보라. 당신의 느낌을 표현하는 고백의 기도문을 적어 봄으로써 당신을 가장 괴롭히고 있는 이유를 한 가지만 지적하라.

3. 저자는, 여자들과 함께 공적인 기도를 하는 것이 여자들 편에서보다 용이한 이유로서 무엇을 제시하고 있는가? 당신이 결혼한 남자라면 아내와 함께 기도하는 것에 관한 당신의 태도와 느낌에 관하여 일기를 써 보라.

* 4. 저자에 의하면 중요한 영적 성장의 표는 무엇인가? 본문 189면을

---

9) Sally Magnusson, *The Flying Scotsman* (New York : Quartet Books, 1981), p. 165.

보라.

5. 응답되지 않은 기도로 인한 좌절감에 대하여 일기를 써 보라.

* 6. 우리가 할 수 있는 기도 중 가장 순수한 기도는 무엇인가? 본문
192면을 보라.

7. 저자가 기도 목록을 작성하고 있는 이유는 무엇인가?

8. 찬양 기도문을 적어 보라.

9. 만약 당신의 삶에 있어 죄의 '뭉치들'을 고백해야 할 것이 있다면 그
뭉치들은 어떤 것들인가?

10. 스탠리 존스가 말하는 '건강을 해치는 열두 사도'는 어떤 것들인가?

* 11. 당신이 중보 기도의 일꾼이 되려는 비전을 가지고 있다면 당신의
현재의 기도 생활이 어떠한지 점검하고 묘사해 보라.

12. 옥에 갇혔던 선교사 에릭 리델의 특출한 지도력의 비결은 무엇이었는
가?

13. 당신이 기도에 관해 가장 마음 깊숙이 품고 있는 소망을 말해 보라.

제5부

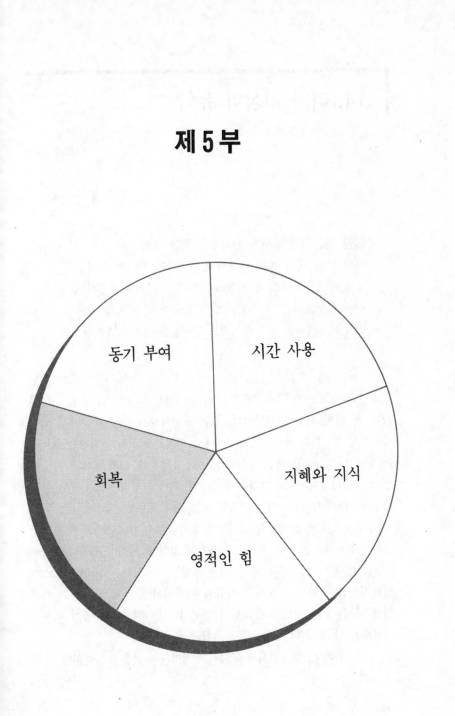

14. 여가 이상의 휴식

내면 세계가 무질서한 사람들을 위한 조언 :
만일 나의 내면 세계가 질서 정연하다고 한다면 그것은
내가 하나님께서 그 분 자신과 모든 인류를 위해 제정하신
안식을 발견하기 위하여, 매일의 분주한 일상 생활 속에
안식일적 평화를 굳게 붙잡기로 선택했기 때문일 것이다.

윌리엄 윌버포스(William Wilberforce)는 헌신된 그리스도인으로서 19세기 초 영국 하원 의원이었다. 그는 정치가로서 대영 제국에서 노예 제도를 불법화하는 역사적인 법률안을 통과시키기 위하여 하원을 설득하는 일에 단호한 지도력을 발휘한 것으로 유명하다. 그것은 그저 평범한 업적이 아니었다. 실로 그것은 민주주의 역사상 정치가가 이룩한 공적 가운데 가장 위대하고 가장 용감한 행동 중의 하나일 것이다.

윌버포스가 입법 의원들의 연맹을 결성하여 마침내 반노예제 법안을 통과시키는 데에는 무려 20년이란 세월이 걸렸다. 이것이 성공하는 데에는 대기업의 이익을 침해하기 꺼리는 의원들을 설득하는 일, 윌버포스가 실패하기를 바라던 수많은 정적들에 대항하여 끝까지 소신을 굽히지 않는 자세, 노예 제도의 불의함과 잔인성을 담은 상세한 증거 서류를 작성하는 일 등 여러 요건이 구비되어야 했다.

윌버포스의 영적인 저력과 도덕적 용기가 대단했음에 틀림없다. 우리

는 그러한 힘과 용기의 원천의 일단을 반노예제 법안이 통과되기 몇 년 전인 1801년에 일어난 한 사건을 통해 살펴볼 수 있다.

애딩턴(Addington) 경이 이끄는 당이 선거에서 승리하여 정권을 장악하게 되자, 그는 수상으로 부임하여 새 내각을 구성하기 시작했다. 당시 영국의 최대 쟁점은 평화 문제였다. 그 까닭은 나폴레옹이 유럽을 공포에 떨게 하고 있었으므로 영국이 과연 전쟁에 휩쓸리지 않을 수 있느냐 하는 것이 주된 관심사였기 때문이었다. 윌버포스는 새 내각의 각료로 지명될 것이라는 소문이 떠돌았고, 그 내각의 평화 정책 때문에 당사자도 각료로 지명되기를 몹시 열망하고 있었다. 최근에 윌버포스의 전기를 쓴 가르트린(Garth Lean)은 그 이야기를 다음과 같이 쓰고 있다.

윌버포스는 각료로 지명될 가능성에 집착하기까지는 별로 오랜 시간이 걸리지 않았다. 그 생각은 며칠 동안 그의 의식 세계를 온통 사로잡은 나머지, 다른 일은 모두 제쳐 두게 만들었다. 그 자신이 시인한 바와 같이 "야심이 솟구쳐서" 그의 영혼은 불구가 되기에 이르렀다.[1]

그러나 윌버포스의 생활에는 잘 훈련된 견제와 균형의 모습이 있었는데 특히 그 상황에서는 그것이 필수 불가결한 것이 되었다. 린이 말한 바와 같이 "주일이 되자 평화를 되찾았다." 왜냐하면 매주 일요일에 정기적으로 휴식할 때마다 윌버포스의 내면 세계가 질서를 되찾았기 때문이다.

각료로 지명받기 위해 술수를 쓰고 싶은 유혹과 야망이 절정에 달했던 어느 주간의 마지막 날, 그리스도인 정치가였던 윌버포스는 다음과 같은 글귀로 일기를 시작하고 있다. "오늘처럼 휴식하면서 종교 생활에 전념할 수 있는 날을 주신 하나님을 찬양하나이다. 이 날에 이 땅의 것들은 그 본래의 크기로 되돌아가고, 나의 야망은 수그러들었나이다."(고딕은 저자)

---

1) Garth Lean, *God's Politician* (London : Darton, Longman & Todd, 1980), p. 89.

분주한 생활에 대한 윌버포스의 견제와 균형은 바로 안식일이었다. 그 날 그는 참된 휴식이 무엇인지 깨닫게 되었다. 윌버포스는, 규칙적으로 안식일적 휴식을 위해 일정한 시간대를 떼어놓은 사람은 일생을 균형잡힌 안목으로 조망하고 탈진과 붕괴 상태에 빠지지 않을 수 있다는 것을 발견하게 되었다.

윌버포스의 공적 생활에서 접촉하는 모든 사람이 그의 비밀을 알고 있었던 것은 아니었다. 오늘날과 마찬가지로 그 때에도 일 중독증과 미친 듯이 바쁜 풍조가 존재했었다. 예를 들면 윌버포스는 윌리엄 피트(William Pitt)에 대해서 이렇게 썼다. "불쌍한 친구 같으니, 그는 그 무엇보다도 우리의 눈을 멀게 하고 딱딱하게 만들고 괴롭게 하는 정치적 고민을 잠시 멈춤으로써 마음을 가다듬는 법을 모른단 말이야." 윌버포스는 자살한 다른 두 명의 정치가에 대해서 이렇게 썼다. "평화로운 주일을 가질 수만 있었던들 그들의 생명의 줄이 과도한 긴장으로 인하여 그처럼 끊어지는 비극이 결코 일어나지 않았을 것을."

우리들의 일상 생활에 있어서, 윌버포스가 멈춤(cessation)이라고 부르는 참된 휴식의 의미를 깨닫고 그것을 추구하는 자세가 없을 때에는 내면 세계의 질서를 기대할 수 없다. 모든 역사의 시작부터 이것은 건강한 삶을 위한 자명한 이치가 되어 왔다. 그러나 불행히도 성취욕과 욕심에 끌려다니는 사람들은 이 원리를 전혀 깨닫지 못하고 있다.

우리에겐 휴식이 필요하다

나는 우리가 피곤한 세대라고 느껴질 때가 많다. 그 피로의 증거들은 과로와 탈진을 주제로 다룬 건강 문제에 관한 수많은 글에 차고 넘치도록 나타나 있다. 일 중독증은 현대 용어이다. 이 경쟁 사회에서 우리가 아무리 열심히 일하려고 애쓰더라도 우리보다 더 많은 시간을 일하려는 사람들이 항상 있는 것같이 생각된다.

미국 사회가 매우 여가 지향적인 사회라는 사실에 비추어 볼 때 일반적으로 미국 국민이 피로감을 안고 산다는 현상이 매우 이상하게 보인다. 우리 사회에는 실제로 여가 산업이라 불리는 것이 있는데, 그것은 아마도 우리 경제에 있어 가장 돈이 잘 벌리는 사업의 하나일 것이다. 모든 회사들과 조직들과 소매 연쇄점들은 사람들을 재미있게 하고 여가를 즐길 수 있는 오락물을 만드는 데 온통 혈안이 되어 있다.

우리는 아마도 과거 어느 때보다도 더 많은 여가 시간을 갖고 있을 것이다. 주 5일 근무제는 역사상 상당히 새로운 혁신임에 틀림없다. 우리는 항상 할 일이 쌓여 있었던 농경 생활에서 벗어났고, 이제는 여가 시간을 갖고 싶으면 하던 일을 제쳐놓을 수 있는 상황이 되었다. 그런데도 왜 오늘날 우리는 그처럼 피로에 지쳐 녹초가 되어 버렸는가? 그 피로감은 실제 있는 것인가 아니면 상상의 소산인가? 혹은 우리가 여가의 추구와는 전혀 다른 참된 휴식을 더 이상 이해하지 못하고 있기 때문에 피로를 느낀다는 증거가 현대적인 형태로 나타난 것인가?

우리는 진정 휴식에 대한 성경적인 관점을 발견하고 검토할 필요가 있다. 실로 성경은 하나님 자신이 최초의 '휴식자'임을 계시한다. "일곱째 날에 그 분은 쉬셨다.……"모세는 출애굽기 31 : 17에서 이 점을 더욱 분명하게 말했다. "나 여호와가 엿새 동안에 천지를 창조하고 제 칠일에 쉬어 평안하였음이니라 하라." 이를 문자적으로 번역하면 "하나님께서 자기 자신을 새롭게 하셨다."라고 바꾸어 볼 수 있다.

하나님은 정말로 휴식을 필요로 했을까? 물론 그렇지 않다! 그러면 하나님께서 휴식하시기를 스스로 선택하신 것일까? 그렇다. 왜 그랬을까? 그 이유는 하나님께서 휴식과 일의 리듬을 창조 세계에 심어 두셨고, 또한 어느 누구보다도 먼저 하나님 자신이 그 리듬을 지키심으로써 그 진리를 계시하셨기 때문이다. 이렇게 해서 그 분은 우리의 내면 세계에 질서를 유지하는 열쇠를 친히 보여 주신 것이다.

이 휴식은 사치가 아니라 성장과 성숙을 원하는 사람들에게는 오히려 필수 불가결한 것이다. 우리가 휴식을 필수 불가결한 것으로 깨닫지 못했기 때문에 우리는 그 의미를 왜곡시켜 버렸으며, 하나님이 맨 처음으로 우리에게 보여 주신 휴식을 여가나 오락과 같은 것으로 대체시켜 버린 것이다. 이러한 여가나 오락은 내면 세계에 어떠한 질서도 가져다 주지 못한다. 여가와 오락은 재미있는 것일지 모르지만 개인의 내면 세계와의 관계는 마치 헝겊으로 만든 과자를 소화 기관에 집어넣는 것과 다름없다. 그런 것들로 인하여 순간적으로는 기분이 좋을지 모르지만 결코 오래가지 못한다.

나는 재미있는 시간이나 기분 전환, 웃음, 레크리에이션 등을 추구하는 것 자체를 비판하려는 생각은 추호도 없다. 단지 그것들만으로는 우리가 갈망하는 대로 영혼을 소생시키지 못한다는 점을 말하려는 것뿐이다. 그것들은 육체를 위한 순간적인 휴식은 줄 수 있을지라도, 내면 세계 내부에 있는 휴식에의 깊은 욕구를 만족시켜 줄 수는 없는 것이다.

몇 년 전에 어떤 바르는 약에 대한 유명한 광고가 있었는데, 그 약은 종기 속으로 깊이 침투해 들어가서 통증을 없애 준다는 것을 대대적으로 선전하였다. 안식일적 휴식은 내면 세계 가장 깊숙이 스며 있는 피로감에까지 침투해 들어 간다. 이러한 피로는 오늘날의 어떤 오락으로도 치유할 수 없다.

안식일적 휴식의 의미

입력 마감

하나님께서는 휴식을 취하실 때 자신의 일을 보고 그 완성된 모양을 즐기며 그 의미를 묵상하셨다. "하나님이 보시기에 좋았더라." 이 말은 참된 휴식의 세 가지 원리 중 첫 번째 원리를 보여 준다. 하나님은 자신의 일에 의미를 부여하시고 나서야 그 일의 완성을 인정하셨다. 그렇게 하심으로써 그 분은 우리 역시 우리의 일과에 대하여 그 진가를 인정하고 그 일에 헌신하는 훈련이 필요함을 가르쳐 주셨다.

첨단 기술 과학자들은 전자 회로에 있어 한 부분의 완성을 표현하는 말로 "입력 마감"(Closing the loop)이라는 용어를 쓰기를 좋아한다. 그들은 또한 어떤 작업이 완성되었을 때나 연구 계획에 참여한 모든 사람들이 필요한 것을 다 알게 되었을 때에도 그 말을 사용한다.

따라서 우리는, 일곱째 날에 하나님이 일차적인 창조 활동에 있어 입력 마감하셨다고 할 수 있다. 그 분은 휴식을 취하시고 무엇이 성취되었는지 살피기 위하여 되돌아보심으로써 그렇게 하신 것이다.

그렇다면 이러한 휴식은 무엇보다도 먼저 되돌아보는 시간, 곧 회로를 닫는 시간인 것이다. 우리는 우리가 한 일을 살펴보면서 다음과 같은 질문들을 던져 볼 수 있다. '나의 일은 어떤 의미가 있는가? 누구를 위해 나는 이 일을 했는가? 이 일은 얼마나 잘 되었는가? 나는 왜 일을 했는가? 나는 어떤 결과를 기대했으며 실제로 얻은 결과는 무엇인가?' 등등.

이것을 다른 말로 바꾸면, 하나님이 제정하신 휴식은 첫 번째로 그리고 무엇보다도 먼저 우리에게 우리의 일을 해석하고, 그 일에 의미를 부여하고, 그 일이 누구에게 바쳐져야 바람직한지를 확실하게 알게 하려는 의도로 만들어진 것이다.

로렌스 수사는 수도원의 요리사였다. 그는 일상 생활의 거의 모든 행위에 의미를 부여하는 것을 배웠다. 노동의 의미뿐만 아니고 그 목적까지도 볼 수 있었던 그의 능력에 주목하라.

나는 하나님에 대한 사랑을 인하여 프라이팬의 조그만 오믈렛을 뒤집었다. 그 일이 끝나고 달리 할 일이 없을 때에는 바닥에 엎드려 그 오믈렛을 만드는 은혜를 주신 하나님을 경배했는데 그런 후에는 나는 왕보다 더 행복한 마음으로 일어났다. 아무 일도 할 수 없을 때에는 하나님께 대한 사랑을 인하여 지푸라기 하나만을 들어도 좋았다. 사람들은 하나님을 사랑하는 것을 배울 방법을 찾는다. 그들은 하나님의 임재 안에 거하기 위하여 다양한 방법으로 몹시 애를 쓴다. 그러나 모든 일을 하나님께 대한 사랑으로 하고, 그 사랑을 그 분에게 보여주기 위하여 우리의 운명이 요구하는 모든 일들을 활용하고, 또한 우리의 마음을 그 분의 마음과 교통함으로 그 분의 임재를 내면에서 계속 유지하는 것이야말로 더 가깝고 직접적인 길이 아닌가? 이것은 결코 복잡한 얘기가 아니다. 우리는 정직하고 단순하게 그렇게 하기만 하면 되는 것이다.[2]

나는 우리 중 대부분이 그와 같은 시간을 일정 기간 가지기를 원한다고 확신한다. 보통 사람들은 자신의 일이 의미 있고 중요한 의의를 갖고 있으며, 따라서 사람들의 인정을 받고 싶어하는 강한 욕구를 가지고 있다. 그러나 그와 같은 확신을 열망하면서도 우리는 그것을 얻기 위해 시간을 들이는 것이 중요하다는 사실을 모르고 있다. 급하게 돌아가는 업무와 생활 방식이 몸에 배이기 시작하면서 우리는 일의 의미와 해석에 대한 욕구를 뒷전으로 제쳐놓게 되고 머지않아 그런 것 없이 지내는 데에 익숙해져 버린다. 우리는 '이 모든 것이 무엇을 위한 것인가?'하는 질문을 잊어 버리게 되는 것이다. 우리는 우리의 일의 의미 가치가 단순히 봉급의 양으로 계산되는 것에 만족하게 된다. 이것이 우리의 내면 세계를 얼마나 메마르고 황폐하게 하는가를 아는 사람은 별로 없다.

내가 아주 좋아하는 친구 한 사람이 22년 간 일해 오던 회사를 최근에 그만두게 되었다. 그 회사의 재정 상태가 악화되어 전면적인 인원 감축이 불가피해지면서 그의 업무가 회사의 생존을 위해서 꼭 필요한 것이 아니라고 간주되어 해고된 것이다.

그 친구는 곧 같은 분야의 다른 회사에 취직할 수 있으리라고 확신했다. 그는 수많은 인맥과 회사의 수익에 기여한 경력, 그리고 장기 근속의 경험을 가지고 있었기 때문에 취직 걱정은 하지 않는다고 내게 말했다.

그러나 아무런 고용 제의를 받지 못한 채 몇 개월이 지나갔다. '인맥'은 메말라 버렸고 어느 누구도 그의 취직 요청이나 이력서에 주의를 기울이지 않았다. 그는 할 일 없이 집에 앉아 전화가 오기만을 기다리고

---

2) Brother Lawrence, *The Practice of the Presence of God*, trans, E. M. Blaiklock (Nashville : Thomas Nelson, 1982), p. 85.

있었다.

너무나도 고통스러운 시간이 여러 달 지난 후 어느 날 그는 내게 이렇게 말했다. "이 모든 상황 때문에 나는 대단히 많은 생각을 골똘히 하지 않을 수 없었네. 나는 수십 년 동안 이 경력을 위해 나 자신을 투신해 왔지만 그것이 내게 무엇을 가져다 주었는가? 도대체 이 모든 것이 무엇을 위한 것이란 말인가? 여보게, 그래서 나는 새로 눈을 뜨게 되었지."

무엇에 눈을 떴는가? 내 친구는 훌륭한 평신도 그리스도인이다. 그리고 그도 인정한 바와 같이, 경력이 그에게 무엇을 의미하는 것인가에 대하여 그의 눈은 그 때까지 감겨 있었다. 그는 결국 자신의 일이 어떤 의미가 있으며 무엇을 위한 것이며, 또한 그 결과는 어떤 것일까를 전혀 질문해 보지 않은 채 여러 해 동안 일해 왔다는 사실에 눈뜬 것이다. 그는 성경에서 말하는 휴식에 관하여 한 번도 깊이 묵상해 본 경험이 없었던 것이다.

휴식을 모르는(rest-less) 일의 태도는 불안정한(restless) 사람을 만들어 낸다. 진정 일의 의미와 목적을 탐구할 멈춤의 순간이 없이 몇 달이고 계속 일만 하면 은행 구좌에 들어 있는 돈이 불어나고 직업적인 명성은 높일 수 있을지 모른다. 그러나 그런 삶은 내면 세계의 생명력과 기쁨을 메마르게 만들어 버릴 것이다. 우리가 활동하는 가운데 규칙적으로 회로를 폐쇄하는 것이 얼마나 중요한지 모른다.

영원한 진리에로의 복귀

성경적 의미의 휴식이 내면 세계에 질서를 회복시키는 데에는 또 하나의 길이 있다. 진정한 휴식은 우리가 일상 생활의 와중에서 정기적으로 멈춰서서 우리의 삶의 근거가 되고 있는 진리와 헌신을 정리해 낼 때 이루어진다.

우리는 날마다 우리의 충성과 수고를 요구하는 수많은 메시지들의 폭격 세례를 받으면서 살고 있다. 우리는 수천 가지 방향으로 밀리고 당기어지며, 어떤 것을 결정하고 가치 판단을 해야 하며, 또한 우리의 자원과 시간을 투자하도록 요청받고 있다. 우리는 어떤 진리의 기준에 의거하여 이러한 결정들을 할 것인가?

하나님의 의도는 자신의 백성들이 이 질문을 깊이 다룰 수 있도록 일 주일 중 하루를 취하게 하는 것이었다. 사실 그 분은 매년 일련의 축제 기간을 따로 떼어 놓아 영원한 진리의 중심 주제들과 하나님의 행위가 기억되고(recalled) 기념되도록(celebrated) 하셨다. 우리는 그것을 영혼의 재조정(recalibration)이라고 부를 수 있다.

예레미야가 말한 대로 우리의 마음이 거짓되다는 사실을 기억할 때, 우리는 삶에 있어 핵심적인 진리들을 가려 내는 것이 얼마나 중요한지 알게 된다. 우리는 언제나 진리의 왜곡에 즉 진리가 실은 거짓이며 거짓이 실은 진리라는 설득에 잘 속아 넘어 가기 쉽다. 찬송가 작사자가 쓴 다음의 글귀를 기억해 보라.

주님 저는 방황하기 쉽고
사랑하는 주님을 떠나기가 쉬우며……
— Robert Robinson —

이 찬송은, 성경과 하나님의 능하신 행위들을 통하여 계시된 영원한 진리에 우리의 생각과 가치들을 비추어 봄으로써 규칙적으로 살펴보아야만 할 어찌 할 수 없는 내면의 방황에 대한 성찰을 담고 있다.

유태인 신학자 아브라함 죠슈아 헤셀(Abraham Joshua Heshel)은 안식일 전통 안에서의 휴식을 고찰하면서 다음과 같이 썼다.

안식일의 의미는 공간보다는 시간을 기념하는 것이다. 일 주일에 엿새 동안 우리는 공간에 속한 일들의 횡포 아래 살고 있다. 그러나 안식일에는 시간 속에서 거룩함에 맞추려고 애쓰는 것이다. 그 날은 시간 속에서 영원한 것을 서로 나누고, 창조의 결과로부터 창조의 신비에로, 창조된 세계로부터 세계의 창조로 시선을 돌리도록 부름받은 날이다.[3]

우리는 이와 같은 휴식이 내 자신의 내면 세계에서 이루어지고 있는지 자문해 보아야 한다.

뉴햄프셔에 있는 우리 집의 외부 벽의 판지는 기온의 변화에 따라 팽창하고 수축한다. 그 결과 어떤 못들은 느슨하게 되어 다시 박아야 되는 경우가 있다. 이 '다시 박는 것'과 같은 일이 참된 휴식의 기간에 일어나는데, 그것은 홀로 있는 어느 조용한 날이나 살아 계신 하나님을 예배하는 회중 가운데 있을 때 일어날 수도 있다.

교회의 전통적인 신앙 고백을 반복하는 기쁨 중의 하나는 그것이 우리로 하여금 하나님의 계시의 중심적 진리들을 재확인할 기회를 준다는 사실이다. "(나는)……믿사옵니다."라고 말할 때 우리는 우리의 확신과 헌신의 못들을 다시 망치질하여 박는 것이다. 그리고 우리가 믿지 않기로 선택한 것들로부터 우리의 신조들을 가려 내게 된다.

우리가 유래 깊은 장엄한 찬송을 부를 때나 그와 같은 기도를 할 때도 똑같은 일이 일어난다. 못은 다시 박혀지고, 우리의 내면 세계에서 표류하던 영혼은 다시 질서를 회복하는 일이 일어난다. 우리가 독서와 명상과 성찰을 위하여 혼자 있는 시간을 낸다면 그 특별한 휴식의 날에 이와 같은 재확인이 이루어지는 것이다.

나의 아내는 바로 이 주제에 대하여 그녀의 일기에 나와 유사한 내용을 다음과 같이 썼다.

영광스러운 주님의 날. 안식일에 대하여 성경 말씀을 자세히 읽었다. 휴식하라는 하나님의 명령을 충분히 지키지 못했음을 점점 더 강하게 느낀다.

그 명령은 제약하는 법이 아니라 자유케 하는 법이다. 왜냐하면 그 분은 나를 휴식이 '필요한 존재로 만드셨기 때문이다. 우리가 그 분의

3) Abraham Heschel, *The Earth Is the Lords and The Sabbath* (two books pulished as one, New York : Harper Torchbooks, 1966), p. 10.

"정밀 설계도"에 따라 산다면, 우리는 육체적·정신적으로 자유로워져서 일을 더 잘 할 수 있게 된다. 그리고 그 날은 우리에게 하나님이 누구이신가를 상기시켜 주는 날이다. 일곱째 날마다 나는 흔들리지 않는 중심이신 하나님께 돌아갈 필요가 있다.

돈 스티븐슨(Don Stephenson)은 그 자신과 다른 사람들에게 있어 주일은 바로 돌아가서 접혀진 책장을 펴고 삶의 '진흙탕' 속으로 다시 돌아가도록 격려를 주는 날이라고 말했다.

나는 우리 자신과 우리의 교회에다가 그처럼 진리를 재확인시켜 주는 휴식을 정말로 취하고 있는지 어려운 질문을 던져 보기를 제안하고 싶다. 그리스도인들과 교회들이 여러 가지 계획과 교회 행사를 —아무리 훌륭한 목적을 갖고 있던지 간에—진행하느라 바빠서 내면 세계에 필요한 예배-휴식이 결코 이루어지지 않을 수도 있는 것이다.

요컨대 휴식은 나의 일의 의미와 내가 최근 내 삶 가운데 걸어온 길의 의미를 회상해 보는 것만이 아니라 그것은 또한 그리스도에 대한 나의 믿음과 헌신을 새롭게 하는 것이기도 하다. 그것은 내면 세계의 나침반을 잘 조절하는 것과 같아서 다음 한 주간을 잘 살 수 있게 해 주는 것이다.

우리의 사명을 분명하게 함

앞의 두 가지 의미가 각각 과거와 현재에 초점을 맞추고 있었다면, 이것은 미래에 초점을 맞추고 있다고 할 수 있다. 성경적 의미에서 휴식을 취할 때, 우리의 생각이 그리스도 중심적인 내일의 삶을 추구하는 데 모아지는 것을 확인하는 것이다. 우리는 다음 주 다음 달 혹은 내년에 어디로 향해 갈 것인지를 숙고하게 된다. 우리의 생각을 분명히 하고 그에 따라 헌신을 다짐하게 되는 것이다.

조지 패튼(George Patton) 장군은 부하들이 그들의 현재 임무를 알고 정확히 말할 수 있기를 요구했다. "너의 임무가 무엇이냐?"라고 그는 자주 물었다. 임무의 정의(定義)는 군인이 전쟁터에 가지고 가야 할 가장 중요한 지식인 것이다. 그 지식에 기초하여 그는 결정을 내리고 작전 계획을 수행할 수 있게 된다. 내가 성경적 의미의 휴식을 추구할 때에도 이와 똑같은 일이 일어난다. 나는 내 사역을 열심히 살핀다. 그래서 매일 아침 영적 훈련의 시간에 잠깐 틈을 내어 '오늘 나의 사명은 무엇인가?' 라는 질문을 던져 보게 되었다. 이 질문을 규칙적으로 하지 않게 되면 우리는 판단과 방향 설정에 있어 오류를 범할 여지를 열어 놓게 된다.

예수께서는 종종 한가한 곳으로 물러가셔서 홀로 시간을 보내셨다. 다른 사람들이 수면의 휴식을 취하는 동안, 예수께서는 다음 단계의 사명 을 수행하는 데 필요한 힘과 방향을 얻기 위한 휴식에로 나아갔던 것이 다. 그래서 그가 부딪힌 순간순간마다 신선한 지혜가 번득였던 것은 이상 할 게 없다. 또한 그가 공격을 받았을 때에도 자신을 변호하지 않고 상대 방에게 반격하지도 않을 수 있는 용기가 충만했으므로 이상할 게 없다. 그 분의 영은 항상 쉼을 얻고 있었고 그의 내면 세계는 질서 정연했다. 이와 같은 쉼이 없이는 우리의 내면 세계는 항상 긴장에 휩싸여 무질서한 상태에 있을 수밖에 없을 것이다.

휴식하기로 결심하는 삶

캠브리지의 Holy Trinity Church의 찰스 시므온(Charles Simeon)은 영국 국교의 저명한 교구 목사였다(그는 또한 IVF운동의 개척자로 알려 져 있다-역주). 그는 50년 이상 그 교회에서 목회했는데, 사람들이 그의 설교를 들으려고 예배당과 복도를 가득 메웠다.

시므온은 Kings College의 교수였기 때문에 대학 구내의 안마당이 내려다 보이는 아파트에서 살았다. 그의 이층집에는 옥상으로 나가는 문이 하나 있어서 하나님과 대화할 때 종종 그 옥상 위를 걸어 다녔는데 이는 신체적으로 휴식을 취하는 모습이기도 했다. 그 지붕 꼭대기는 나중 에 시므온의 산책로로 알려졌다.

바쁘고 총명했던 시므온은 캠브리지에 있는 대학생들, 많은 교회 회중, 그리고 전 세계의 교회 지도자들 및 선교사들과 접촉하였다. 그는 수천 통의 편지를 썼고 50권의 설교집을 내었으며 몇 개의 주요 선교 단체의 설립자의 한 사람이기도 했다. 그러나 그는 자신의 내면 세계에 필요한 휴식을 위한 시간을 확보하는 것을 결코 멈추지 않았다.

그의 내면의 영적 훈련에 관한 예는 시므온의 전기를 쓴 휴 홉킨스 (Hugh Hopkins)에 의해 기록된 시므온의 일기 중 다음과 같은 글귀에 잘 나타나 있다.

나는 오늘도 지난 43년 간 살아온 것과 같이 자기 비하의 날로 살았 다. 그러나 내가 사는 동안 매년 오늘과 같이 사는 순간이 절실하다는 마음이 더욱 커진다.

홉킨스는 다음과 같이 쓰고 있다.

찰스 시므온의 자기 비하는 하나님이 그에게 주신 재능을 과소평가하 거나 자신의 것으로 쓸모없는 존재인 것처럼 과장하거나, 혹은 그가 매우 의식하고 있었던 죄를 과장하는 것이 아니었다. 그는 하나님의 존전에 나아가서 그 분의 위엄과 영광에 거하고 그 분의 용서의 자비 하심과 사랑의 기이함을 극대화함으로써 자기 비하의 느낌을 가졌던 것이다. 그가 낮아진 것은 그 자신의 죄성 때문이라기보다는 하나님의 놀라운 사랑 때문이었다.[4]

시므온은 일생 동안 굉장한 긴장 아래서 효과적으로 쓰임받는 삶을 즐기면서 살았다. 나는 그가 잘 견딜 수 있었던 비결이 안식일적 휴식에 대한 의도적이며 잘 훈련된 추구에 있었다고 확신한다.

유대인들에게 안식일은 무엇보다도 온전한 하루였다. 하나님께 순종하

---

4) Hugh Evan Hopkins, *Charles Simeon of Cambridge* (Grand Rapids : Eerdmans 1977), pp. 155−156.

여 따로 떼어 놓은 하루였다. 율법은 모든 종류의 일을 금했고, 다만 우리가 이미 살펴본 바와 같은 몇 가지 의식만을 행하도록 했다. 그리스 도인들은 안식일이 경건한 유대인들에게 얼마나 특별한 의미가 있었는지를 잘 모른다. 우리는 그들의 생각을 주의 깊게 들어 보아야 한다. 이스라엘의 여행 안내 책자에 한 랍비의 다음과 같은 글이 실려 있다.

안식일을 여러분의 분주한 공적 생활의 중심과 가정에서의 평화로운 생활에 있어 하나님을 아는 지식과 성화에의 영원한 기념비로 만들라. 엿새 동안 땅을 경작하고 다스리라.…… 그러나 일곱째 날은 당신의 하나님이신 주님의 안식일이다.…… 그러므로 그 옛날의 창조주는 오늘날 살아 계신 하나님이며, 그 분은 인간에게 맡겨진 이 세계와 인간에게 부여된 힘을 잘 사용하는지 혹은 남용하는지를 보시기 위해 개개의 모든 사람과 그들의 수고를 살피시는 분이시다. 그 분은 모든 사람이 자신의 일 주일 간의 수고의 결과를 보고해야 하는 유일한 창조자이심을 알아야 한다.

이러한 말의 뒤에 숨어 있는 중요한 사실은 안식일에 들어서는 유대인들의 독특한 발걸음이다. 일상 생활은 멈춰져야 하고 노동은 중단되어야 한다. 심지어 경건한 유대인 가정의 주부는 요리나 손으로 하는 단순한 일마저 삼가야 한다. 음식은 안식일이 시작되기 전 마련해 놓았기 때문에 그녀 역시 그 특별한 휴식의 날의 열매를 즐길 수 있었다. 이것은 많은 복음주의 그리스도인들이 그들의 '안식의 날'에 행하는 믿을 수 없을 만큼 복잡한 일과 압박감으로 가득 찬 하루와는 너무나도 거리가 멀다.

안식일은 무엇보다도 온전한 하루이다. 기독교 전통에 있어 우리는 유대인들이 안식일로 지키는 일곱째 날을 안식일로 삼지 않고 그리스도의 부활을 기념하여 일 주일의 첫째 날을 택하였다. 그러나 그렇게 결정한 후 우리는 하나님이 우리에게 특별한 선물로 주신 그 시간, 곧 그 하루를 어떻게 보냈는가?

우리 교회에 출석하는 한 평신도가 어느 주일 특별히 긴 교회 활동을 끝낸 후에 나에게 이렇게 말했다. "저는 '안식일'이 일 주일에 하루만 있는 것에 감사합니다. 매주 오늘과 같은 '안식일'이 이틀 있었다가는 도저히 배겨나지 못하겠는데요."

그의 유머에는 일요일을 쉴 수 없는 날로, 아마도 어떤 사람들에게는 일 주일 중 가장 긴장된 날로 바꾸어 버린 많은 그리스도인 지도자들과 교회들에 대한 심각한 비판이 담겨 있다.

안식일은 또한 단순한 '하루' 이상의 의미를 갖고 있다. 그것은 내가 이미 말한 세 가지 차원에 따르는 휴식의 원리이다. 우리가 세속적 여가 의 재미보다 안식일적 휴식의 평화를 선택한다면 어떤 일이 일어나겠는가?

첫째, 안식일적 휴식은 그리스도인 가족끼리의 예배를 의미한다. 올바 른 예배 안에서 우리는 내면 세계의 휴식으로 이끄는 세 가지 측면, 즉 뒤돌아보고, 위를 보고, 앞을 내다 보는 것 모두를 연습할 수 있는 기회 를 가지게 될 것이다. 그러한 예배는 하나님과 동행하기로 헌신한 사람이 라면 결코 양보할 수 없는 것이다.

나는 예수님의 안식일 훈련을 묘사한 누가의 다음과 같은 말씀에 감명을 받았다. "예수께서 자기가 자라나신 나사렛에 오셔서 늘 하시던 대로 안식일에 회당에 들어가 성경을 읽으려고 일어서셨습니다."(눅 4 : 16) 우리는 그리스도께서 아버지께 대한 공적 예배를 살짝 가만히 드리는 것을 결코 볼 수 없다.

둘째로, 안식일은 개인 생활에 있어 휴식과 고요함을 사려깊게 받아들 이는 것을 의미한다. 안식이란 내면 세계에 평화를 가져오는 휴식을 뜻한 다. 그리스도께서 폭풍 가운데 잠잠함을, 귀신들린 정신병자에게 질서 를, 그리고 치명적인 병에 시달리는 여자에게 건강을 가져오셨을 때, 그는 일 주일 내내 시장 바닥에 있었던 사람들의 엉망이 된 내면 세계에 평화를 가져오셨던 것이다. 그러나 한 가지 조건이 있다. 우리는 이 평화 를 선물로 받아야 하고 또한 그것을 받기 위해서는 시간을 내야만 한다는 사실이다.

목사인 나와 내 아내에게 있어서 주일은 안식일적 휴식과는 전혀 관계가 없다고 오래 전부터 생각해 왔다. 성숙한 그리스도인이 된 후에도 내가 재충전을 위하여 필요한 일을 하지 않고 있다는 것을 깨닫기까지는 여러 해가 걸렸다. 사실 나는 나 자신의 내면 세계를 위하여 안식이 필요했지만 그 안식을 취하지 못하고 있었던 것이다. 나의 주일 생활을 살펴보았을 때 나는 언제까지라도 안식일이 선사하는 재충전의 기쁨을 맛보는 것이 불가능한 것처럼 보였다. 주일 오전 설교를 세 번하고 종종 저녁 설교를 하고 게다가 하루 종일 교인들에게 봉사하면서 어떻게 재충전을 기대할 수 있겠는가? 나의 아내 게일과 나는 주일 밤이면 기진맥진하게 되기 일쑤였다. '휴식의 날'에 !

그럼 어떻게 하면 좋을까? 몇 년 전 내가 시무하는 그레이스 채플 교인들은 너그럽게도 나에게 4개월 간의 안식 휴가를 주었다. 그 때 나는 대학으로 연구하러 가지 않고 뉴햄프셔로 가서 '평화의 오두막집'를 지었다. 그 4개월 간의 경험 가운데 가장 뜻깊은 것은 우리가 주일마다 발견한 고요와 평화였다.

나는 오두막집을 짓는 일을 굉장히 좋아했지만 주님의 날에는 일하지 않겠다고 스스로 결심했다. 주일이 되자 우리 부부는 독서와 사색과 기도를 하면서 이른 아침의 몇 시간을 보냈다. 그러고 나서 근처의 교회에 가서 예배를 드렸다. 우리는 그 교회 사람들을 잘 알지 못했지만, 예배에 깊이 몰입해서 기도와 찬양과 설교 말씀으로부터 많은 영의 양식을 얻어내려고 애썼다. 그 시간은 우리에게 있어 믿음을 확인하고 하나님의 축복에 감사하고, 다음 주간 동안 주님의 영광을 드러내는 데 깊이 헌신하도록 결심하게 하는 그런 시간이 되었다.

그 4개월 간의 주일 오후는, 숲속을 산책하며, 깊은 대화를 나누고 우리의 영적 훈련 상태와 성숙을 평가함으로써 자신을 발견해 가는 시간이었다. 그 시간은 우리에게 있어서 놀라우리 만큼 깊이 휴식한 안식일 경험이 되었다. 그 전까지는 한 번도 경험하지 못했던 안식일 경험이었다.

안식 휴가를 끝내고 돌아왔을 때 우리는 안식일을 굳게 붙잡았다고 생각했다. 그러나 갑자기 다시 설교와 상담과 여러 가지 계획을 세우는 등 주일에 하던 모든 일을 다시 하게 되자 우리는 무엇인가를 도둑 맞은 것 같았다. 그래서 우리는 우리 부부의 안식일을 다른 요일로 정하기로 결정했다. 우리는 주님의 선물을 잃고 싶지 않았다! 우리는 일요일에는 다른 사람들이 안식일을 즐기도록 돕는다. 보통 사람에게는 일요일에 준비된 평화를 우리들은 다른 날 즐기게 된 것뿐이었다.

우리 부부의 안식일은 목요일이었다. 할 수 있는 한 우리는 그 날 우리의 내면 세계 안에서 휴식할 수 있도록 시간 계획을 세웠다. 그것은 가능한 한 그 날에는 교인들을 만나지 않고 심지어는 집안의 일상적인 일까지도 다른 날로 미루는 것을 의미했다. 우리가 사역에서 만나는 사람들과 우리 아이들과 교인들에게 쓸모 있는 사람이 되고자 한다면 우리는 영적 재충전을 위하여 이 안식일을 최대한 지켜야 한다는 것을 알게 된 것이다.

여기에 어떤 율법적 구속은 없다. 오히려 은혜를 받아들이는 자유가 있을 뿐이다. 솔직히 말하면 바리새인들이 여러 금지 규정과 전례에 얽매였던 것처럼 어떤 사람들은 이 안식일의 기쁨을 파괴시켰다고 생각한다. 그런 것은 우리의 안식일이 아니다. 우리의 안식일은 하나님께서 우리에게 주셨고, 우리를 위하여 만들어진 것이다. 그 목적은 예배와 재충전이며 우리는 그 예배와 재충전을 위한 것이면 무엇이든 기꺼이 할 것이다.

우리 아이들이 어려서 끊임없는 보살핌을 필요로 했다면 아마 우리는 안식일의 휴식은 쉽게 누리지 못했을 것이라는 말을 빼놓지 않고 싶다. 그리고 게일이 종종 하는 말이지만, 우리가 휴식을 취하기 위하여 사람들로부터 물러나는 것이 그들에게 베푸는 것이라는 말도 하고 싶다. 왜냐하면 휴식이 끝나고 다시 돌아왔을 때에는, 하나님이 다른 분위기에서라면 우리에게 주시지 않았을 어떤 것을 받아서 사람들에게 선사할 수 있기 때문이다.

분명히 모든 목요일이 완전히 안식일로 할애될 수는 없었다. 그러나 우리가 그런 노력을 쉬지 않고 꾸준히 계속한다면 그 결과는 엄청나게 큰 것임을 알게 되었다. 우리의 내면 세계는 실로 다시 확실하게 질서를 되찾았다. 가장 놀라운 발견은 그 날 충분한 휴식을 취했을 뿐 아니라 다른 날들의 시간도 훨씬 능률적으로 사용하게 되었다는 것이다.

더욱이 놀라운 것은 안식일을 잘 지킴으로써 내면 세계에 휴식이 가득 찬 질서를 세우게 되면, 그 후의 다른 날에 훨씬 더 큰 지혜와 훌륭한 판단력으로 공적 세계에서 일할 수 있게 되는 것이었다. 안식일적 휴식은 일 주일 중의 하루일 수 있다. 그러나 우리가 하나님과의 친밀한 교제를 하기 위하여 한 시간이나 혹은 몇 시간을 따로 떼어놓는다면 그 안식일 휴식은 어느 때에도 누릴 수 있다. 우리 모두에게는 '시므온의 산책'(Simeon's walk)이 필요한 것이다.

그러나 이 휴식은 안식일과 마찬가지로 시간 예산에 있어 반드시 할애되어야 한다는 것을 강조하고 싶다. 일을 다 했기 때문에 쉬는 것이 아니라, 하나님이 휴식을 명하셨고 휴식이 필요하도록 우리를 만드셨기 때문에 쉬는 것이다.

오늘날 휴식과 여가에 대한 우리의 견해가 그러한 원칙을 무시하고 있기 때문에 그 원칙을 숙고해 보는 것은 중요한 일이다. 대부분의 사람들은 일을 끝마친 후 쉬는 것이라고 생각하고 있다. 그러나 안식일은 나중에 하는 어떤 일이 아니다. 그것은 실상은 먼저 추구되어야 할 어떤 것이다. 만약 우리가 일을 끝마쳤을 때 휴식하는 것이 옳다고 가정한다면 우리 가운데 결코 끝나지 않는 일을 하는 직업을 가진 사람들은 어찌하겠는가? 끝없이 일하는 직업을 가졌다는 것이 많은 사람들이 쉬지 못하는 이유의 하나이기도 하다. 그것은 안식일적 평화와 재충전을 위한 시간을 가질 생각조차 하지 못하기 때문이다.

나는 죄책감 없이 안식일적 휴식을 추구하는 법을 배워야 했다. 하나님이 주신 특별한 시간의 선물을 즐길 목적으로 다른 일을 제쳐놓고 쉬는 것이 잘못이 아님을 깨달아야 했다. 그래서 안식일도 우리 부부의 달력에 규칙적으로 표시되었다. 그 계획은 수주일 전에 기타 우선 순위 있는 일을 고려하는 가운데 정해진다. 우리의 내면 세계의 질서를 새롭게 하기 위하여 따로 떼어놓은 날 누군가가 저녁 식사나 운동이나 회의 등을 제안하면, 아내와 나는 "미안합니다만, 저희는 그 날 약속이 있습니다. 그 날은 저희들의 안식일입니다."라고 대답한다.

이런 유의 훈련이 바로 윌리엄 윌버포스로 하여금 여러 날 동안 그의 내면 세계를 어지럽게 했던 불타는 야심의 충동을 극복하게 했던 것이다. 휴식의 날이 되자 그는 하나님이 모든 것을 주관하시는 내면의 중심부로 들어갔다. 거기서 그는 모든 사물을 제 크기로 보게 되어서 "야심은 수그러들었다."고 썼던 것이다.

만약 윌버포스가 그의 야심에 찬 성격을 바라보며 안식일의 견제와 균형을 취하지 않았더라면 어찌 되었을까? 영국에서 노예 제도를 폐지하려는 그의 소명을 외면했을까? 아마 그랬을지도 모른다. 그는 안식일에 쉬면서 원래의 목적 의식에서 일탈한 자신을 보게 되었고, 바로 적시(適時)에 올바른 길로 다시 접어 들었다는 것을 여러분은 믿어야만 한다. 그가 올바른 길로 되돌아왔기 때문에 노예제 폐지의 기념비적 업적을 이룩한 장본인이 된 것이다.

세상과 교회는 참으로 휴식을 취할 줄 아는 그리스도인을 필요로 한다. 그런 그리스도인은 여가가 아닌 진정한 안식일적 휴식에 의하여 규칙적으로 새롭게 되는 사람들이다. 당신은 하나님이 만드신 이 휴식을 취할 때 그리스도인이 실제로 얼마나 굳세고 탄력 있는 사람이 될 수 있는지 깨닫게 될 것이다.

연구 과제

1. 윌리엄 윌버포스의 삶에 있어 '야심이 솟구쳤을 때' 그에게 '견제와 균형'을 가져다 준 것은 무엇이었는가? 당신이 그와 유사한 경험을 했다면, 일기의 서두를 어떻게 시작하겠는가?

* 2. 저자가 지적하는 레저 문화의 모순은 무엇인가? 209면을 보라.

* 3. 하나님은 그 분의 창조 활동에 있어 어떻게 "입력 마감"을 하셨는가?

* 4. 하나님에 의해 제정된 휴식의 일차적인 목적은 무엇인가?

* 5. 저자는 "진정 일의 의미와 목적을 탐구할 멈춤의 순간이 없이 몇 달이고 계속 일만 하면 은행 구좌에 들어 있는 돈이 불어나고 직업적인 명성을 높일 수 있을지 모른다."라고 말하고 있다. 이와 같이 하면 또한 어떤 일이 우리 모두에게 일어나게 되겠는가?

6. 당신은 "진리를 재확인케 하는 휴식"을 경험하고 있는가? 만일 그렇지 못하다면 그 휴식을 경험하기 위해서는 어떤 조처를 취해야 하겠는가?

7. 당신의 사명을 분명하게 하는 휴식을 경험하기 위해서는 어떻게 해야 하겠는가?

* 8. 저자가 말하는 안식일적 휴식의 내용은 무엇인가? 220면을 보라.

9. 당신과 당신의 배우자는 어떤 '안식일적 휴식' 계획을 세울 것인가?

10. 이 책을 읽고 연구 과제를 공부하면서 배운 핵심적인 개념이나 생각에 관하여 짧은 글을 써 보라. 이 책에서 권고하는 대로 실천하면서 경험한 뜻깊은 진보에 대하여도 글을 써 보라.

맺음말 : 물레질

내면 세계가 무질서한 사람들을 위한 조언 :
나의 내면 세계를 질서 정연한 상태라고 할 수 있다면
그것은 그 질서 잡는 일을 지금 당장 시작하기로 기꺼이
결단하고 있기 때문이다.

우리 세기의 저명한 위인 중의 한 사람은 인도 독립의 불꽃을 점화시켰던 마하트마 간디이다. 그의 전기를 읽거나 그의 삶을 그린 영화 '간디'를 본 사람들은 이 인도의 조지 워싱턴(George Washington)이 간직한 정신의 평온함에 크게 감명을 받았다고 말한다.

평온이라고? 우리는 그 영화에서 죽음과 질병이 만연한 인도의 도시에서 가난에 찌든 사람들 가운데 서 있는 간디를 보게 된다. 그는 사람들을 어루만지고, 희망의 말을 건네며 인자한 미소를 짓는다. 그러나 다음 날 그는 왕궁과 정부 청사에서 그 시대의 가장 머리 좋은 사람들과 협상을 벌이고 있다. 여기서 우리는 그가 이 두 극단에 있는 사람과 환경의 간격을 어떻게 메꿀 수 있을까 하는 의문을 가지게 된다.

어떻게 해서 간디는 내면의 질서 감각, 겸손 그리고 지혜와 판단력을 유지할 수 있었는가? 어떻게 해서 그는 그 두 극단 사이를 왕래하면서도 자신의 위치와 확신을 잃지 않을 수 있었는가? 어디서 그러한 정서적,

영적 힘이 나왔는가?

아마도 그 질문에 대한 대답은, 간디가 손쉽게 작동할 수 있는 도구인 물레를 좋아했다는 사실에서부터 풀어야 할 것이다. 물레는 항상 그의 삶의 중심 자리에 있었던 것처럼 보인다. 간디는 공적 활동을 마치고 초라한 집에 돌아가면 많은 인도인들의 풍습대로 마루 바닥에 앉아 양모로 그의 옷을 만들기 위한 실을 잣는 단순한 노동을 자주 했던 것으로 보인다.

그것은 무엇을 위한 것이었을까? 이런 행동은 단순히 어떤 이미지를 부각시키기 위한 계획의 일환이었던 것일까? 그것은 순전히 그를 따르는 대중과 함께 한다는 것을 보여 주기 위한 정치적인 몸짓이었을까? 아니다. 내가 생각하기에는 그런 것들을 훨씬 뛰어 넘는 것이었다.

간디의 물레는 그의 삶에 있어서 무게 중심을 유지케 하는 것이었다. 그것은 그의 인간 경험에 있어서 수준을 고르게 하는 기구였던 것이다. 위대한 공적 생활의 순간에서 돌아왔을 때 그는 물레질을 함으로써 균형 감각을 유지할 수 있었고 아울러 사람들의 환호에 따라 교만에 파묻혀 버리지 않을 수 있었던 것이다. 왕들이나 정부 지도자들과 만난 후 집에 돌아와서 물레질을 하게 될 때 그는 자신을 과대평가하려는 유혹을 물리칠 수 있었다. 물레는 간디에게는 언제나, 자신이 누구이며 삶의 모든 현실적인 일들이 궁극적으로는 무엇을 위한 것인가 하는 문제를 상기시켜 주었던 것이다. 이 일상적인 일을 하면서 그는 그의 자기 인식을 왜곡시키려 드는 공적 세계의 모든 압력에 저항할 수 있었다.

간디는 전혀 그리스도인이 아니었지만 물레질을 한 그의 행위는 건강한 그리스도인이 마땅히 본받을 만한 일이다. 왜냐하면 그는, 세상의 틀 속에 가두어 두려는 압력에 굴하지 않고 공적 세계에서 일을 하고자 하는 사람이 무엇을 해야 할 것인가를 보여 주고 있기 때문이다. 우리 역시 물레질하는 경험, 즉, 우리의 내면 세계가 이 끊임없이 강하고 생명력 있게 개변될 수 있도록 질서 잡는 일이 필요하다.

"우리의 자아는, 우리 내면에 있는 하나의 지배적인 생명에 의해 통제

되지 않은 채 동시에 몇 개의 자아가 되려고 한다." 라고 토마스 켈리는 말한다. 그는 계속해서 "그 생명은 하나의 중심, 즉 거룩한 중심부로부터 살도록 되어 있다. 단 한 가지 조건, 즉 우리가 진심으로 그렇게 살려고 한다는 조건 하에서만 우리는 놀라운 힘과 평화 그리고 고요한 생활, 통합되고 자신감 있고 단순화된 변화의 삶을 살 수 있는 것이다."라고 말하고 있다.

그것은 우리가 궁극적으로 다루어야 할 조건이다. 우리가 진심으로 내면 세계가 질서롭기를 원하는가, 다시 말하면 우리가 그것을 정말 바라고 있느냐 하는 것이다.

행동이 말보다 중요하다는 견지에서 대개의 그리스도인들이 내면 세계의 질서를 최우선적으로 추구하지 않을 수도 있다. 아마 우리는 바쁘게 일하고 정신 없이 계획을 세우고 재산을 모으고, 여러 가지 회합과 세미나와 강연회에 쫓아다님으로써 효율성을 추구하기를 더 좋아할 것이다.

간단히 말해서 외부 세계의 활동에 주력함으로써 내면 세계에 질서를 부여하려고 노력할 것이다. 이것은 성경이 우리에게 가르치고, 위대한 신앙인들이 보여 주며, 우리의 쓰라린 영적 체험이 계속해서 증거하는 것과는 정반대인 것이다.

어느 책에선가 요한 웨슬레가 그의 공적 생활에 대해 다음과 같이 말한 것을 인용한 것을 본 적이 있다. "나는 늘 바쁘지만 서두르지 않는데, 그 까닭은 영혼의 고요함을 유지한 채 해낼 수 있는 이상의 일에는 결코 손대지 않기 때문이다."

나와 친한 동역자 봅 루드윅(Bob Ludwig)은 천문학자이다. 가끔 그는 시골에서 밤을 새는데 거기서 그는 망원경을 어두운 하늘에 맞추어 놓고 천체를 관찰한다. 모든 방해 광선을 제하기 위해 그는 도시를 떠나야만 한다. 모든 잡다한 것들로부터 떠나면 천체의 모습은 훨씬 선명해진다.

어떻게 우리는 내면 세계의 내부 공간을 들여다 보기 위해 그러한 방해를 피할 수 있을까? 그 대답은 위험스럽게도, 너무 많은 사람들의 삶에서 대답되지 않은 채 남아 있다. 큰 조직체와 교회의 지도자 노릇을 하는 사람들조차도 종종 그 질문에 대답을 못한다. 열심히 돈을 벌어 옆집 존스네를 따라 잡으려고 애쓰는 소박한 사람들도 그 질문과 씨름하고 있다. 거기에 손쉬운 대답이란 없고 다만 하나의 분명한 대답이 있을 뿐이다. 즉, 다른 어떤 일보다도 영적 훈련이 훨씬 중요한 활동이라는 것이라고 결단할 때에만 우리는 내면 세계의 공간으로 들어갈 수 있다는 것이다.

비록 내가, 내면 세계의 질서가 우선이라는 것을 늘 믿어 왔어도 사실상 그것은 내게 있어서 인생의 중반이 되어서야 현실로 이루어졌다. 이제 나는 점점 나의 한계와 많은 약점을 깨달아 가고 있으며 앞으로 죽음의 날을 향해 갈수록 내면 세계를 더 잘 보고 물레질하는 경험을 하기가 쉬워질 것이며, 그리하여 내적 힘과 영적 생명력이 끊임없이 샘솟게 될 것이라고 생각한다.

우리가 왕이신 예수를 바라보기 시작하는 것, 그것이 중심을 이루는 것이다. 그 분은 사실상 어떤 교리적인 진술에 포함된 의미보다 훨씬 위대하시다. 그 분은 요즘 불리는 노래의 감상적인 가사를 훨씬 능가하는 분이시다. 그 분은 부활하신 생명의 주로서 그 분께 집중할 것을 우리에게 명하시며, 그 분의 뒤를 따르고 그 분의 성품과 자비의 힘을 끌어다 쓰기를 원하시는 것이다.

내면의 중심부에서 우리는 하늘에 계신 아버지 하나님의 광채와 위엄에 대해 경외심을 느낀다. 그 곳에는 엄숙하지만 기쁨이 충만한 예배가 있다. 그 곳에는 고백과 통회가 있다. 그리고 그 곳에는 용서와 회복과 확신이 있는 것이다.

마지막으로 내면의 중심부에서 우리는 성령이신 하나님의 힘과 능력으로 충만해진다. 그 곳에서 자신감과 기대가 되살아난다. 거기서 우리는 통찰력과 지혜를 부여받으며, 산을 움직일 만한 믿음이 생겨나고 사랑할 수 없는 사람까지 포함하여 다른 사람에 대한 사랑이 자라기 시작한다.

모든 것에 적절한 균형과 조화가 부여되는 물레질의 경험을 할 때 우리는 공적 세계를 적절하게 관리할 수 있다. 가족, 친구, 직장 동료, 이웃 그리고 심지어는 원수와의 관계가 새롭고 보다 건전한 조화를 이루게 된다. 용서하고 섬기며 원수 갚는 대신 관용을 베푸는 것이 가능하게 된다.

우리의 일은 내면의 중심부의 훈련에 의해 좌우될 것이다. 우리의 일은 새로운 의미를 띠고 보다 높은 탁월한 수준에 이르게 된다. 성실과 정직이 일의 추구에 있어 중요한 판단 기준이 된다. 두려움은 사라지고 사랑이 생긴다.

물레질의 경험을 할 때 우리는 마음을 사로잡으려는 거짓 약속과 유혹에 잘 속지 않게 된다.

그리스도인이 공적 세계에서 일하기 전에 먼저 내면 세계를 정돈하게 되면 이 모든 것이 가능하게 될 뿐만 아니라 그 이상도 이룰 수 있다.

그것이 우선되지 않으면 함몰 웅덩이 증상이 초래되는 것이다. 그런 결과를 당한 많은 사람들의 예가 역사상 수없이 많다.

오늘날 우리의 공적 세계는, 대중과 함께 살면서 권력자들과 협상하되, 변절하지 않고, 굴복하지 않고, 중에 타협하지 않는 소수의 선한 사람들을 필요로 한다.

그들이 어떻게 그렇게 해 나갈 수 있을까? 물레질하는 작업을 계속함으로써 가능하다. 그 물레질이란 시간 사용이 우선 순위에 따라 정돈되고, 마음이 하나님의 창조적 사역에 눈뜨기 위해 주파수가 맞추어지고, 영은 예민해지고, 안식일적 휴식의 평온함이 있는 고요한 중심부로 들어가는 것이다. 이것이 바로 내면 세계인데, 적절한 주의를 기울이면 질서로운 상태를 유지할 수 있게 된다.

역자 후기

어느덧, 세 아이의 엄마로서 그리고 남편과 함께 복음으로 흑인들을 섬기는 선교사로서 동부 아프리카에서 선교 사역을 시작한 지 8년의 세월이 지나가고 있다.

선교지에서의 우리들의 하루 생활은 아주 바쁘다. 꽉 짜여진 공동체 생활의 일정을 따라 돌기 시작하면 그냥 하루 해가 저문다. 물론 중보 기도 모임 · 성경 공부 · 공동체 생활을 위한 여러 가지 의논들과 진행되는 여러 사역들을 보면, 누가 보아도 외면적으로는 질서 정연한 것처럼 보일 것이다.

그런데 "내 개인의 '내면 생활'은 어떠한가?"

아니 "우리 모든 영적 지도자들의 내면 세계는 어떻게 형성되고 어떤 상태에 놓여 있는가?"

이것들은 내 마음을 떠나지 않는 의문들이었다.

어느 날, 미국에서 회의를 마치고 돌아온 남편으로부터 한 권의 책을 받았다. "꼭 한번 읽어 보라!"는 명령과도 같은 요청과 함께 말이다.

저자 개인의 간증과 함께 너무나도 아름답고 질서 정연한 하나님의 말씀의 원칙들을 접하면서 한번 잡은 이 책을 손에서 떼어 놓을 수가 없어 주욱 읽어 내려가면서 얼마나 심취했는지! 그저 감사한 기억들뿐이다.

나는 이 책에서 다음과 같은 몇 가지의 보석과도 같은 영적 가르침을 접할 수가 있었고, 그 원칙들을 내 생활에 적용하기 시작했다.

첫째, 주님을 위한 거룩한 일처럼 보이는 많은 활동들 속에서도 여러 가지 '성취'를 통해서 나 자신의 가치를 인정받으려는 숨은 욕구가 나를 얽어 매고, 또 그 욕구가 나를 끌고 다닐 수도 있다는 것을 알게 되었다. 이것은 바로 나 자신이 주님으로부터 부름받은 사람으로서 살고 있는가 아니면 자신의 성취욕에 끌려 다니는 사람으로서 살고 있는가에 대한 근본적인 질문을 제기하고 반성을 촉구하는 것이었다.

둘째로, 위와 같은 질문이 나의 내면 세계 안에 잘 정립되어서 질서를 잡기 시작한 순간부터 외부 세계의 활동을 떠받쳐 줄 만한 내면의 힘이 생성되어 가는 것을 깨닫게 되었다.

셋째로, 이 책을 통해 엄마로서, 아내로서 특히 선교 베이스를 이끄는 지도자의 부인으로서 시간에 쫓기는 생활을 하면서 주님께서 내게 주신 시간을 잘 사용하는 방법과 질서를 잡는 일에 실제적인 도움을 받게 되었다.

넷째는, 내면 세계가 질서를 잡기 시작할 때 나는 주님 안에서의 안식의 진정한 의미를 깨닫게 되었다.

7년 간의 사역 후에 주님께서 주신 '안식년' 동안에 올림픽 전도 사역을 하느라 '안쉼년'이 되어 버린 지난 1년 그 막바지에 이르러, 남편으로부터 이 책을 번역해서 한국 교회의 영적 지도자들을 돕는 봉사를 하지 않겠느냐는 제의를 받고 용기를 얻어 번역에 착수하였다. 안식년을 마치고 임지에 돌아오는 전날 밤까지 원고를 정리하느라고 애썼던 기억이 새삼 더 큰 은혜가 된다.

이 책을 번역하면서 한 문장 한 문장을 다듬어 주신, 주 안에서 형제된 강명준 변호사님께 큰 감사를 드린다.

이 책의 번역을 마치면서 주님께 이렇게 기도하고 싶다.

"주여! 성취욕 때문에 내면 세계가 엉망이 되어 버린 동역자들이

있다면 이 책을 통해서 그들을 새롭게 하셔서, 부름받은 사람들로서 살아
가게 하여 주소서 !"라고.

지은이 소개

고든 맥도날드(Gordon MacDonald)는 콜로라도 대학교와 덴버 신학교에서 공부했으며, 현재 매사추세츠 소재 Grace Chapel의 담임 목사로 시무하고 있다. 뛰어난 저술가로도 널리 알려진 그는 베스트셀러인 본서를 바롯하여, 「마음과 마음이 이어질 때」(한국 IVP 역간), *Renewing Your Spiritual Passion, Rebuilding Your Broken World* 등의 양서들을 저술했다.

옮긴이 소개

홍화옥은 한국외대 불어과를 졸업하고, 1981년 선교사로 파송되어 현재는 동부 아프리카 케냐에서 남편 임종표 목사와 함께 사역 중이다.

내면 세계의 질서와 영적 성장

초판 발행 1990. 7. 10
초판 34쇄 1996. 1. 25

지은이 고든 맥도날드
옮긴이 홍 화 옥
발행처 한국기독학생회출판부
판권 ⓒ 한국기독학생회출판부 1990

등록 제 9-93호(1978. 6. 1)
100-619 · 서울 중앙우체국 사서함 1960
전화 742-6162~5 · 팩스 747-6434

값 5,000 원

ISBN 89-328-2003-1